老王游记

卷二

王辉云

Asian American Publishing

关于作者

王辉云，北京人，1955年生。1985年毕业于中国社会科学院北京大学南亚研究所，获硕士学位；1987年毕业于美国普渡大学历史系，获硕士学位；1995年毕业于美国芝加哥大学政治系，获博士学位。曾在Emory & Henry College，Marian University和Purdue University执教。现为自由职业者。主要著作有"Discourses on Tradition and Modernization: Perspectives of Gandhi and Sun Yat-sen on Social Change"，《闲聊美国节日的历史和文化》，《茶余饭后聊闲篇儿》。

目 录

以色列约旦圣地之旅 1

特拉维夫—雅法 2

凯撒利亚古城遗址 6

追寻耶稣足迹 8

耶路撒冷 20

马萨达 25

约旦 28

东西方交通要冲土耳其 40

横跨两大洲的伊斯坦布尔 40

地中海沿岸古迹 49

棉花堡和古城希拉波利斯 55

度假天堂安塔利亚 58

卡帕多西亚 59

首都安卡拉 64

重返伊斯坦布尔 68

葡萄牙西班牙纪行 71

里斯本印象 72

海外贸易之都塞维利亚 80

　　多元文化交融的科尔多瓦 85

　　曾经的战略要地直布罗陀 87

　　毕加索故乡马拉加 90

　　摩洛哥港口城市丹吉尔 92

　　格林纳达和托雷多 94

　　西班牙首都马德里 98

　　浪漫的巴塞罗那 104

多瑙河畔的中欧四国 110

　　多瑙河流过布达佩斯 110

　　音乐之都维也纳 132

　　低调的布拉迪斯拉瓦 141

　　流光溢彩的布拉格 148

环游冰岛 162

　　斯奈山半岛国家公园 165

　　北部风光多姿多彩 170

　　东方山川秀丽异常 173

　　瓦特纳冰川国家公园 179

　　冰岛旅游黄金圈 184

阿尔卑斯山中的瑞士 192

金融中心苏黎世 192

　　列支敦士登一日游 197

　　走马观花伯尔尼 200

　　火车开到少女峰 204

　　国际城市日内瓦 211

　　沃韦和洛桑 218

　　格鲁耶尔和布罗克 221

　　马特宏一峰独秀 223

　　滑雪胜地圣莫里茨 227

　　卢加诺和琉森 229

巴尔干半岛旧貌换新颜 236

　　改革开放中的阿尔巴尼亚 238

　　地中海明珠黑山 245

　　克罗地亚名不虚传 251

　　雨中的斯洛文尼亚 262

　　重访威尼斯 266

马耳他、西西里和突尼斯游记 272

　　那不勒斯及周边古镇 272

　　地中海心脏马耳他 279

　　活跃的埃特纳火山 286

3

欧洲巴洛克艺术最后的高潮 298

　　茉莉花革命始发地突尼斯 313

阿曼阿联酋纪行 323

　　马斯喀特 323

　　尼兹瓦 327

　　花园城市艾因 332

　　阿布扎比 334

　　迪拜 341

多米尼加圣诞度假之旅 349

以色列约旦圣地之旅

耶路撒冷是一座圣城,是犹太教和基督教的发源地,也是伊斯兰教和巴哈伊教的圣地所在。

在漫漫历史长河中,耶路撒冷曾经发生的故事广为传颂。这些故事很早就让我心驰神往,因而,去趟耶路撒冷,亲自感受一下那里的神圣气氛,便成了我多年的一个愿望。其实,我们这趟以色列约旦之旅,除了耶路撒冷,还去了许多其他地方,都给我留下了深刻印象。

经过十多个小时的飞行,当地时间下午五点多钟到达特拉维夫,飞机在跑道上滑行道时候,外面还是夕阳高照。取完行李,走出机场,已然一片夜色。

以色列是一个非常独特的国家,古代称为迦南。圣经将

特拉维夫机场的"烛台雕塑"

之描绘成上帝的应许之地,是个流着奶和蜜的地方。然而,按照现代的标准,这个国家的大部分地区,包括耶路撒冷,都是不毛之地。以色列人既有古代的辉煌又有漫长的流浪历史,特别是在

二战时遭到残酷的种族大屠杀,直到战后才在英美等国的支持下实现了复国的梦想。然而,由于宗教的原因,再次建国后不久,以色列便与周边的阿拉伯国家爆发战争,且战火绵延至今。尽管旷日持久的以阿争端和持续不断的军事冲突成为这个国家的生活日常,以色列却在阿拉伯国家的包围之中,发展成为经济发达、教育普及,具有丰富创造力,在国际社会发挥重要作用的国家。

这个国家的主体——犹太民族,曾为人类创造了一神论宗教,贡献了传播最广的《圣经》,还产生了像马克思、弗洛伊德、爱因斯坦这样伟大的头脑。直到今天,犹太人依然创造着奇迹。

我之所以对这个二战后复兴的国家感兴趣,主要还是因为这个国家丰富的历史内涵。出发之前,同行的几个朋友特别聚在一起看了电视系列片《马萨达》和《走进以色列》。看后,对这个国家多少还是有了些模糊的印象。以色列到底是怎样一个国家,亲眼看看才能加深了解。

特拉维夫—雅法

汽车在夜幕中疾驰,驶进神秘的特拉维夫。进入市区,街上并没有车水马龙的景象,行人稀少,很多店铺早早就打了烊,显得格外清静,这个谜一样的城市,多少给了我一种沉闷的印象。问导游为什么街上没什么人,才知道明天是犹太人的安息日,原来人们早早就为安息日按下了城市的暂停键。

入住旅店后,我们也入乡随俗,早早上床放平疲惫的身体,不一会儿,就进入了梦乡。

第二天醒来,天刚蒙蒙亮。由于时差的关系,想睡回笼觉也不行了,便起身来到海边散步。安息日的特拉维夫格外清静。海风显得比其他地中海岸边的城市强劲而刺骨，但海滩上仍然有不少的年轻人在跑步、遛狗，这里比很多度假海滩有着更浓厚的生活气息。

终于开始了期待已久的旅程。我们的导游是个俄国犹太人，少年时来到以色列，曾经在附近的"人民公社"里生活了很多年。虽然说起话来还有浓重的俄国口音，但看得出来他对自己的国家充满自豪，讲起以色列的历史如数家珍。一路上，他不失时机地给我们介绍以色列的历史，犹太人的苦难，以及这个国家的现状，使我们对这个神秘的国家多了一份了解。

特拉维夫海滨大道

特拉维夫一角

特拉维夫(Tel Aviv)是一座神奇的城市。在二十世纪之前的岁月里，这里只有雅法(Jaffa)，没有特拉维夫。

雅法老城坐落在特拉维夫南边，是个有着四千多年历史的港口城市，是世界上最古老的城市之一。在公元前十五世纪的古埃及书信中就曾提及雅法被图特摩斯三世征服。古埃及统治雅法一直到大约公元前九世纪。圣经里多次提到的约帕，就是今天的雅法。站在特拉维夫海边就能看到雅法老城的钟楼。实际上，雅法老城就是现代的特拉维夫保存完好的一处古迹。

雅法是希伯来语"美丽"一词的谐音，这里风景如画，名副其实。这个典型的地中海小镇的街巷大多为石头房屋组成，依地势高低起伏而修建，处处充满沧桑的历史感。斑驳的墙壁，每一块泛黄的砖好像都承载着古老文化的积淀。

雅法古城窄小的街巷

古城的街巷以星座命名。走进窄街的小巷，两边的民居，有骑楼、有拱门，有石头阶梯，还有很多艺术品小店。现在的雅法已俨然成为艺术家的聚集区，这也让古城焕发出迷人的气息。街巷错综复杂，走着走着就让人找不着北，但每个不经意的转弯，都能带来意想不到的惊喜。徜徉在这安静又别具风情的古城，特别容易让人发思古之幽情。

雅法的地标当属圣彼得教堂(St. Peter's Church)，粉红色的建筑给人一种万绿丛中一点红的感觉。在教堂前方不远的小路上，有一座木桥，称作"许愿桥(The Wishing Bridge)"。桥两边栏杆的木质横梁上每隔一段就镶着一块金属雕像,正好十二块,代表着十二星座。于是,站在许愿桥上面朝大海许个愿,找自己的星座,就成了很多游人来这里必做的游戏。

当然,教堂附近有块临海的坡地,是观赏特拉维夫的绝佳地点。雅法的广场、教堂、灯塔;地中海的波涛,飞翔的海鸥,成群的鸽子,都一一收入特拉维夫的风景之中。站在这里,一面古老,一面现代,传统与现代巧妙的结合,一种奇妙的感觉油然而生。

特拉维夫这座新城见证了一段犹太人复国的心酸历史。十九世纪末,犹太复国主义(锡安主义)运动开始出现,然而,当地的阿拉伯人对来自世界各地的犹太人并不友好,摩擦时有发生。在1921年5月的雅法骚乱中,有数十名犹太人被阿拉伯人杀死。此后不久,雅法的数千名犹太人搬迁到北面的特拉维夫,

雅法圣彼得教堂

开始了新城建设。1936—1939年间,因阿拉伯人反对犹太移民进入巴勒斯坦而冲突频仍。1938年,犹太人在特拉维夫兴建了自己的港口,接收从海路来的犹太移民。从此,特拉维夫迅速发展,规模超过雅法。

犹太人的安息日,特拉维夫的街上显得格外清静。

特拉维夫的市容以包豪斯(Bauhaus)学派建筑风格闻名于世。

其中最具国际知名度的是大约4000座包豪斯建筑，形成大片白色外墙的景观，2003年被联合国教科文组织列为世界文化遗产。这些房子由众多在前纳粹时期的德国包豪斯学校接受教育的犹太建筑师所设计，大多建于上个世纪三十至五十年代。这些建筑外形方正，简洁现代，朴实而具几何感，且外墙都用白色粉刷，铺洒在蔚蓝色的地中海边，给特拉维夫赢得了"白城"的美誉。

雅法钟塔

特拉维夫的包豪斯风格建筑

凯撒利亚古城遗址

离开时尚精彩且充满活力的特拉维夫后，我们乘车前往凯撒利亚(Caesarea)，参观这座历史悠久的古城。

这座古城最早是由赛达国王斯特拉顿一世所建。公元前90年，犹太国国王亚历山大·詹尼亚斯攻占此城，公元前63年，又被罗马帝国征服。

参观这座古城，当然应当先了解一下以色列历史上著名的大希律王，正因为在他的统治期间，这座城市才被打造成为地中海的贸易重镇。

大希律王(Herod the Great)是凯撒称帝后为了方便管理犹太地而册封的具有以东血统的犹太王。为了确保自己的统治地位稳固而长久，他以罗马帝国为靠山，与之保持着异常亲密的从属关系，被历史学家称为极端亲罗马派。

据史书记载，希律不仅是位独裁暴君，也是犹太历史上最著名的基建狂魔，他先后扩建了耶路撒冷的第二圣殿(又称希律的圣殿)，修建了凯撒利亚的港口，建立马萨达与希律宫(Herodium)的城墙。在位期间，他在凯撒利亚大兴土木，建造深水港，并配以宫殿、神庙、斗兽场、公共浴室、市场、大灯塔等市政设施，将这个地中海城市彻底罗马化；他还将此城改名为凯撒利亚，意为"罗马皇帝之城"，以此为凯撒大帝歌功颂德。

古城门前，数尊大理石雕塑有序地排列在城门口，一股浓

凯撒利亚古城遗址

郁的古罗马气息飘然而至。进入古城，似曾相识的古罗马城市规划，尤其是那座宏伟壮观的古罗马剧场，让人不由得不赞叹罗马帝国曾经的辉煌。从古罗马剧场中安装着的现代照明设备来看，还经常有音乐会和各种文艺演出在这座能容纳三四千人的剧场举办。

我渴望有朝一日能坐在这样的古罗马剧场听一场音乐会。

走在古城的废墟，宛如在历史中穿越。地中海边，当年的港口建筑，依稀可见；大希律王的海角宫殿，地基犹存；马赛克铺就的地面，光彩依然。拜占庭时期的繁华，十字军东征的烽火，都在古城留下引人追逐的印记。

追寻耶稣足迹

来以色列旅行的一个最主要目的，当然是为了追寻耶稣的足迹。从凯撒利亚国家公园出来后，我们继续北上，向充满耶稣神迹的加利利海方向前进。

加利利海虽然被称作海，实际上是个淡水湖，总面积166平方公里，低于海平面208—213米，是地球上海拔最低的淡水湖。虽然这个湖不如北美五大湖那样烟波浩瀚，但却像许多瑞士群山中的湖泊那样风光旖旎。整个加利利湖地区有许多历史遗迹，文化底蕴丰厚。

耶稣复活后，带着他的门徒来到加利利，施行了一系列神迹，留下数不胜数的民间传说。这些故事吸引了许多来自世界各地的游人在这里追寻神迹。

耶稣基督出生在伯利恒的马厩，但在加利利地区的拿撒勒长大。虽然旅行社并未按照耶稣的人生轨迹来安排我们的行程，但对于前来朝圣的人来说，无论时间顺序的先后，每个留有耶稣足迹的地方都同样重要。

进入加利利湖区,我们最先来到湖北面的迦百农(Capharnaum)。当年耶稣把这个小渔村作为传教的根据地,将之称为自己的"第二故乡"。他在这里驱邪逐鬼,行医治病,招收门徒,彼得、安德烈、雅各、约翰和马太等人都投在他的门下,《圣经》中记载的许多神迹也都在此得到印证。

圣彼得就出生在这个小渔村,他的故居(Apostles House)坐落在湖边,残垣断壁,依稀可辨。废墟之上,一座现代化的八角形建筑覆盖其上。走近一看,才知是一座教堂,教堂中间镂空,站在教堂里,可更清楚地俯瞰残留的彼得故居的整体形状。

八角教堂外矗立着一座圣彼得雕像。彼得何许人也?他是耶稣的"第一门徒",与耶稣有着特别亲密的关系。

加利利湖区的迦百农

迦百农的八角教堂

然而，就是这样一个被耶稣授予天国钥匙的头号弟子，在耶稣被捕后，却曾三次否认和耶稣的师徒关系。这充分表明，人的本性距离神的要求相差甚远。在耶稣复活后，他才重新坚定了对神的信念，积极传播上帝的福音，大力宣传耶稣是救世主，是弥赛亚，为基督教会早期的发展做出了巨大贡献。

他的死也显得异常壮烈。在罗马皇帝尼禄打击迫害基督教的时候，他前往罗马传教，被捕后视死如归。据传，他要求官府行刑时将其倒钉在十字架上殉道，因为他认为自己不配像耶稣一样有同样的死法。

圣彼得雕像

站在圣彼得塑像前，想起这段往事，对这位圣徒肃然起敬。

迦百农另一处名胜当属一座犹太教堂的遗址。这座教堂是公元二至三或四至五世纪的建筑，在这座教堂的地基下，还保留着一处公元一世纪教堂的

迦百农犹太教堂遗址

遗迹。教堂由白色石灰岩建造，尽管建筑仅剩残垣断壁，但当年的豪华气势依然不减。

教堂的正门面向南方，即耶路撒冷的方向。导游说这方便人们面向耶路撒冷祷告。其实，要不是早上出门前看了地图，我已分辨不出这里的东南西北。科林斯石柱上的精美叶形装饰，柱子上镌刻的古希腊铭文，以及建筑本身的高大宏伟，让人感觉彷佛置身于古希腊的一座废墟。好景不容错过，导游建议我们在此拍照留念，因此，全团第一张集体照便在这里诞生。

我们下榻在加利利的旅馆就在湖边。第二天一大早，我们便来到湖边拍日出。看得出来，这里的旅游业相当发达，沿湖一带到处都是餐馆饭店、租船摊位和贩卖旅游纪念品的商店。湖边的白天一定热闹非凡。

旅游业是加利利湖地区最重要的经济支柱，整个加利利湖地区有许多历史遗迹，吸引着游人。耶稣复活后，带着门徒在加利利湖区传教。现如今，这里成为全世界的基督徒追寻基督足迹的圣地。

加利利湖畔的八福山，是耶稣当年讲述著名的"登山宝训"之所。为此，后人特建八福堂(Church of the Beatitudes)以志纪念。

据说这座教堂是1938年由意大利独裁者墨索里尼出资兴建的，好像没人在意教堂与墨索里尼之间的关系，唯有教堂所在的花园，其精致布局，很有些意大利风情，花木扶疏，错落有致，

加利利湖边餐馆

以色列约旦圣地之旅

苍松翠柏，修剪得体。

我们来到八福堂时，门前已经站满了等候进入教堂的人，足见这座教堂在基督教世界中占有的举足轻重的地位。教堂规模不大，却颇有特色，八角形的教堂有八座拱门，窗子上的彩色玻璃镶嵌着用拉丁文书写的耶稣的"八福圣训"：

虚心的人有福了，因为天国是他们的。
哀恸的人有福了，因为他们必得安慰。
温柔的人有福了，因为他们必承受土地。
饥渴慕义的人有福了，因为他们必得饱足。
怜恤的人有福了，因为他们必蒙怜恤。
清心的人有福了，因为他们必得见神。
使人和睦的人有福了，因为他们必称为神的儿子。
为义受逼迫的人有福了，因为天国是他们的。

八福堂

由于人多，教堂内显得非常拥挤，我进去转了一圈，便返回教堂外面的回廊上看风景，也感到怡然自得。居高临下，远处的加利利湖水平如镜，近处的香蕉大棚如一片巨大的银色地毯，平铺在八福堂与加利利湖之间。这种画面似乎只属于八福堂。

离八福堂不远的小镇萨法德（Safed），与耶路撒冷、希伯伦、提比利亚并列为犹太教的四大圣城。这座被《孤独星球》评为世

12

界上最美丽的小镇之一的云端小镇始建于公元前二世纪，历经沧桑，美貌依然。走在磨得铮亮的石头路上，有种进入仙境的感觉。

进入小镇后，导游先把我们带进一个深巷中的犹太教堂。门脸不大，里面别有洞天。进去之后，每人领到一顶犹太小帽，扣在头上。犹太教堂比基督教堂显得亲民，桌椅摆放得近乎中国的茶馆。教堂的中间位置有个高台，四周墙壁上挂满了人物画像。

为了让我们这帮游客开开眼，导游特请教堂管理人员为我们打开了一个电子控制的壁橱，里面赫然出现一座硕大的青铜烛台。导游也两眼放光，眉飞色舞地给我们讲解烛台的宗教和历史意义。从人们看烛台的敬畏神情可以猜到，这是教堂的镇堂之宝。我也下意识地摸了摸戴在头上不那么合适的犹太小帽，生怕它不合时宜地掉下来破坏了这种神圣气氛。

小镇萨法德

萨法德小镇和雅法一样被装点得非常有现代艺术气息。庭院里一颗百年无花果树，弯曲褶皱的树干，把这条小巷烘托得无比沧桑。这是小镇中的一个大户人家，子孙仍然生活在这里。房子早已换上了新式门窗，老树却依旧顽强生长。

小镇的街巷显得比雅法更加古旧。走着走着，一家画廊中现代风格的画作吸引了我，线条简洁，色彩明快，鲜艳夺目。走进去一看,还有一些现代雕塑,特别是一件小孩拽气球的雕塑,让我想起正在成为新闻热点的中美两国因间谍气球事件引发的国际紧张局势。

萨法德不愧是座充满艺术气质的小镇,连街头的路灯都设计得十分别致。萨法德被多家媒体评为全球最美的小镇多少要归功于当地艺术家们的努力。据说,从上个世纪六十年代开始,作为犹太教神秘主义教派中心的萨法德被众多犹太艺术家所发现,他们的生活方式对艺术家们产生了巨大吸引力,以至于很多人纷纷来到萨法德安家落户,使小镇迅速成为以色列的艺术之都。走在小镇的街巷中,宛若在艺术节的集市中搜刮宝物,一路走来,惊喜连连。

小镇萨法德的百年无花果树

以色列现存一种叫做基布兹(Kibbutz)的集体农庄很受世界关注。这种类似人民公社的集体性质的社区对我们这些经历过中国人民公社时代的人有着特殊的吸引力。旅行社为我们安排的行程中就有参观基布兹农庄这一项,没想到,今天的午餐就在基布兹的一个公共食堂。

其实,以色列现存的基布兹与当年中国的人民公社还是有很大区别的。早在1909年,犹太人就已经自发地组织起这种"各尽所能,按需分配"的共产主义社区。随着犹太复国主义思潮的兴起和世界各地的犹太人向以色列回流,基布兹应运而生。当时以色列这块地界,生存条件相当恶劣,穷山恶水不说,当地的阿拉伯人对这些移民也并不友善。若不团结起来,抱团取暖,在这种环境中很难生存下来。

于是,熟悉西方文化的犹太移民便以共产主义为指导,将锡安主义思想与当地的具体实践相结合,创造出这种具有以色列特色的共产主义社区,为犹太移民开辟了回归以色列的道路。

说起来,以色列的基布兹比前苏联的集体农庄和中国的人民公社在历史上出现得要早,至于中苏两国人民创办集体农庄和人民公社时是否借鉴了以色列人的经验,不得而知。

据导游介绍,这个基布兹过去主要从事农业生产,现在也从事工业和高科技产业。社区的目标是用共产主义和锡安主义的思想,建立一种乌托邦。其成员没有私

画廊里的现代雕塑

有财产,工作没有工资,衣食住行、教育医疗全都免费。外人可以自愿加入,里面的成员也可以自愿退出,且退出时还可以领到一笔退出费以补偿其对社区的贡献。近些年来,有些社区进行了私有化,生活方式发生了改变。

今天吃午饭的基布兹公共食堂就在戈兰高地附近。与当年的中国公共食堂相比,这里的饭菜丰盛可口,尤其是还有我们在加利利没来得及下馆子去品尝的"五饼二鱼"中的饼和鱼。一问服务员,原来是从外面饭店定做的。看来,随着当地旅游业的发展,

这里的基布兹也在与时俱进。

戈兰高地(the Golan Heights)从我在中国能看报纸时起，就经常占据新闻版面，因此，早就对这个地名耳熟能详。

戈兰高地

戈兰高地自古以来就是兵家必争之地。高地是以色列北方的战略制高点，控制着约旦河及加利利湖等淡水资源，一战后，国际上承认戈兰高地为叙利亚的领土。1967年第三次中东战争中，以色列击败了约旦、叙利亚和埃及联军，将戈兰高地和约旦河西岸控制在自己手中。1973年，叙利亚联合埃及对以色列发起赎罪日战争，企图夺回戈兰高地，却未能如愿。如今除了美国承认以色列对戈兰高地拥有主权外，西方各国也都承认了以色列控制戈兰高地的事实。

今天踏上戈兰高地，寒风凛冽，残雪犹存，但游人很多。路旁用武器残骸做成的各种雕塑和昔日的战壕，依然能感觉到战争的恐怖；但孩子们的嬉戏，也让人体会到和平多么值得珍惜。

犹太人跟珠宝似乎有不解之缘，犹太民族的钻石贸易可以追溯到三千多年前的远古时代。如今，钻石业仍然是以色列的主要产业之一，约占以色列工业出口的两成。作为一项传统产业，以色列的珠宝誉满全球。

前往耶路撒冷途中，参观了一家切割钻石并将其镶嵌在珠宝中的工场，观看珠宝首饰的制造过程。旅行社安排这类活动，不仅为了向游客展示以色列制作珠宝的技术，而且也为游客购买以色列珠宝提供方便。宽敞的销售大厅里，各种各样精美的珠宝首饰令人垂涎欲滴。为了帮助中国人购买这里的珠宝，这个加工场还专门配备了几个说汉语的售货员。可以想象，疫情前，来这里买买买的中国游客一定不在少数。

参观完珠宝工场后，来到拜特谢安(Beit She'an)考古遗址。这是一座可追溯到所罗王时期的古城，后成为古代以色列王国的一个重要城市，被称为斯底波里斯(Scythopolis)，连接着地中海沿岸和约旦河谷地区。

如今的古城废墟，依然能显示出昔日罗马帝国的辉煌，其遗址规模之宏大，城市设计之复杂，施工细节之讲究，令人印象深刻。

导游特意在古罗马的公共厕所讲解了设计的奥秘，古罗马人喜欢来公厕放松，"通商宽衣"，往石板上一坐，畅谈家事国事天下事，由于特

武器残骸做成的雕塑

古罗马的公共厕所

17

殊的设计,不用担心一号工作的任何闪失,让人由衷佩服。

伯利恒(Bethlehem)是耶稣和以色列第二位国王大卫的出生地,距离耶路撒冷约10公里,被称为"圣城中的圣城"。其实,这里是巴勒斯坦的地盘。进入伯利恒,要履行过境手续,算出了一趟国。其实手续很简单,就像从东单到西单,比进天安门广场的程序简单多了。

伯利恒的隔离墙

虽然巴勒斯坦和以色列的关系比较紧张,但这里不同宗教背景的人基本上却都能和平相处。我们的两个导游,一个是以色列人,一个是巴勒斯坦人,根本看不出是两个国家的公民,就像头一次来耶路撒冷的人看不出哪部分属于巴勒斯坦,哪部分属于以色列一样,尽管不同地区之间设有关卡和隔离墙。隔离墙看起来更像是广告宣传墙,上面的涂鸦,品味真的不差。

耶稣出生地就在圣诞教堂(Church of Nativity)。根据圣经记载(路加福音 2:1-7),耶稣基督诞生的马槽就在位于市中心马槽广场左侧的这座教堂里。据说,每年圣诞节期间,成千上万的基督教朝圣者和游客会前来伯利恒,参观圣诞教堂。这是世界上最古老的基督教堂。正门很小,称谦卑之门,必须弯腰才能进去。另有一说,这是因为奥斯曼帝国时代,伯利恒的基督徒为防止穆斯林骑马进入破坏圣诞教堂，而刻意为之。

圣诞教堂正门虽小，内部却相当宽敞。尽管在规模上无法与欧洲那些著名大教堂相比，但这里的宗教和历史意义却是独一无二的。

跟着拥挤的人群走进教堂地下室，空间不大，人山人海，但气氛却庄严肃穆。传说耶稣当年就出生在这个长13米、宽3米的地下岩洞中的一个马槽里。现在马槽被换成了一个镶嵌着一枚空心的14角伯利恒银星的大理石圣坛，圣坛上空悬挂着15盏银制油灯，昼夜不灭。

很多人跪下来，亲吻地板，屏气凝神地抚摸这颗伯利恒银星。信仰的力量在这里表现得淋漓尽致。

晚饭后在大卫塔(Tower of David Museum)观

镶嵌着一枚空心14角伯利恒银星的大理石圣坛

耶稣出生地就在圣诞教堂

看灯光秀。这座由希律王建造的古老城堡是耶路撒冷最为著名的景点之一。这里上演的灯光秀遐迩闻名,它以现代科技的方式展现耶路撒冷4000年历史长河中的重要事件和场景。坐在大卫塔的城堡里,观看这场灯光秀,的确是情景交融。唯一遗憾的是,夜晚的大卫城,寒气袭人,恰似沉重的历史,让人瑟瑟发抖。

大卫塔的灯光秀

耶路撒冷

耶路撒冷的神迹古迹众多,哭墙和苦路最为著名。我们今天一大早便来到圣殿山下,似乎掀开了历史沉重的一页。

圣殿山是个备受争议的地区,因为它在犹太教和伊斯兰教之间具有重大的宗教和政治意义。两个宗教对这片土地有着不同的主张和信仰,这导致了在这个地区经常发生紧张局势和冲突。

坐落在圣殿山上的阿尔阿克萨清真寺(Al-Aqsa Mosque)的金顶灿烂夺目,清真寺的脚下便是哭墙。由于该寺不允许非穆斯林入内,我们这个旅行团中只有一人得以入内朝拜,其他人甚至都不曾来到圣殿山上看看阿尔克萨清真寺的外貌。

哭墙(Wailing Wall),也被称为圣殿墙或西墙(Western Wall),是犹太教中最神圣的祈祷地点之一。它是第二圣殿时期(公元前516年至公元70年)的一部分,是耶路撒冷圣殿的残存墙壁。由于历史原因,来自世界各地的犹太教徒,只要有机会就要来此哀哭或低声祷告,并往墙缝里塞纸条,表述流亡之苦和对古代圣殿的思念。哭墙是犹太教信仰中除圣殿山本身以外最神圣的一个地点。

对于犹太人,哭墙代表着与神的联系,对祖先和古老传统的尊重,也是他们历史和信仰的象征。我们来到哭墙的时候,这里已经聚集了一些身穿传统服装的犹太人,他们或喃喃地唱诵经文,或站在哭墙前痛哭。看到这个场面,空气像凝固了一般。来到这里的游客,也都表现得凝重起来。

基督教视耶路撒冷为圣地的原因是因为耶稣在这里受

耶路撒冷古城一角

圣殿山上的阿尔哈克萨清真寺

难、埋葬、复活和升天。耶稣被犹大出卖而被捕之后,被诬告审判、背上十字架、戴上荆棘冠、摔倒爬起、遇到母亲玛利亚、再摔倒再爬起,……历经十四站,最后在现今圣墓大教堂的位置,被钉死在十字架上,并于三天后复活升天。这条耶稣被钉在十字

21

架上之前所走的路线被称为苦路(Via Dolorosa)。

苦路起始于安东尼亚城门(Lion's Gate)，途经耶路撒冷旧城的狭窄街道，共有14个站点，每个站点代表着耶稣受难过程中的一个事件。

哭墙前的犹太教徒

在苦路上，朝圣者可以沿着这些站点行走，回顾和默想耶稣的受难之旅。对于刚刚体验了哭墙前那种神圣的仪式感，现在又沿着这条苦路追随耶稣足迹的我来说，心情无比沉重。然而，苦路穿过穆斯林区时，林林总总的小店小摊，极大冲淡了苦路的肃穆气氛。我发现，在这条苦路上，穆斯林、基督徒和犹太教徒，看起来相处和睦，这无疑是社会多元化的表现。

耶稣行走过的苦路

圣墓教堂(Church of the Holy Sepulchre)是耶路撒冷老城内最有纪念意义的历史遗迹。教堂内部昏暗老旧，维修工人正在紧张施工。然而，来自世界各地的朝圣者却将教堂挤得水泄不通。

一进教堂就看到很多人在一块石板前跪拜亲吻，这便是苦路十四站中的第十三站。耶稣从十字架上被解下来，尸体被放在这块石板上擦洗和包裹，石板上面浸着耶稣之血，因此，无数信徒来此都会如此这般地在石板上跪拜祷告亲吻石板。

苦路的第十四站，是教堂内的圣墓，即整个大教堂的中心。耶稣死后被安葬在下面的墓中，三天后耶稣在此复活。圣墓是允许入内朝拜的，但排队等待的人极多。我们随团游览有时间限制，因而无缘入内，实为遗憾。

以色列犹太人大屠杀纪念馆(The Holocaust History Museum)是以色列官方设立的世界最大、最有影响力的犹太人大屠杀纪念馆。纪念馆成立的目的是为了纪念在纳粹德国及其合作者统治下，大约六百万欧洲犹太人在二战期间被屠杀的惨剧。

纪念馆的名称"Yad Vashem"在希伯来语中意为"名字永远"，寓意为大屠杀受害者的名字将永远被铭记。

纪念馆包括多个建筑，其中包括博物馆、纪念堂、研究中心

圣墓教堂

苦路的第十三站

和图书馆。馆内陈列着关于大屠杀的历史记录、照片、文献和个人回忆，残存下来的个人物品等，这些物品都在讲述一个个家庭、一个个生命的故事。每一件展品都是历史的见证，都能让人深切体会到了大屠杀的残酷和无情。

以色列犹太人大屠杀纪念馆

在纪念馆参观过程中，我在不断地思索为什么会有如此残忍的暴行发生。大屠杀不仅仅是犹太人的悲剧，也是人类的耻辱。这次参观大屠杀纪念馆让我对人性的怀疑进一步加深。不止纳粹，苏维埃的契卡、文革时的红卫兵、波尔布特领导下的红色高棉，不都在残杀自己的同类时毫不眨眼吗？！

接下来参观以色列博物馆。未进大门，一座微缩了的第二圣殿时期耶路撒冷古城的模型出现在眼前。模型制作精良，导游先来讲解，我们现在的位置，圣城昨日的辉煌，古城曾经发生的故事，他都讲得清清楚楚，至今印象深刻。

博物馆收藏了大量艺术品和考古文物，包括犹太古代文物、圣经时代的遗物、欧洲艺术品、东方文化艺术品等，其中的亮点当然是"死海文书"(Dead Sea Scrolls)的部分复制品和以色列考古学的发现。

博物馆的镇馆之宝"死海文书"是由几名贝都因人在1946年至1947年间在山里放羊时发现的，堪称二十世纪最伟大的考古发现之一。当时他们进山放羊，偶然发现了隐秘的洞窟，进而在里面找出了装在陶罐内的希伯来文羊皮卷轴。这些羊皮卷后被证实是一些用希伯来文书写的早期犹太教，基督教的经文，保存得非常完整，是目前人类发现年代最早的圣经抄卷，是研究犹太教，基督教和伊斯兰教发展史的宝贵文献。这些卷轴，后被统称为"死海文书"或"死海卷轴"。

除了死海文书，博物馆丰富多彩的展品，像一部厚重的历史书，供人翻阅。

以色列博物馆

马萨达

马萨达（Masada）是一座位于以色列死海东南边缘的古代要塞，是犹太历史和民族自豪感的象征，也是世界历史上的一处重要遗址。2001年，联合国教科文组织将其列为世界文化遗产。遗址位于一座平顶山上，因为地势落差极大，有几十层楼高，所以不管是仰望还是俯瞰，都令人感到极大震撼。

第二圣殿时期耶路撒冷古城的模型

我们乘坐缆车,直达山顶,荒山野岭,尽收眼底;抬望眼,死海依稀可见。

马萨达在以色列历史上产生了重大而深远的影响。第二圣殿时期(公元前536年—公元70年),犹太人反抗罗马人侵略的最后战役就发生在这座山上。近千名犹太男女撤退到此,并以希律王山顶宫殿为基础构筑防御工事。

马萨达遗址

马萨达地势极为险峻,易守难攻,自然而然地成了犹太人反抗罗马人的最后堡垒。公元73年,在罗马军队长期的围攻下,马萨达遭到重创。三年据守,城破之日,守军殉国,从此,犹太民族开始了两千年的大流散。

来以色列前,因为专门看了电影《马萨达》,对这段历史略有了解。马萨达的故事代表了犹太人对自由和尊严的追求。在罗马军围困之下,约960名犹太人居住在山上,其中有妇女和儿童。面对罗马军队的进攻,他们浴血奋战;城破之时,他们选择集体自杀,宁愿结束自己的生命,也不愿成为罗马人的奴隶。于是,马萨达的故事便成了犹太人民族自豪感和不屈不挠精神的象征,"马萨达精神"代表着对自由、尊严和民族认同的捍卫。

以色列复国之后,马萨达成为以色列的爱国主义教育基地,年轻人在许多人生的重要日子都会来到这里举办爱国主义活动,为的是提醒国民勿忘屈辱历史,弘扬"马萨达永不再陷落"

(Masada shall never fall again)的精神。

我们在山顶逗留时，看到一拨拨中学生像当年我们少先队过队日一样在山顶上排着队伍举办活动，有些孩子还与我们合影留念。

来趟以色列，当然要去死海。其实，死海并不是真正的海，而是一个横跨以色列、巴勒斯坦和约旦三国的内陆湖，湖岸是地球上已露出陆地的最低点，有"世界的肚脐"之称。

死海之所以尽人皆知，是因为人可以躺在水面上悠闲地读书看报。这得益于水中的高盐分。死海水中盐分，在地球上排名第三，为一般海水的8.6倍，致使水中没有生物存活。这也是人们给它起名叫死海的原因之一。

马萨达遗址合影

马萨达遗址上的以色列小学生

据相关报道，死海也面临着严重的环境问题。从1947年到2000年，死海的水面以每年平均0.5米左右的速度在下降，湖水面积从1030平方公里缩减到了630平方公里。照这样的速度，有可能五六十年后，死海就真的死了。无论这种预测是否能够成真，早点儿来死海体验一下躺平或在水面上看报纸的乐趣，还是值得的。

在死海上面躺平，并不是一件容易的事，这是因为人们往往太想躺平反倒躺不平了。其实，您如果在死海里偏偏不想躺平，就想沉底儿的话，反倒沉不下去；躺在那不动，自然而然地就实现了躺平。

与许多地方的海滨公园一样，死海沙滩上人挺多。捧起一把死海的水尝尝，还真咸，不知用它腌咸菜还用不用加盐？

约旦

离开以色列去约旦，路程没多远，过境却颇费周折。约旦和以色列之间的关系一直比较复杂。从1948年5月第一次阿以战争开始，以色列和约旦之间时而处于战争状态，时而相互虎视眈眈。两国之间的领土争端至今尚未完全解决。因此，从以色列入境约旦，须把必要的旅行文件准备好，过境时省得找麻烦费时间，这与在欧洲过境连车都不用停的情形，真不可同日而语。

以色列约旦边境检查站

虽然是跟团旅游，但进入约旦后，我们的导游、司机和旅游大巴全部更换。约旦导游侯赛因是个29岁的小伙子，英语说得很溜，人也长得帅，深受同行大婶大妈们的喜爱。

进入约旦后,首先参观的是耶稣的受洗地伯大尼村(the Village of Bethany)。这个被视为约旦最神圣的地点位于约旦河东岸,紧邻约旦和以色列边境。据导游说,1994年10月约旦同以色列签署和平条约之前,这里还有不少地雷,来这儿的人自然就少。现在,这里早已成为一个旅游胜地。

耶稣受洗地伯大尼村

果不其然,从公园大门口到约旦河边耶稣受洗处弯弯曲曲的小路上,就遇到好几拨前来瞻仰圣迹的游人。

约旦河名声远播,却无烟波浩渺的大河之势,看起来更像自家后院儿的小溪。河对岸便是以色列那边的耶稣受洗处。

约旦河西岸的耶稣受洗处

我们到达河边的时候,以色列那边的耶稣受洗处正在进行受洗活动,不少信众身穿白衣,踏入河中,身穿黑衣的神职人员,将他/她们的头按入水中。在耶稣受洗的地方受洗,意义当然非同寻常。隔岸观看受洗仪式,气氛神圣,深受感动。

这让我想起到瓦拉纳西恒河边沐浴的印度教徒。印度教徒在那条圣河中沐浴颇为随意，不需要神职人员陪同，自己下河，或游泳，或沐浴，或饮水。他们认为只要入水沐浴，便能得到神的保佑，洗掉自己的罪孽。更有很多印度教徒死后在恒河边火葬，骨灰撒入河中，使灵魂从轮回转世中解脱，获得永恒的自由。

约旦河东西两岸都有耶稣受洗处。约旦这边看起来非常第三世界，而河对岸以色列那边则修建得相当豪华，看起来像是一家酒店的后院。

下午到旅馆后，再次来到死海。这里的死海一边是以色列，一边是约旦，如同约旦河一样。所不同的是，一头扎进约旦河水中，浮出水面可能就越过了边境，而死海则恢宏辽阔，大气磅礴。

我们下榻的旅馆后院就是死海，沙滩属于旅馆的地盘，充满了宁静。死海岸边地势低洼，被壮观的山脉环绕。夕阳透过蓝天洒在湛蓝的死海上，形成一片耀眼的光芒，令人遐想无限。湖面上波光粼粼，一个躺在水面看书的姑娘，几个水边挖沙的儿童，为谜一样的死海增添了动感。

早餐后，前往卡拉克市参观十二世纪的十字军卡拉克城堡(Karak Castle)。这座曾经屯兵四千的城堡居高临下，俯瞰群山，甚至可以望到远方以色列的马萨达。踏入这座古老的城堡时，仿佛穿越了时光的隧道，回到了中世纪的十字军时代。

躺在死海上悠闲看书

卡拉克城堡最早由罗马人兴建，十二世纪十字军东征时在此基础上扩建成坚固的防御工事。城堡分三层，有防御工事、地下通道、教堂、卧室、厨房、水窖、马厩、娱乐等设施，可以储备大量物资，满足冷兵器时代长期作战的需要。

当然，这座城堡也并非坚不可摧，历史上也曾几经易手。导游在车上给我

卡拉克城堡

们讲了一段历史故事。十字军驻守卡拉克的将军雷诺利用城堡作为基地，经常袭击和掠夺过往的商队。尽管他两次与萨拉丁签订协议，却又将协议撕毁，最终惹恼了萨拉丁。1187年，萨拉丁率军攻克城堡，并处死了背信弃义的雷诺，控制了卡拉克城堡。

1916年，第一次世界大战期间，英国陆军情报官"阿拉伯的劳伦斯"到阿拉伯半岛，组织阿拉伯突击队抵抗入侵的土耳其人并屡建奇功，卡拉克城堡曾是劳伦斯的一个指挥中心。

沿着石阶登上这座千年城堡，您会被城堡高大的石墙所震撼。这些坚固的墙壁凝结着历史的沧桑，见证了数个世纪的变迁。石头上刻着时间的痕迹，记录着古老的民间传说和各种势力的争斗的历史。

穿过城堡的厚重大门，石砌的走廊和拱门通向不同的房间和大厅，这些曾经的指挥中心和居住区里陈列的一些仿古家具、兵器和装饰品，能带您回到十二世纪的生活场景。然而，环顾四

周，残垣断壁，物是人非，十字军与萨拉丁厮杀的战斗场景早已被慕名而来的一车车游客所取代。

下午游览小佩特拉(Little Petra)。据导游说，历史上佩特拉是东西方商道上接待往来商贾的重镇，而小佩特拉则是佩特拉附近的一处宗教和休闲活动的场所。小佩特拉名气虽不及佩特拉响亮，但也值得到此一游。

小佩特拉

若把佩特拉比作一颗耀眼的明珠，小佩特拉绝对可以称得上一粒散落的珍珠。导游在车上给我们放了一段佩特拉游人拥挤的录像，其场景与黄金周时中国八达岭长城上人山人海的画面有得一拼。庆幸我们先来了一趟小佩特拉，能够从容欣赏这里的美景。

古城佩特拉遗址

游览佩特拉是我们约旦旅行的高潮。一大早走进古城佩特拉(Petra)遗址，感到不虚此行。

佩特拉，意为"石头"，是两千多年前阿拉伯游牧民族纳巴泰人(Nabateans)在山谷岩石上手工开凿雕刻出来的城镇，现已被联会国教科文组织列为世界新七大奇迹之一。

据一些考古学家推测，佩特拉始建于公元前六世纪之后，很可能是托勒密王朝时期，即公元前三世纪到公元前二世纪。当时这个石头城是连通叙利亚、埃及和阿拉伯半岛的商路交汇处，骆驼商队就曾行走在这条蜿蜒曲折的裂谷之中。

佩特拉在后来的岁月中神秘消失，直到十九世纪初才被西方人重新发现，其主要建筑卡兹尼神殿(Al Khazneh)很快轰动全球。

通往佩特拉古城的必经之路——蛇道，因其形状弯曲蜿蜒而得名。它是进入佩特

佩特拉卡兹尼神殿

拉的唯一入口。蛇道两侧的陡坡上，怪石嶙峋，或刀削斧砍，或精雕细刻，皆色彩斑斓，大自然的奇妙，令人叹为观止。

蛇行山谷间，常有一夫当关，万夫莫开之叹。古人当年在此建城，是不是更看重这里险恶的地势呢？

在山谷里走了半个钟点左右，突然眼前一亮，佩特拉最壮观的建筑—卡兹尼神殿霍然出现在眼前。在一个四面环山的谷地中，这座在山石上雕刻出来的神殿，无论在设计上还是在施工上，都精美绝伦。六根粗壮的立柱沿着神殿的中轴线对称矗立，每根立柱都高达十米左右。柱头、门檐和横梁都雕有精美的图

案，显得庄严华丽。

行走在佩特拉，仿佛进入一个令人陶醉的梦幻之地，除了精致的皇家陵墓外，神庙、剧院和教堂的遗址也非常壮观。古代纳巴泰人创造的艺术作品，韵味芬芳，源远流长。他们的建筑、雕塑和壁画，在壮丽的自然景观衬托下，似鬼斧神工，自然天成。当年的佩特拉，是多么的辉煌！

傍晚，乘坐皮卡游览瓦迪拉姆（Wadi Rum）沙漠。这个沙漠也被称为"月亮谷"，以其独具特色的红色沙丘、奇形怪状的岩石和无边无际的沙漠景色而闻名。当车开进沙漠时，首先映入眼帘的是波浪般的红色沙丘，这些沙丘在阳光的照射下呈现出深红色，晶莹剔透。

乘皮卡游览瓦迪拉姆沙漠

在披上暮色的远山和巨大的红色沙丘间迎来落日，转瞬之间，夜幕降临。沙漠出现一种特殊的宁静。浩瀚的沙漠，黢黑的夜空，让我想起当年在撒哈拉沙漠车轮爆胎后在茫茫大漠中艰辛跋涉的情形，更感受到时间的飞快流逝。

突然，前方灯光闪烁，城市特有的喧嚣摧毁了沙漠的宁静，一片帐篷旅店热闹异常。我们被带到一家餐馆，观看并品尝当地特色的沙丘烤羊。

前往约旦首都安曼途中路过马达巴（Madaba），一个有三千多年历史的古城。历史上，这座古城曾被埃及人、犹太人、希腊人、穆斯林所占领，多次易手。拜占庭时期(公元六世纪左右)，马赛克艺术在这里得到了蓬勃发展，在教堂、公共建筑、甚至民居里都可以发现马赛克的踪迹。

马赛克在现代社会是应用广泛的建筑材料，很多家庭装修都会采用马赛克瓷砖作为墙面装饰。但在马达巴，马赛克却作为一种艺术而存在且源远流长，因此，这座古城在约旦享有"马赛克之城"的美誉。

城中闻名于世的古迹就是圣·乔治(St. George's Church)教堂，其地面上用马赛克镶嵌的中东地图是由二百三十多万块不同颜色的碎片镶嵌而成的，虽然有部分缺损，但仍有非常重要的考古价值，独特之处在于它将地理标示和宗教象征巧妙结合，希腊文的注释不仅标明了地点，还介绍了著名人物和相关的历史事件。据说根据图中标示的地理位置，后人进行了考古发掘，竟然取得了很多重大发现。

马达巴离尼波圣山(Mount NiBo)不远。这座山是约旦最令人敬畏的圣地之一，是摩西升天之地。

当年摩西率领以色列人逃出埃及，用魔杖劈开红海，前往应许之地迦南。然而，在旅途中，因为一次过失，摩西被上帝禁止进入应许之地。后来，他在尼波山修生养性，直至升天。于是，此山就成了基督教、犹太教以及伊斯兰教三大宗教教徒们顶礼膜拜的圣山。

尽管圣经记录了这段故事，但后世人们对这里是不是真正的尼波山一直存在争议。直到公元2000年，教皇保罗二世光临此山，这里正宗尼波山的地位才算被确定。由此可见，在很多方面，教皇的影响力还是毋庸置疑的。

山顶上的摩西纪念教堂，以收藏数量众多的马赛克图而著称。教堂部分墙体是公元四世纪初期的原始石块，教堂的地板镶嵌有狩猎、畜牧耕种和各种鸟兽的图案，是典型的拜占庭马赛克画。

在教堂门前的平台上，耸立着一架巨大的钢制盘蛇十字架，象征着摩西行神迹的牧羊杖，是意大利佛罗伦萨人吉安尼·凡陶尼(Giovanni Fantoni)1984年的作品。

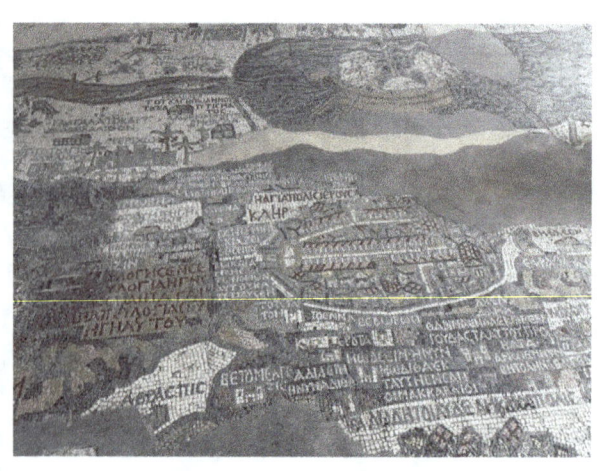

圣·乔治教堂地面用马赛克镶嵌的中东地图

站在平台上远眺，约旦河谷和死海依稀可见。据说天气好的时候，还能看到耶路撒冷和伯利恒的屋顶。

杰拉什(Jerash)罗马古城遗址是世界上保存得最完好的古罗马城市之一，被誉为"罗马之外的罗马"。古城建筑风格融合了希腊罗马和当地特色，非常吸引眼球。

走进古城，让我想起土耳其以弗所古城。尽管这里黄沙岩石料的颜色颇具当地色彩，但整座城的罗马风格给人以似曾相识的感觉。宏伟壮观的拱门、恢宏辽阔的赛马场、一望无际的市场大街，连绵的

摩西升天之地——尼波圣山

残垣断壁无声地述说着当年辉煌的过往。

沿着市场大街一直往前走,沿途的宙斯神庙、水神庙、环岛十字路口、椭圆广场、古罗马剧场等遗迹都非常令人惊叹。千年风雨,不减当年风华。

站在最高处的阿尔忒弥斯神庙(Artemis)上,可以俯瞰整个杰拉什罗马古城。透着沧桑之美的废墟,好似与天地连在一起,诠释永恒。

下午游览安曼市中心的城堡山。这里曾经是安曼最初的要塞,与安曼的历史息息相关。公元前十一世纪,崇拜埃及太阳神的阿蒙王国,就把首都建立在城堡山上,当时人们把首都称为"阿蒙",后来这个名字逐渐演变成"安曼"。

我们从城堡山的入口处进入,感受到古代城市的庄严和神秘。

杰拉什罗马古城遗址

阿尔忒弥斯神庙

城堡山上最引人注目的建筑就是乌迈耶德宫殿(Umayyad

Palace)。宫殿的废墟展示了古代建筑的精湛技艺。残存的地面建筑还有罗马时期的赫拉克勒斯神庙(the Temple of Hercules)。山上古老的庙宇遗址、城墙残垣和古代剧场的遗址，每一块石头都是古代文明的见证。

城堡山上乌迈耶德宫殿废墟

这座三千多年连续有人居住的城市有着无数的历史遗迹，很多珍贵的发掘品在城堡山的博物馆里展出。

登上城堡山的最高点，整个安曼市区鳞次栉比的白色建筑展现在眼前，可清楚地看到罗马剧院，视觉感受相当震撼。在这里还可以看到那面据说是约旦境内最大的国旗。

远处的摩天大楼和现代建筑与古老的城堡遗址形成鲜明对比，也让我们感受到安曼的发展脉络和历史的传承。

以色列约旦之旅为我们深入了解这块土地上的古老文化和风土人情提供了一个难得的机会，使我们能够近距离接触和感受这里老百姓的真实生活。尽管这次旅行只是走马观花，但这片神奇的土地常让我魂牵梦绕。

约旦境内最大的国旗

东西方交通要冲土耳其

土耳其横跨欧、亚两大洲，特殊的地理位置使她成为古代的交通要道。这个被古希腊人称为"太阳升起的地方"，既是人类早期文明的发源地，也是不同文明碰撞的重要场所。其源远流长的历史为后世留下诉说不尽的故事和丰富多彩的历史文物。君士坦丁堡(Constantinopolis)、特洛伊(Troy)、以弗所(Ephesus)等地名在历史教科书中早已让人耳熟能详。因此，土耳其对我有着极大的吸引力。

去年订好了去土耳其旅行，因疫情爆发而被取消，今年打了疫苗，终于成行。

横跨两大洲的伊斯坦布尔

当飞机降落在伊斯坦布尔机场时，千年古都的美丽轮廓让人心情激动。大大小小的清真寺星罗棋布，圆顶尖塔在海峡两岸争妍斗艳。

伊斯坦布尔是世界上唯一横跨欧亚大陆的城市，扼守连接黑海和地中海海之间的战略通道。伊斯坦布尔也是世界上作为首都时间最久的城市，一千一百年东罗马帝国、近五百年奥斯曼帝国以及土耳其共和国初期的首都。这座古城最能反映土耳其悠久而复杂的历史，灿烂而多元的文化。

登上接我们去旅馆的车，穿越在大街小巷，拜占庭和奥斯曼的风情弥漫在天空，城市的每个角落好像都有故事，等待人们探索。街上人多车多，小商小贩比比皆是，与世界各地的人民一样，伊斯坦布尔人也都在为生活奔忙，正是他们的忙忙碌碌才使这座古都焕发着无穷的活力。

入住旅馆后，一众驴友都急不可耐地要上街观景。由于随团旅行活动到晚上才正式开始，于是，我们便争分夺秒地来到街上，直奔那些不在旅行社行程上的景点。

伊斯坦布尔最早是古希腊城邦拜占庭，其建城历史可追溯到公元前七世纪，相当于中国的春秋时代。由于拜占庭横跨欧亚两大洲，战略位置极佳，公元330年，常年南征北战且厌倦了罗马政治氛围的罗马皇帝君士坦丁大帝，将首都从罗马迁到了这里，在此大兴土木，并将拜占庭称之为新罗马。这位皇帝死后，为了纪念他，人们遂命名此城为君士坦丁堡。

后来，罗马帝国分裂，君士坦丁堡便成为延续了一千一百多年的东罗马帝国的都城。公元十五世纪，奥斯曼帝国崛起，东罗马帝国分崩离析。1453年，这座城市被奥斯曼人攻占。鉴于其重要的战略位置，奥斯曼帝国在此建都，并改名为伊斯坦布尔。

一次大战后，奥斯曼帝国解体，土耳其共和国在此建都，后迁往安卡拉，但这座有着一千七百年历史的古城却承载着土耳其人的历史文化传统，也成了各国人民心神向往的旅游胜地。

走在伊斯坦布尔的大街上，犹如走入一座历史博物馆。街上星罗棋布的教堂和清真寺，东西方文明交汇点的风土人情，让我们感到新奇和震惊。其实，刚到伊斯坦布尔，看哪都新鲜。既然是闲逛，哪人多奔哪去。

离我们下榻旅馆不远的地方，有个加拉达塔(Galate Tower)，

东西方交通要冲上的土耳其

在上下起伏的街巷中鹤立鸡群。走到跟前,更显雄伟壮观。买票登塔的人很多,但排了一会儿队,还是买上了票。上去一看,风光无限,在塔上可俯瞰伊斯坦布尔全景,金角湾对岸的几座大清真寺和皇宫都依稀可见。从塔内展览的文物说明中得知,这座中世纪风格的石塔建于1348年,后在奥斯曼时期被数次修复用作观察城市火情的瞭望塔。顺便,我们也在塔上确定了下一个要去的景点。

加拉达塔

沿着蜿蜒的小巷辗转来到金角湾对岸,直奔离大桥最近的清真寺。这块地界儿的清真寺可真多,且都规模宏大。说实在的,我们也分不清哪个是哪个,要想依靠谷歌地图来个按图索骥都做不到,于是,先进来看看再说。歪打正着,原来,这是城中最美的清真寺,即大名鼎鼎的苏莱曼清真寺。

这座清真寺建于著名的苏莱曼大帝时期,由当时最顶级的建筑师锡南(Sinan)所设计。苏莱曼一世是奥斯曼帝国的第十位苏丹,在他的统治下,帝国进入鼎盛时期,他的文治武功在世界历史上堪与波斯阿巴斯大帝、印度阿克巴大帝比肩。

这座以苏莱曼大帝命名的清真寺之所以被称为伊斯坦布尔

的最美清真寺，一半原因是因为它的位置。

清真寺坐落在金角湾的高地上，从这里不仅可以俯瞰整个海湾、加拉达大桥及刚刚去过的加拉达塔，还可远眺博斯普鲁斯海峡，过往的巨轮及伊斯坦布尔诱人的风景线，内容丰富的画面和吸引眼球的景色真的令人流连忘返。步入礼拜堂，大厅里高耸的穹顶、精美的廊柱、环形的吊灯、厚重的红毯，以及地毯上正在朝拜的人们，都让人有如沐春风的感觉。

苏莱曼清真寺

清真寺的庭院里有个花园墓地。里面墓碑林立，草木繁茂，有两座陵墓，格外引人注目，即苏莱曼一世和他的妻子洛克塞拉娜的陵墓。建在清真寺或教堂里的陵墓与中国古代的地下陵寝给人的感觉是很不一样的。与十三陵那种阴森森的阴阳两隔气氛截然不同，看着近在咫尺的苏莱曼一世和他妻子的棺椁，感觉他们离我们的距离并不遥远。

看完苏莱曼清真寺，又赶往蓝色清真寺。查了查谷歌地图，还得坐车。路上找不着出租车，只好坐轻轨公交，也想借机体会一下这个城市的公共交通。到了车站，就是找不着买票的地方。

东西方交通要冲上的土耳其

好不容易在入口处碰到个年轻人,想问他如何买票,他好像听不懂英语,却想到了我们要干什么,竟在车站入口处拦着铁栏杆把我们都放了进去。我们上车后以为车里有售票员,谁承想,连个售票员的影儿都没见到。不过,伊斯坦布尔的轻轨还是挺舒适的,乘客不少,但不拥挤,行车路线的电子显示一目了然。坐了几站车,便来到了蓝色清真寺。

蓝色清真寺是苏丹艾哈迈德一世(Sultan Ahmed I)下令建造的,因此,亦称苏丹艾哈迈德清真寺(Sultan Ahmed Mosque)。这位苏丹英年早逝,他的陵墓就建在了清真寺边上。

蓝色清真寺的建筑师是主持改造圣索菲亚大教堂的锡南的弟子Mehmet Aga。1609年开工,1616年建成。这座清真寺因大量使用了手绘的蓝色彩釉瓷砖而获"蓝色清真寺"之名。蓝色清真寺将邻近的圣索菲亚大教堂的拜占庭风格和伊斯兰元素糅合在了一起,是奥斯曼帝国时代建筑和艺术的杰作。它拥有六座直插云天的宣礼塔,不但在伊斯坦布尔显得气势不凡,即使在整个伊斯兰世界,亦赫赫有名。

步入广场,但见这座清真寺正在轰轰烈烈地进行翻修。幸运的是,还留着一个门,供人们进入寺内参观朝拜。大厅里的景象果然不同凡响。尽管装修工程搭建的脚手架和屏风占据着大厅的绝大部分地盘,但其整体的恢宏壮丽依然清晰可见。在伊斯兰图案鲜明的土耳其地毯上,带着小白帽的穆斯林在各个角落向真主朝拜。他们口中念念有词,创造出一种神圣的气氛。置身在这样的场合,您的宗教感情会油然而生。我想,这也是为什么古往今来,教堂和清真寺越修越大的原因之一。

由于维修的原因,寺内遐迩闻名的两万多块蓝色瓷砖及许多珍贵文物,基本被严严实实地掩盖了起来。虽说未能目睹那些诱人的蓝色瓷砖是个小小的遗憾,但亲自感受一下蓝色清真寺的气氛也算是不虚此行。

蓝色清真寺的设计当然没得说,它的工艺水平也同样令人拍案叫绝。据说,整个清真寺在建造过程中没有使用一根铁钉,这和比它稍早建造的北京故宫一样。四百多年过去了,也经过几次大地震,清真寺结构照样严丝合缝。传统社会的手艺人,做出的活儿让人放心。

蓝色清真寺

第二天,我们跟团游览活动的第一个景点就是蓝色清真寺。果不其然,由于维修,导游没安排我们进入清真寺,只带我们在外面最好的位置看了看风景。幸好昨天自由行时,我们走进了蓝色清真寺,看到了清真寺里面的景象,感受到了那种难得的宗教氛围。

紧邻蓝色清真寺的一片空旷的广场是罗马竞技场(Hippodrome),即罗马时期举办战车比赛和竞技体育赛事的

东西方交通要冲上的土耳其

地方。广场上矗立着两座方尖碑和一个蛇形柱。那座被称为"墙柱"的方尖碑原来包着一层铜,十字军第四次东征时,洗劫君士坦丁堡的士兵们,以为是黄金,悉数掠走。另一座方尖碑来自埃及的卡纳克神庙,有3500年历史,现在依然保存完好。

方尖碑旁边的青铜三头蛇形柱,是当年罗马人从古希腊神庙中搬到这里来的,作为有纪念意义的建筑雕塑。可惜的是,蛇头却不见了踪影。

离蓝色清真寺不远的地方,就是托普卡帕宫(Topkapi Palace),即人们称为老皇宫的地方。十九世纪中叶,西风东渐,苏丹阿普杜勒.迈吉德也赶时髦,在金角湾的对岸修建了一座欧洲风格的新皇宫,因此,托普卡帕皇宫便成了老皇宫。1924年,土耳其共和国成立后,托普卡帕宫和北京的故宫一样,成为一座博物馆。可以说,这座皇宫不但目睹了数不清的宫廷秘密,也见证了奥斯曼王朝在这里走向顶峰继而衰落的历史。

宫内庭院错落,绿树掩映着参拜厅,珍宝馆,圣物陈列馆等重要宫廷

罗马竞技场上的方尖塔

青铜三头蛇形柱

场所，如果都仔细看的话，一整天都泡在这也看不完。因此，我们一路走马观花，穿过几个庭院，最后来到后花园，来到宫殿面海的露台上。站在此处远眺，金角湾、马尔马拉海和波斯普鲁斯海峡的美景一览无遗。奥斯曼帝国的雄风，宫闱密室的争斗，都已随风而去。

伊斯坦布尔的香料市场(Spice Bazaar)又名埃及市场(Egypt Market)，是个非常接地气的集市，不但游客喜欢逛，本地人也来此购买生活用品。这里不但有当地特色的香料，而且还有各种茶叶、咖啡、糖果及日用品。比起蓝色清真寺旁边的规模宏大珠光宝气的大巴扎，香料市场规模虽小，但更平民化。

在市场里转了转，许多小贩看到我们这张中国脸，争着用中文跟我们打招呼，请我们进店看看。有个年轻的小贩中文说得还

托普卡帕宫

埃及市场

47

挺溜，一串串的中文让我想起九十年代北京秀水街上那些操着流利俄语和英语的小青年。要不是疫情肆虐，这里一定有不少中国游客。要是总没有中国游客，他这点儿中文有可能就荒废了，那可真就太悲催了。

我们在香料市场并未逗留太久，因为下午要参观圣索菲亚大教堂。

圣索菲亚大教堂和香料市场是两个不同的世界，两种不同的体验。

公元335年，古罗马帝国刚刚迁都到君士坦丁堡后不久，君士坦丁大帝便下令在这里修建了一座基督教皇家教堂，取名为"圣索菲亚"(Aya Sophia)，意喻为"上帝的智慧"，教堂后来在一次大火中被焚毁。公元532年，查士丁尼大帝动用了上万名工人，昼夜施工，花费了六年的时间和大量的黄金，终于将新圣索菲亚大教堂打造成当时世界上规模最大的教堂。

这座高56米的大教堂在中世纪罗马的圣彼得大教堂建成之前的一千多年里，一直位居世界上最大的教堂之首。与后来的许多基督教堂不同，这座拜占庭建筑没有高耸云天的塔楼和绚烂夺目的玫瑰窗，但却以其自身的庄严雄伟显露出一种宏大的皇家气魄，令人震撼。

1453年，当君士坦丁堡被穆罕默德二世率领大军攻克，这座教堂有幸被保留下来，改建成清真寺。更让人感到欣慰的是，负责改建的建筑师锡南(Sinan)并没有高举"破四旧"的旗帜，将教堂内精美的拜占庭镶嵌画彻底铲除，而是用石灰将其盖住，从而保护了教堂内的艺术珍品，使后世的人们能够在此欣赏这些传世之宝。

圣索菲亚大教堂以巨大的穹顶而闻名。教堂最前方的穹顶上圣母玛利亚怀抱耶稣的壁画，金光闪闪。走进中央大厅，更为巨大的金色穹顶所震撼。

仰望穹顶，一种宗教气氛弥漫于整座建筑，撞击着人们的灵魂。一些精美的马赛克壁画，尽管还能看到曾经用白灰覆盖后的残迹，但这些壁画都还色彩艳丽，让人惊羡不已。在这里，您能切身体会到历史风云和基督教与伊斯兰教的互相纠缠。至于这两大宗教是否能和平共处或一定要誓不两立，咱也无法给出结论。但这两大宗教的影响却都存在于这座教堂之中。

圣索菲亚大教堂

作为千年古都的伊斯坦布尔，到处都是古迹，故事源远流长。然而，我们在土耳其的行程，除了伊斯坦布尔，还有不少其他著名景区，因而，就不得不跟随大队人马，离开这座让人留恋的城市，踏上新的旅程。

地中海沿岸古迹

加里波利(Gallipoli)是第一次世界大战期间著名的奥斯曼帝

东西方交通要冲上的土耳其

国战胜盟军的战场。清晨从伊斯坦布尔出发,沿着马尔马拉海一路西行,虽然路上风景宜人,但由于时差的关系,坐在车上,仍有昏昏欲睡的感觉。郊外的新型小区,芬芳诱人的果园,富有诗意的农舍,都从车窗掠过,不多时,便抵达加里波利。

一战时,著名的加里波利之战就发生在这里。一片墓地,从近海的滩头向内陆延伸,纪念着近一个世纪前在这里死去的年轻人们。他们当中有英国人、法国人、澳大利亚人、新西兰人,也有其敌对阵营中的奥斯曼土耳其人。

加里波利战役阵亡将士墓地

1915年4月,僵持在欧洲战壕中的协约国采纳了时任英国第一海军大臣温斯顿·丘吉尔(Winston Churchill)的策略,派兵登陆加里波利半岛,以控制达达尼尔海峡,进而攻占伊斯坦布尔,从而迫使刚刚加入战争的土耳其退出战争。在这次战役中,协约国方面先后有50万士兵远渡重洋登陆加里波利半岛。这场战役是一战中最著名的战役之一,也是当时最大的一场海上登陆战役。

加里波利战役持续了近11个月,双方伤亡总数多达几十万人,最终以协约国失败告终,丘吉尔引咎辞职,而奥斯曼帝国将领穆斯塔法·凯末尔·阿塔蒂尔克(Mustafa Kemal Atatürk)则一战成名；数年后，他又领导了土耳其独立战争，最终成为"土耳其共和国之父"。一将功成万骨枯。地上的墓碑，向后人诉说着战争的残酷，肃穆的气氛，令人动容。

中午时分，横渡达达尼尔海峡(Dardanelles Strait)。连接马尔马拉海和爱琴海的达达尼尔海峡宽约1200米，是欧亚大陆的分界线。当年波斯人入侵希腊及亚历山大大帝出征波斯，都曾在此渡海。加里波利战役之所以发生，也是为了争夺达达尼尔海峡这一重要的战略要地。

等候轮渡的时候，我们在码头上的小饭馆吃了顿午餐。刚从海里打捞上来的鲈鱼烤出来香气袭人，让人无法抗拒。端上桌来一尝，怎一个鲜字了得！

不远处，一座跨海大桥就要完工。大桥气势磅礴，一问，原来是中国人的作品，即"一带一路"的产物。望着对面的大桥，我在想，经济发展的浪潮，可能会给这个小镇带来前所未有的冲击。大桥通车之日，就是这家餐馆关门之时。

饭后，坐着旅游大巴上了渡船，登上甲板，欣赏欧亚两岸的迷人风光。一水之隔，半个多钟点儿的光景，就从欧洲来到亚洲大陆。

荷马史诗《伊利亚特》中特洛伊木马的桥段，广为人知。人们对历史上的特洛伊战争可能不甚了了，但特洛伊国王普里阿摩斯的小儿子帕里斯和希腊斯巴达王麦尼劳斯的妻子海伦的爱情传说，以及希腊联军用木马骗开特洛伊城门的故事，人们则耳熟能详。

今天终于来到特洛伊古城，当然感到异常兴奋。号称世界上

东西方交通要冲上的土耳其

最漂亮的女人海伦只能留在人们的想象之中,但她所居住过的这座古城却因荷马史诗《伊利亚特》而永垂不朽。

特洛伊古城遗址

进入古城遗址,首先跳入眼帘的是巨大的木马。木马建于1975年,有两层楼高,木马的肚子是空的,供人观景。可能是由于维修的原因,木马被拦了起来,禁止游人靠近和攀登。特洛伊战争早已烟消云散,但荷马的童话故事却永存人间。特洛伊城遗址的考古发掘,始于十九世纪中期,延续到二十世纪三十年代,充满了浓厚的浪漫色彩。

特洛伊城到底在哪儿,因为缺乏确切的史料记载,长期以来一直困扰着研究这个问题的历史学家,很多人甚至认为特洛伊城完全是虚构的。十九世纪,有位德国商人海因里希·施里曼(Heinrich Schliemann)对荷马史诗里的特洛伊特别感兴趣,并深信特洛伊确有其事。1871年,施里曼筹集了足够的资金,自费赴土耳其考察,在古城遗址,雇人发掘出一座古代城市的废墟。还从废墟城墙的夹壁里发现了一些金器,不但发了财,还轰动了考古界。

走进特洛伊遗址,可以清晰地看到一层又一层的发掘标记,可见一代代考古学家为寻找历史真相而付出的不懈努力。尽管对于特洛伊古城的学术争论至今尚未结束，联合国教科文组织还是把特洛伊古城遗址列入了世界文化遗产。

在地中海沿岸，古城一座接着一座，古希腊罗马时代，这一地区的繁荣程度绝非一般。

在前往地中海东边的一座港口城市伊兹密尔(lzmir)途中，路过帕加蒙(Pergamum)。这是一座古希腊殖民城邦，坐落在爱琴海的一个海角上。在亚历山大大帝东征之后，地中海地区进入希腊化时代，帕加蒙一度成为一个相当强盛的国家。

帕加蒙，中文也译作贝加马(Bergama)，巅峰时期曾有雅典第二的美誉。

帕加蒙在罗马帝国时代，文化上最为兴盛。她拥有规模仅次于埃及亚历山大城的第二大图书馆，坐拥藏书二十万卷。考古学家根据发掘出来的图书馆阅览大厅的书架规模，估算仅仅在阅览厅，就能放一万卷书供人取阅。

来帕加蒙城，其实要看的东西很多。希腊时期的帕加蒙卫城，高高坐落在山顶，古迹集中；另一个景区就是古希腊/罗马时代的精神病医院和疗养中心，公元二世纪罗马世界最著名的精神病医生盖伦(Gelon)曾经在这里行医。这位盖伦医生，本事相当了得。作为罗马帝国皇帝的私人医生，他不但精心照顾着罗马帝国统治者的身体健康，而且还对解剖、生理、病理、药理即神经系统的研究做出了重大贡献。看来，这位盖伦医生是位既做临床也做研究的学霸。据学医的驴友讲，当时的人们对血管里流淌的是血还是空气尚无定论，是他证明了血管里流淌的是血液而不是空气。

根据旅行社的安排，我们未能走近帕加蒙卫城，只从山下远远观望了一阵，便进了精神病医院和疗养中心的废墟做了一次休息式的参观，然后，赶往伊兹密尔。这座精神病院采用的治疗手段是所谓的"综合治疗"，这在当时是相当先进的。因此，这里不但有医疗设施，而且还有剧场等娱乐场所的遗迹。尽管将近两千年的时光过去了，但走出精神病医院的废墟，我们这伙人看上去也显得精神了许多。

下午到达伊兹密尔(Izmir)。这个历史文化名城，如今是土耳其第三大城市，高楼林立，车流滚滚，一派现代海港的风光。直到滨临爱琴海的旅馆，才展现出滨海度假城市的风情。宽阔的海滨大道上，棕榈树婆娑多姿，爱琴海激越的波澜，有节奏地拍打着蜿蜒的堤岸，水天一色的地中海，美不胜收。入住旅馆后，大家忙不迭地涌到海边。在废墟里转悠时间长了，大家对享受一下地中海的美景都显得迫不及待。

伊兹密尔作为历史文化名城闻名于世，是因为郊区的以弗所古城遗址。据说，以弗所是世界上古罗马遗址密度最高的地方，也是目前世界上已发掘的保存最好规模最大的古希腊罗马城市遗址。进入这座古城遗址，有一种当年走进庞贝古城的感觉，但面积绝对比庞贝古城大多了，其昔日的繁华和气度，自不待言。

以弗所有着悠久的历史，其建城年代可追溯到公元前十世纪，在古希腊和罗马时期曾盛极一时，被认为是世界上最伟大的古城之一。古城曾是罗马帝国在小亚细亚的首府，传说是为女神阿耳特弥斯而建，因而，这里的阿尔特弥斯神庙，因其建筑宏伟、外观精美，曾被列为世界七大奇观之一。

古城内的其他建筑，如圣母玛利亚之家、圣约翰大教堂、塞尔苏斯图书馆、哈德良神庙、露天剧场等著名建筑都令人惊叹。可惜的是，公元17年的一次大地震，将整个城市摧毁。沧海桑田，曾经盛极一时的古城，竟沦为一片大理石废墟。

走在这片废墟上，犹如一次历史穿越。印象中的古罗马离我们总很遥远，但这里的市政厅、法院、图书馆、街道、商店、集市、神殿、剧场、喷泉、浴场、甚至妓院，都近在眼前。驻足阿耳忒弥斯神庙遗址时，尽管只有一根象征性的石柱还留在那里，历史上的繁华场景好像就在面前。我总想找到一些历史遗迹，如当年赫拉克利特到底隐居在哪个角落，圣母玛丽亚常在某条街道遛弯儿，早期基督徒是不是也受到小脚侦缉队或朝阳大妈们的监控。来到这些名人的家乡，时间和空间的距离在缩小，感情上和他们好像也亲近了许多。

棉花堡和古城希拉波利斯

棉花堡(Pamukkale)和古城希拉波利斯(Hierapolis)遗址于1988年被联合国教科文组织列为世界自然与文化遗产，因为这里不但有神圣古城遗迹，而且还有一处奇异的自然景观棉花堡。

早就听说棉花堡的大名，网上有人把她比作中国的九寨沟或美国的黄石公园，这一景观的名气远比与她毗邻的古城希拉波利斯要大得多。因此，行前我对棉花堡有着很高的期待。尽管看了不少棉花堡的照片，但当这一景观出现在眼前的时候，仍然

东西方交通要冲上的土耳其

感到震惊。

　　整个山坡洁白如雪,就像大朵大朵的棉花,鬼斧神工般地堆满整个山坡。坡下几汪碧水,倒映着蓝天白云,宛若人间仙境。有点儿遗憾的是,今天的游人非常多,多少让人产生一些仙境变成人间的感觉。

棉花堡

　　棉花堡是一座白色石灰岩构成的阶梯型山坡。关于棉花堡,当地人有个美丽的传说:当年,有个牧羊人为了和希腊女神幽会,忘了挤羊奶,致使羊奶任意流淌,盖住了整座山坡。很多民间传说,越编越像那么回事儿。细看棉花堡,那一团团洁白欲滴的钙化石,真像是凝固的羊奶。

　　按科学的解释,这些白色阶梯其实是以碳酸钙为主要成分的钙化物质。当地的雨水渗入地下,经过漫长的循环又以温泉形式涌出,在此过程中溶解了大量岩石中的石灰质和其他矿物质。当温泉顺山坡流淌时,石灰质沿途沉积,久而久之便形成一片片阶梯状的钙化堤。美国黄石公园的猛犸温泉,也属于这种地貌,只不过猛犸温泉没有如此洁白的色彩。

　　棉花堡另一亮点是她的温泉,水温终年不变。导游说泡这个温泉，除了死亡，对任何疾病都有疗效。我们这个导游，是个善于说笑的人，跟着他游山玩水，总是笑声不断。

棉花堡边上有个古城遗址，叫作希拉波里斯(Hierapolis)，意为"圣城"。为什么把这里称为"圣城"呢？据说古时候此处的洞穴中有种气体，吸入后能产生幻觉，进入与神交流的状态。后来城里建了很多神庙，自然而然地便被人们称为圣城。

希拉波利斯古城遗址

希拉波里斯离以弗所不算太远，古城在公元17年那场大地震同样没能逃脱被摧毁的命运。因为这里有丰富的温泉资源，热衷洗浴的罗马人将其重建为罗马风格的新城，修建了许多温泉浴池，使之成为一个度假胜地。据说当年的埃及艳后克利奥帕特拉路过此地时，还在这里泡过温泉。有像华清池一样的名声，就不难理解为什么游人会对此趋之若鹜。

希拉波利斯温泉

东西方交通要冲上的土耳其
度假天堂安塔利亚

安塔利亚(Antalya)风光秀丽,街上长满绿树和鲜花。棕榈树构成的林荫大道,洋溢着热带风光。导游说,很多俄国人和德国人成群结伙来此度假,而且常住。这里不但有度假天堂的美誉,而且还有历史悠久的名胜古迹和收藏丰富的考古博物馆。历史上,安塔利亚曾被希腊,罗马,拜占庭,塞尔柱和奥斯曼先后统治过,因此也就留下来很多不同时代不同风格的历史古迹。

古城柏吉遗址

我们抵达安塔利亚的第二天早晨,便去了古城柏吉(Perge)和阿斯潘多斯(Aspendos)剧场及安塔利亚考古博物馆,对土耳其的历史,尤其是古希腊罗马时代的繁华,增加了新的认识。

柏吉城由希腊人在公元前始建,

阿斯潘多剧场

随后易主为波斯和马其顿人。在罗马人统治时期,这座古城迎来最繁荣的时代,从现存庞大的建筑群废墟来看,当年这座繁华的古城的辉煌该是多么令人羡慕啊!

且不说这里的神殿、剧场、商铺、浴池,单看主街上用于降温的流水槽,您就能想象出当年这里高度发达的场景。为了应对地中海夏天的干燥和炎热气候,这座城市在城中心的主要街道都建了人工引水渠,既美化了城市,也起到了降温作用。

柏吉还出土了大量文物,从赫梯时代到古典时期,从基督教文明到奥斯曼帝国,因此有人说,人类历史上的众多文明,这里都曾有过。

安塔利亚另一名胜就是声名远播的阿斯潘多斯剧场,因为它是土耳其境内保存最好的罗马剧场,也是世界上保存最完整的罗马剧场之一,至今依然是土耳其人举办歌剧和音乐会的场所。当穿过拱门步入剧场,我们一个歌唱家驴友,引吭高歌,观众席上各个角落都爆出热烈掌声。这座建于公元二世纪可容纳上万名观众的剧场,音响效果真是没得说。

从安塔利亚挖掘出来的许多文物都保存在安塔利亚考古博物馆。从正面看上去,博物馆很不起眼,但其藏品绝对不同凡响。万神殿中展出的一些精美的古希腊众神雕像,大多来自近旁的古城柏吉。近几年,我先后参观过一些世界知名的博物馆,比较来说,这个博物馆的藏品从哪方面讲,都堪称一流。

卡帕多西亚

卡帕多西亚(Cappadocia)是土耳其旅游的金字招牌。这里出

东西方交通要冲上的土耳其

神入化的地质地貌和广为人知的基督教历史遗迹,以及闻名于世的热气球,吸引了全世界大量游客前来观光。

从地中海滨的安塔利亚到卡帕多西亚是一段较长的路程,大巴穿行在崇山峻岭之间,零零散散的村落一掠而过。忽然来到一座小镇,镇中心的一座古代建筑显得鹤立鸡群。原来,这是一座古代驿站卡拉万萨瑞(Caravanserai)。

古丝绸之路从中国长安直通欧洲,在土耳其这一段又被称为国王之路(King's Road)。丝路对当时土耳其的商贸活动产生了相当积极的促进作用。因此,当地苏丹为了贸易的繁荣,每30-35英里就修建一座驿站,以方便来往的客商。

我们参观的这座驿站,是经过翻修的。这里的驿站在功能上更像是现代高速公路上的服务站,服务设施齐全。驿站呈四方型庭院,中心有一座小清真寺,游客可以在那里朝拜。周围有客栈、商铺、药房、仓库和设备维修等提供服务的房间。为了保护商人们的安全,当地政府还派兵担任警卫;为了鼓励商贸,还实行前三天免费住宿的政策。正是由于政府的大力支持,驿站在小亚细亚的丝路上如雨后春笋般发展起来,为促进当地商贸发展做出了重要

丝路上的驿站

贡献。

傍晚时分抵达卡帕多西亚，入住旅馆后，立即前往附近的一座原始驿站，观看了著名的"旋转苦行僧"教派(Whirling Dervishes)的表演。在半个多小时的仪式和表演中，四个身穿白衣白裙的僧人伴随着沉闷悠长的音乐曲调，旋转起舞，且越转越快，直至观看者都感到眩晕。

"旋转苦行僧"教派(Whirling Dervishes)，是十三世纪宗教大师波斯诗人鲁米以及他的信徒和追随者建立的一个神秘主义教派，即莫拉维.苏菲教派(Mevlevi Order)。

苏菲派与正统伊斯兰教派和其他大多数宗教的一个显著的不同是：他们认为，真主是人的本源，也是人的终极归宿，所以对待真主不但不需要畏惧，

旋转苦行僧

反而值得爱慕、眷恋和追求。他们相信，人可以透过精神与肉体上的修炼，直观性地参透"存在是一"的道理，并达成与真主合一的境界。因此，他们发展出一种特有的宗教仪式(Sema)，头戴高帽，身穿白袍，双手平伸，以右脚为轴，不停地旋转，以达到他们所追求的与真主合一的崇高境界。

2007年，为纪念鲁米诞辰800周年，联合国教科文组织宣布该年为国际鲁米年。这种旋转舞也被列为非物质文化遗产。

东西方交通要冲上的土耳其

除了伊斯坦布尔,土耳其最吸引人的地方无疑是卡帕多西亚。卡帕多西亚有远古时代火山喷发而产生的熔岩构成的石窟群,面积近4000平方公里。放眼望去,悬崖深谷,一望无际,遍地怪石嶙峋,岩洞数不胜数。这里的地质地貌和独特的历史文化遗产,以及闻名于世的热气球,使她成为全世界驴友心目中的圣地。

到达卡帕多西亚的第二天,我们一大早就起来准备好乘热气球观看卡帕多西亚日出那美妙瞬间。然而,黎明前的夜空雾气蒙蒙,连个星星都看不见,老天给我们乘坐热气球的热情浇了盆凉水。为了安全,热气球公司要我们耐心等待,等天气变好后随时待命出发。等了一个多时辰,天气也未见好转,于是,这天的热气球升空活动便被迫取消。没辙,只好回到房间再补个回笼觉。

尽管未能如愿乘坐热气球观赏卡帕多西亚童话般的地貌,那就只能退而求其次,前往参观当地的格雷梅山谷的露天博物馆,即早期的基督教教堂。

土耳其在奥斯曼帝国解体后才成为一个世俗国家,但绝大多数土耳其人信奉伊斯兰教。然而,在基督教发展的早期历史中,土耳其却起到了极为重要的作用。在罗马帝国统治时期,基督教受到严厉打压,卡帕多西亚曾经成为一些基督徒逃避迫害的避难之所。从公元一世纪起,以著名使徒圣保罗为代表的耶稣基督的第一批信徒离开耶路撒冷,便来到卡帕多西亚,建立了小亚细亚的第一个基督教区。他们不仅在地下挖掘,同时也在地上修建洞穴教堂。

直到公元四世纪，君士坦丁大帝皈依基督，并定基督教为国教，卡帕多西亚的角色发生变化，成为传播与研究基督教教义的一个中心。大批教堂、修道院和其他宗教设施在山岩洞穴中修建。同时，不少为"接近上帝"而追求苦行生活的修道士也来到这里，形成松散的宗教社会。

格雷梅露天博物馆集中了众多的岩窟教堂。这里的每座岩峰几乎都被挖空，每

格雷梅露天博物馆

一座山峰都有教堂，修道士们在这里修建的教堂几乎到了见缝插针的程度。但是，这里的教堂大都相当简陋。有些教堂内还保留着一些年代久远而装饰精美的壁画，具有很高的历史价值。例如其中的蓝色教堂，当年的艳丽色彩和相对完整的人物形象依然溢彩流光。

在这个怪石如林的荒蛮之地，洞穴酒店亦颇有盛名，与"洞穴教堂"同样令人拍案叫绝。我们虽无缘住进这里的洞穴酒店，但却有幸参观了一个就住在洞穴的普通人家。男主人是当地的石匠，妻子在家卖些旅游纪念品，也算是不错的生意。

下午参观卡伊马克勒地下城。这座地下城最早由什么人挖

东西方交通要冲上的土耳其

掘至今仍是个迷。据说，从公元一世纪第一批基督教徒逃难至此，地下城就已存在，并在不断扩展之中。历史上，每一次遭遇危险，基督徒们都逃亡到这里，因而，教徒人数变得愈来愈多，地下城也就发展得愈来愈大。

洞穴教堂

如今我们看到的地下城，大得令人不可思议，竟达八层之多，纵横交错，可容纳一万多人。地下城有很多出入口，很难被发现。地下城的房舍按用途规划为卧室、作坊、厨房、武器库、储物室、水井、会议室、教堂、葡萄酒酿造地和墓地等。每一层的出入口都设有"机关"，洞口上方放置一个大圆石轮，若有敌情，启动开关，石轮会滚到洞口，堵住敌人的进退通道。各层还有梯子相连，并挖了数十条竖洞和外逃的秘密出口。与高家庄马家河子的地道相比，其坚固程度和生活功能，似乎更胜一筹。

离开卡帕多西亚那天早晨，朦朦细雨，乘坐热气球已绝无可能。于是，不得不就此别过，前往土耳其首都安卡拉。

首都安卡拉

安卡拉是土耳其的政治中心。这座有着五百万人口的城市看起来非常现代，市区高楼林立，街上交通拥挤。中午时分，辗转来到安卡拉市中心，在貌似CBD的地界儿发现了一家中餐馆，大家迫不及待地来到这家餐馆慰藉有些饥渴的中国胃。餐馆内部装修得极其讲究，但员工没有一个讲中文的。尝了一碗酸辣汤，说有点走味儿，是轻描淡写，说实在的，味道真像打卤面的卤汁儿。

午饭后，参观土耳其共和国创始人兼第一任总统凯末尔·阿塔图尔克的陵墓(Kemal Ataturk)。陵墓于1944年动工，1953年落成。陵墓位于市区的一块高地上，雄伟壮观。郁郁葱葱的园林、恢弘辽阔的庭院和庄严肃穆的纪念堂，使这个建筑群成为土耳其政治中心的象征。

到达陵墓的时候，正好赶上什么重要人物前来向这位土耳其国父献花，纪念堂实施戒严，但陵墓的其他部分照样开放。于是，我们便沿着庭院中的走廊参观拍照。一阵音

凯末尔陵墓

乐响起，看到那个重要人物从纪念堂走了出来，戒严便随之取消。恰在此时，我们正转到了纪念堂跟前，和那个重要人物打了个照面。在这里，对重要人物的安全保卫工作，看来忒稀松平常。

东西方交通要冲上的土耳其

凯末尔纪念堂是座宽57米，深42米，高17米的长方体建筑，简洁庄重。纪念堂内摆放着凯末尔象征性的大理石棺椁，重达四十吨。凯末尔本人则埋在下面的地下室。纪念堂的对面，是凯末尔的亲密战友，副手兼继承人，土耳其共和国第二任总统伊诺努(Ismet Inonu)之墓。

凯末尔当政期间，推行了一系列的政治、宗教和文化改革措施，在短时间内，使土耳其成功地走向现代化，脱亚入欧，将土耳其从一个政教合一的国家变成一个现代的世俗化国家。因此，他在土耳其人民的心目中，具有崇高的地位。

我们在陵墓庭院闲逛的时候，遇到一批刚刚毕业的大学生，穿着毕业袍来此打卡。不一会儿，又一批貌似地方干部的人员来此献花。看来，这里的政治地位和天安门广场上的毛主席纪念堂有得一拼。当然，这里的卫兵换岗仪式颇具仪式感，是值得看看的。

为了观看换岗仪式，我们等了很长时间，终于等到了卫兵换岗，观看了换岗的全过程。如果单从赏心悦目的角度来说，这里的换岗仪式与希腊议会大厦前无名战士公墓前的换岗仪式相比，希腊卫兵的服装和动作绝对都是高出一筹的。

安卡拉另一个值得去的地方无疑是安纳托利亚文明博物馆(Museum of Anatolian Civilizations)。这座位于安卡拉老城区的博物馆收集了丰富的土耳其各个时期考古文物，规模仅次于伊斯坦布尔的考古博物馆，尤以在安纳托利亚历史上扮演极重要角色的**赫梯**(Hittite)文物的收藏而著称于世。

赫梯文明在安纳托利亚历史上扮演了非常重要的角色。赫梯人是古代安纳托利亚地区的一个重要文明,他们的兴起和发展对于周边埃及文明、美索不达米亚文明以及爱琴海地区的文明都产生了影响。

赫梯文明兴起于今天土耳其中部一带的赫梯地区,大约在公元前第十七至第十二世纪之间,这段时间也被称为铜器时代末期到青铜器时代。赫梯人是一支以战争和贸易为生的民族,他们建立了强大的王国,并在政治、文化和经济方面与周边地区交流和互动。

赫梯文明在安纳托利亚地区留下了许多文物和文化遗产,包括雕塑、文字、文书记录以及宗教习俗。赫梯文字是当时使用的一种重要文字系统,对于研究赫梯文明和这一地区其他文明的交流和演

安纳托利亚文明博物馆

安纳托利亚文明博物馆正门

变有着重要意义。

博物馆建筑的前身是奥斯曼时期的驿站和巴扎，其本身就是一座非常有历史意义的建筑。它们在1940年被改造为博物馆，1943年对公众开放。

重返伊斯坦布尔

为了在离开土耳其之前坐一次博斯普鲁斯海峡游船并在那里洗一次土耳其浴，我们离开安卡拉时起了个大早，为的是准时赶回伊斯坦布尔，一了这个心愿。

伊斯坦布尔的交通是个令人头疼的问题。这个城市的道路蜿蜒曲折，有些街道过于狭窄，每条街上都塞满了车。进城之后，车只能走走停停。当然，堵车是现代大都市的通病，遇到了，谁都没辙。不幸的是，我们刚刚进入伊斯坦布尔就遇到了堵车，其拥堵的程度与芝加哥不分伯仲。

我们的司机开车技术绝对一流。尽管耽误了一些时间，还是把车开到游船码头，使我们能按计划游览博斯普鲁斯海峡。

博斯普鲁斯海峡北连黑海，南通马尔马拉海和地中海，把伊斯坦布尔分隔成亚洲和欧洲两部分。这里既是交通要道，也是热门景点。蔚蓝的海峡、高耸的大桥、成群的海鸥、漫山遍野色彩缤纷的建筑，把这个昔日战火纷飞的兵家必争之地造就成世界各地驴友们热捧的香饽饽。

我们在海峡亚洲一侧登船，沿着海岸向北巡游。岸上风格各异的滨海别墅争妍斗艳，令人目不暇接。不一会儿功夫，便穿过博斯普鲁斯大桥。这座建于1968年并于1973年10月正式通车的悬索桥是第一座跨越博斯普鲁斯海峡的大桥。继续向北，游船穿过第二第三座跨海峡大桥后调头驶向欧洲一侧，南下巡游，带我们观赏沿岸风光。

欧洲沿岸的风景显得更加亲民，岸上的房子以多层住宅楼为主，岸上还有一条海滨大道供人们使用。船行至第二座跨海大桥时，一座古代城堡出现在眼前。导游说，这座叫作鲁梅利（Rumeli Fortress）的军事城堡是在穆罕默德二世为了攻打君士坦丁堡时建造的。因为他的前任已经在海岸对面亚洲区建了另一座军事堡垒，在欧洲区内再建这座城堡，就能对君士坦丁堡施行完全控制，并阻拦前往援助拜占庭的其他国家的船只。

不一会儿功夫，游船转入金角湾。金角湾上也架着三座大桥，从入海口上行分别是加拉达大桥、阿塔图尔克大桥和老加拉达大桥。这一带海岸地处闹市，显得熙熙攘攘。初来伊斯坦布尔时下榻的旅店和附近的加拉达石塔都依稀可见。

由于堵车耽误了时间，直接预定的土耳其浴不得不取消。未能体验一下土耳其浴是这次土耳其之旅的又一个遗憾，但也为以后再来增加了理由。

当晚。旅行社为我们举办了告别宴会，会唱歌的，一展歌喉，能跳舞的，活跃气氛。这次的土耳其之旅在欢声笑语中结束，大家尽兴而归。

东西方交通要冲上的土耳其

博斯普鲁斯海峡大桥

葡萄牙西班牙纪行

孩子刚放假，飞赴里斯本，今年的葡萄牙和西班牙之旅就这样在匆忙中开始了。

毕竟是出国旅行，对目的地一无所知怎么都说不过去。于是，在飞机上赶紧把带来的旅游书拿出来阅读。从地图上看，葡萄牙是个蕞尔小国，地处伊比利亚半岛西南，毗邻的西班牙比葡萄牙的面积大了许多，要不是还有个葡萄牙，整个伊比利亚半岛就该姓西了。

尽管葡萄牙面积不大，然其在世界历史上的重要地位却是不容忽视的。西方国家在将全世界纳入其政治经济体系的全球化过程中，可以毫不夸张地说，葡萄牙起到了先锋模范作用。得天独厚的地理位置和亨利王子对航海事业的特殊贡献，使葡萄牙成为世界上最早崛起的航海大国，率先绕过好望角，进入印度洋并开辟了欧洲到亚洲的航线，成为十六世纪的海上霸主，直到十七世纪，其海上霸主的地位才被后起的荷兰所取代。开疆扩土，建立海外殖民地，掀起贸易革命，葡萄牙无愧是西欧国家现代化历史进程中的先驱。

和葡萄牙相比，西班牙的故事更多。在十六世纪与葡萄牙争夺海上霸主地位败北的西班牙也是大航海时代的强国。哥伦布就是在西班牙王后伊莎贝拉和国王费迪南德的支持下，实现了其"发现"美洲大陆远航的杰出人物。失之东隅，收之桑榆，尽管西班牙在争夺海上霸权的斗争中输给了葡萄牙，未能率先到达亚洲，但人家误打误撞地发现了美洲，轻而易举地将美洲大陆收到自己囊中，迅速建立起庞大的殖民帝国。

伊比利亚半岛上的这两个国家，都有着悠久的历史，曾经的辉煌。出门看世界，这样的国度更令人神往。

里斯本印象

经过8小时的飞行，当地上午抵达里斯本，过海关的时候习惯性地看了看周围，旅客如织，赶集似的，来这儿旅游的人真多啊！从机场的热闹程度来看，这个没落的超级大国，人气还挺旺。进入机场大厅，但见"买房移民"的中文招牌异常醒目。这些广告无疑是针对近年来钱包鼓起来的中国人的。

机场离市中心很近，不一会儿就到了入住的旅店。我们住的旅店坐落在热闹的罗西欧广场边上。入住后，稍事休息，便出来闲逛。初夏的里斯本，气候凉爽，街道整洁，街上各种颜色的人都有，建筑也新旧混杂，有一种传统与现代并存的气象。当地人的文化素质看来不低，人们的脸上洋溢着知足和自信，脚步踩踏着慵懒和悠闲。许多街口都有演奏乐器和表演行为艺术的人，且都达到相当高的水平。有些人装扮成的街头雕塑，让人难辨真假；街边的小提琴演奏，如泣如诉，余音绕梁；墙上花花绿绿的涂鸦，夸张的表达形式，令人过目不忘，但看起来并不刺眼，甚至还能引起人们的共鸣。

里斯本是欧洲最古老的城市之一。然而，1755年的大地震给这座古城带来毁灭性灾难。当时不到三十万人口的里斯本有约十万人在地震中丧生。震后的大火和海啸几乎将这座城市摧毁殆尽。尽管这里的建筑绝大多数都是1755年那场毁灭性大地震之后重建的，但它的街道却显得特别沧桑，具有极强的穿越感。就连随处可见的有轨电车，也有别于其他城市那种与时俱进，刻意保持着工业革命时期的风貌。

作为网红的28路有轨电车就在我们下榻的旅店门前经过，但我们还是选择走路逛街。走在街上，不同时代的异域风光既能让人感到新奇，也能唤醒心中残留的一份熟悉。听着铃铃铛铛的电车声，让我想起小时候北京前门大街上的有轨电车，想起记忆中的家乡。

里斯本街道的路面也很有特色，大都是用黑白两色的石头铺成，组成不同的图案，最多的图案是海浪，走在上面很有情调。到了一个陌生的地方，总是哪儿热闹往哪儿走。我们随着人流来到一个叫做奥古斯塔(Rua Augusta)的大街，有点像北京王府井的劲头儿。但街中间一溜溜的凉棚餐桌，显得比王府井更接地气。街两边卖蛋挞的小店比比皆是，隔着玻璃窗还能看到厨师用气焊枪往刚刚烤熟的蛋挞上喷火。早就听说里斯本的蛋挞驰名世界，怎么着也得尝尝不是？于是，排队买了几个，味道比芝加哥唐人街卖的蛋挞也好不到哪儿去。

走着走着，看到一座凯旋门，威武雄壮。穿过凯旋门，就来到了特茹河边的商业广场(Praça do Comércio)。这个当年的皇家广场在大地震中被夷为平地，皇宫也不得不搬家，现在的广场则是震后重建的，更名为商业广场。广场位于宽阔的特茹河畔，显得恢弘而有气势，约瑟夫一世(King Jose I)的骑马雕像矗立在广场中央。雕像周围，一群身穿制服的中学生正在广场表演节目，鼓乐齐奏，为广场增添了热闹气氛。

信步来到河边，左厢边就是大海，一望无际，右手边一座横跨特茹河的红色大桥，貌似旧金山的金门大桥。这座大桥于1966年建成，曾经是欧洲第一长桥。1974年4月5日，葡萄牙爆发了"四.二五革命"，推翻了法西斯独裁政权后，就将这座以当时的独裁统治者萨拉查(Salazar)的名字命名的大桥改名为"四.二五大桥"，以纪念这一国家走向民主的历史事件。站在河畔，轻风习习，凉爽宜人。

返回旅馆途中，漫天的晚霞与铺满山坡上的白墙红瓦交相辉映，把这座古城涂抹得绚丽多彩。

我们这次两牙之行在葡萄牙的时间很短，行程实在太紧张了。到了里斯本才知道，这个城市需要静下心来慢慢品味，才能体验出她的文化内涵。

第二天随团参观古城名胜，是从里斯本主教座堂开始的。

里斯本主教座堂

里斯本主教座堂(Sé de Lisboa)位于里斯本最古老的城区阿尔法玛区，28路有轨电车在教堂的正门前经过，显得很接地气。摩尔人统治时期，这里曾是最繁华的地区。教堂前身是一座清真寺，葡萄牙开国国王阿方索一世赶走摩尔人后下令改建，成为里斯本最早的教堂。自1147年兴建之日起，历经多次地震而幸存，并曾多次改建，因而教堂糅合了罗曼式、哥特式和巴洛克式等多种建筑风格，特别是教堂内保存了许多精美的装饰和古老的艺术品，具有很高的历史文物价值。尽管现在看到的教堂是大地震后重建的，但仍不失其沧桑和古朴的风韵。

贝伦塔(Torre de Belém)离里斯本主教座堂不远，旅游大巴三转两转就来到了贝伦塔所在的公园。穿过停着一架退役飞机的园林，岸边的贝伦塔赫然出现在眼前。

贝伦塔

贝伦塔既是里斯本的地标，也是世界文化遗产。这座建于五百年前的古塔，见证了大航海时代以及后来葡萄牙的兴衰。这座哥特式和文艺复兴风格相结合的五层古塔原为海港防御工事，在后来的几个世纪中，它也曾被用作海关、电报站、监狱、甚至灯塔。风云变幻，岁月流逝。任凭风吹浪打，至今傲然屹立的贝伦塔依然气势磅礴华丽优雅，不愧为里斯本的象征。

里斯本的另一个地标性建筑就是"发现者纪念碑"(Padrão

dos Descobrimentos)。这座葡萄牙艺术建筑师特姆和雕塑家里奥普度为纪念航海家亨利王子逝世500周年而建造的纪念碑外形酷似帆船,彰显着大航海时代葡萄牙人的光辉历史和灿烂文化。

纪念碑高52米,外形俊朗,内部则是一个多功能展览中心,游人入内可登高远望,瞭望大海,追寻达·伽马、麦哲伦等航海家的足迹。

站在纪念碑下,凝视着船上栩栩如生的人物浮雕,依然为这些人当年的壮举所感动。站在纪念碑上的无疑都是当时的社会贤达,最前端的手握帆船模型的亨利王子最引人注目。

发现者纪念碑

他建立了世界上首座航海学校,并延揽了当时欧洲一大批最杰出的航海人才。他们秉持的严谨的科学态度和大无畏的探索精神为开辟通往亚洲的航线,为启动全球化的进程,为人类历史的发展做出了巨大贡献。难怪热衷于航海的哥伦布也曾对这所航海学校心向往之,只不过因为他的水平有限,未被人家收留,才跑到西班牙得到伊斯贝拉女王的支持,最后歪打正着地"发现"了新大陆。

这座纪念碑代表着葡萄牙在全球探险和海洋扩张中所扮演的重要角色,也成为了里斯本的重要地标之一。

当哥伦布还沉浸在自己最先到达了亚洲大陆时,达·伽马绕过好望角,抵达印度,开通了从欧洲到亚洲的航路;继之,麦哲伦完成了环球旅行，开创了大航海时代的新纪元。

发现者纪念碑前的广场上有一用各色花岗岩铺成的世界地图，图上标注着葡萄牙航海家远航世界各地的年代、地点和航行路线，记录着葡萄牙在十六世纪海上称霸的壮举。

发现者纪念碑广场的街对面，便是热罗尼莫斯修道院（Mosteiro dos Jerónimos）。这座与贝伦塔同时被联合国教科文组织列为世界文化遗产的修道院是葡萄牙全盛时期的标志。这里原本只有一座古老的小教堂，1497年，达.伽马启航前往印度之前，曾来这里祈求上帝保佑。果不其然，上帝保佑着达.伽马凯旋而归，使葡萄牙创造了新的历史。为了表彰达.伽马的丰功伟绩，国王曼努埃尔一世决定大兴土木，扩建热罗尼莫斯修道院。

现在这组宏伟的建筑群，外墙全部由葡萄牙特产的金白色花岗岩石材建造。其雕塑之精美，风格之独特，无愧于葡萄牙建筑艺术的瑰宝。

不仅如此，热罗尼莫斯修道院在葡萄牙人的心目中还是一座神奇的处所。1755年里斯本大地震，瞬间造成房倒屋塌，民众大量死亡的悲惨局面。然而，当时正在这里做祷告的王室人员却毫发无伤。您说，这样一座具有神秘色彩的建筑怎能不让人心神向往呢？

正是由于热罗尼莫斯修道院在葡萄牙所处的崇高地位，葡萄牙的民族英雄达.伽马和伟大诗人卡蒙斯（Luís Vaz de Camões）的石棺才被安放在这里，供人们瞻仰。

在城里逛了几个景点后，我们利用一个下午赶往辛特拉，一个被诗人拜伦称为伊甸园的小镇。这个遐迩闻名的小镇，犹如避暑山庄之于京城，是曾经的葡萄牙王室的行宫，景色奇佳。

从里斯本到辛特拉差不多就像北京到通州，开车很快就到了。小镇隐藏在郁郁葱葱的丘陵之中，宛若世外桃源。翠绿的山上粉红色的佩纳宫，明快的塔楼掩映在葱茏之中，看上去像一座儿童乐园式的城堡，在车窗外一闪而过。鲜花把白墙红瓦的小镇衬托得艳丽无比，充满浪漫气息。

辛特拉宫

街上游人如织。徜徉在石块路上，欣赏着历尽风霜的古老建筑，感觉惬意非常。忽然，在一栋白色建筑的阳台上，一溜儿真人大小的照片贴在玻璃窗上。仔细一看，都是世界各国政要、教皇、英国女王夫妇、曼德拉夫妇、欧巴马、普京，还有习近平。这些人好像刚开完会，隔着窗子看热闹。

在小镇闲逛不多时，导游便带着我们进入辛特拉宫(Palácio Nacional de Sintra)参观。这座白色宫殿坐落于小镇的中心，集中世纪、哥特、文艺复兴和浪漫主义建筑风格于一身，两个巨大的圆锥形烟囱不由得不让人联想起酿酒的作坊。走进去一看，才知这座外表质朴的建筑绝对配得上皇家的奢华。

据导游讲，在1147年，阿方索一世攻克里斯本后，辛特拉的阿尔莫拉维德王朝终于投降，从而结束了三个多世纪的穆斯林统治。迪尼什一世国王(1261-1325)下令在当时摩尔人总督宅邸的地方兴建了辛特拉宫。后来的国王对宫殿多有增建修改，到曼努埃尔一世(Manuel I)时，宫殿在内装修上添加了许多大航海时代的元素，被称为曼努埃尔风格。一幕幕历史都曾在此上演，一代代国王都留下了印记。像欧洲的许多皇宫一样，这里的宫廷轶事也是导游所津津乐道的。

辛特拉宫内有很多展厅，其中的"天鹅宴会厅"最大也最为豪华，天花板上描绘着27只栩栩如生的天鹅，令人印象深刻。出人意料的是，在这座宫殿里，竟然还有一间"中国珍宝房"，收藏着来自中国的象牙塔，明清时代的瓷瓶和金漆镶嵌的屏风等中国物件，看着就觉着亲切。最后转到宫里的厨房，才发现外面看到的两个大烟囱直通厨房，慈禧老佛爷那么讲究吃的主儿，也没在紫禁城搞这么大的烟囱呀！葡萄牙王室对吃是否重视咱不得而知，但对厨房的高标准严要求则是显而易见的。

从辛特拉宫的窗口，便能看到对面山头上的摩尔城堡遗迹(Castello dos Mouros)，与辛特拉宫游人聚集的热闹场面相比，那座城堡显得相当荒凉，好像无人问津。如果时间允许的话，我定会爬上去看看。站在那里回看辛特拉宫，换一个角度观察历史，可能会另有收获。

回到里斯本，导游带着我们到当地一家很有特色的餐馆吃晚饭。坐在居高临下的窗前，便能看到凯旋门上的雕像和附近一座教堂的残垣。据导游讲，这片废墟是建于十四世纪的卡尔莫修道院，是大地震后特意保留下来的遗迹。

饭后，大家意犹未尽，继续逛街。没走多远，就来到圣胡斯塔升降机(Elevador de Santa Justa)跟前。白天路过时，这里总是排着长队，这时几乎没什么人了。于是，我们就有了体验一下乘坐升降机的机会。甭看这个工业革命时期的老机器，速度还挺快，不一会儿，就到了山顶。站在阳台上看风景，感觉不是一般二般的好。

摩尔城堡遗迹

里斯本历史悠久，古迹很多。由于时间关系，我们在里斯本的参观游览，至多算是蜻蜓点水，还谈不上走马观花。在此眺望全城，晚霞已染红天际，凉风袭来，竟有物是人非之叹。

海外贸易之都塞维利亚

告别了令人回味无穷的里斯本，乘车前往西班牙的塞维利亚(Seville)。

西班牙是个更有故事的国家。在十六世纪同葡萄牙争夺海上霸主地位败北以后，西班牙借着哥伦布发现"新大陆"的机会，轻而易举地完成了对阿兹台克和印加帝国的征服，将美洲大陆收入自己囊中，建立起庞大的殖民帝国，塞维利亚也因此成为西班牙的海外贸易之都，曾经盛极一时，非常辉煌。

塞维利亚虽然是罗马人在2000多年前建起的一座古城，但在公元八世纪至十三世纪期间，却被信奉伊斯兰教的北非摩尔人统治达五个世纪之久，基督教文明和伊斯兰文明无疑都给这座城市留下了深刻的文化烙印。正是由于这种宗教和文化的融合，使这座城市散发着一股魔幻般的魅力。

塞维利亚现在是西班牙第四大城市，也是安达卢西亚自治区塞维利亚省的首府，是西班牙南部的艺术、文化与金融中心。

塞维利亚还是西班牙民间歌舞弗拉明戈(Flamenco)的发源地。晚饭后，观看了一场弗拉明戈演出。剧场不大，到很亲民；演出精彩，掌声连连。

据说弗拉明戈是由吉普赛人在十四、十五世纪带入西班牙的。吉

民间歌舞弗拉明戈演出

普赛人用舞蹈、歌唱和器乐将印度的踢踏舞风和阿拉伯的神秘伤感风情融入自己的热情奔放的歌舞中，这种歌舞形式受到西班牙下层人民的普遍欢迎，后来也为西班牙各阶层人士所接受，成为最具西班牙特色的艺术形式之一。

但也有一种说法认为，"弗拉明戈"的词意为"逃亡的农民"。十五世纪基督教势力在安达卢西亚战胜摩尔人后，很多摩尔农

民不得不混迹于吉普赛人中，以逃避被迫害或皈依基督教。他们假装成吉普赛人来保护自己的文化传统，并开创出弗拉明戈这种演唱形式。因此，弗拉明戈中有大量的悲愤、抗争、希望和自豪的唱腔。

这种发轫于下层社会的群众艺术，起源往往是很难考证的。作为一个对这种艺术形式一无所知的观光客，一场演出看下来，基本上什么都没听懂；唯一听懂的一个片段，那就是《卡门》。

作为西班牙的历史名城，塞维利亚拥有众多的教堂和宫殿，而令人印象最为深刻的是，西班牙广场和塞维利亚大教堂。

西班牙广场是为1929年在塞维利亚举办的以"伊比利亚—美洲"为名的世界博览会而建造的，在当年的博览会上备受瞩目。建筑师为塞维利亚人阿尼巴尔·冈萨雷斯。

半圆形的广场恢弘辽阔，两端矗立着74米高的巴洛克式圆顶尖塔，中间的主楼前面有巨大的喷泉，一条护城河围绕广场，河上有四座造型精巧的桥梁，形成小桥流水环绕其间的建筑艺术效果。广场墙壁上按字母顺序排列着58个壁龛，用盾牌、地图和历史画面来表达西班牙各地的历史文化和民俗风情。整个广场端庄大气，不仅有美感，还弥漫着浓厚的文化气息。

导游告诉我们，由于西班牙广场非常上镜，这里也是许多电影的取景场地，著名电影《星球大战》就曾在此拍摄。

塞维利亚大教堂(Catedral de Sevilla)，离西班牙广场不远，开车仅几分钟的路程。这座教堂号称世界第三大教堂，也是最大的一座哥特式教堂。教堂在建筑风格上，能够明显看到罗马、拜占庭和阿拉伯文化的影响。经过几个世纪的改建，这座由当年的清真寺演变而来的基督教堂，成为安塔路西亚地区民族迁徙，宗教冲突和文化交融的历史见证。

我们到达塞维利亚大教堂时，教堂门前已经排起长龙。人忒多，看来一时半会儿是进不去的，于是，导游先摆起了龙门阵。

原来这里是一座摩尔人建造的宏伟的清真寺。西班牙人收复了塞维利亚，他们也打算建造自己的教堂，选来选去，选中了这块地方。教堂的建筑风格独特，拥有壮丽的尖塔、华丽的装饰和绚丽的彩绘玻璃窗。教堂内部还有许多宏伟的艺术作品，如艺术家戈雅的绘画作品和哥伦布的墓。

西班牙广场

教堂侧面的钟楼希拉尔达塔(Giralda)，本来是原先那座清真寺的宣礼塔，西班牙人没舍得拆，在塔上又加盖了文艺复兴式的尖顶和当做风向标的胜利女神铜像，清真寺的宣礼塔变成了现在教堂的钟楼。当我们排队登上钟楼观景台时，一艘货船正在出港，大航海时代的画面彷佛在眼前重现。

这座教堂绝对够得上高大上，说它是建筑艺术的杰作一点儿也不过分。在五百多年的不间断的修建中，匠人们不仅把哥特、巴洛克、文艺复兴时代及新古典主义的建筑风格有机地融为一体，而且为不同文化的包容树立了榜样。

掠过令人惊艳的穹顶和众多传世的宗教文物，塞维利亚大教堂最吸引我的当属哥伦布之墓。这座由西班牙雕塑家 Arturo Mélida(1849-1902)设计的墓地与众不同，哥伦布的棺材由四个人抬着，肃穆庄严，棺木的底部镌刻着如下文字："这里埋葬着新世界的发现者克里斯托弗·哥伦布的尸骨"。四个抬棺者分别代表西班牙的卡斯蒂利亚、莱昂、阿拉贡和纳瓦拉四个地区，哥伦布享受到了无疑是民族英雄的待遇。

塞维利亚大教堂内的哥伦布陵墓

哥伦布的一生充满传奇色彩。虽然出生在意大利，但他为西班牙王室立下过汗马功劳。一心想在航海方面建功立业的哥伦布，在葡萄牙的亨利王子那里没拉到赞助，却得到西班牙女王伊斯贝拉的大力支持，尽管他要去印度的目标并未实现，却无意中"发现"了新大陆，为西班牙殖民帝国的建立做出了不可磨灭的贡献，从而成为全国瞩目的大英雄。然而，他的晚年过得并不如意，甚至还有些潦倒。最后一次航行回到塞维利亚时，迎接他的是全部个人财产被查封变卖，以偿还债务。西班牙王室这种卸磨杀驴的做法让哥伦布伤透了心，临死前曾明确表示不愿意葬在西班牙。

没了权势，死后在哪儿下葬由不了自己。1506年，哥伦布在西班牙小城韦拉多里德(Valladolid)逝世后，被草草埋葬在当地的一座修道院里，直到三十年后，才被家属移葬到他儿子曾当过总督的圣多明各殖民地，算是风光了一把。

随着西班牙在美洲的殖民地逐渐丧失，美西战争后，西班牙政府决定把哥伦布的遗骨迎回西班牙。为了弥补当年对哥伦布失礼的缺憾，西班牙人把这次葬礼办得风风光光，极尽哀荣。于是，他的墓地便选在了塞维利亚大教堂。

哥伦布尸骨漂泊海外三百多年，最后得以在西班牙安息，结局还算圆满。然而，自打多米尼加人号称发现了哥伦布真正的遗骨以来，哥伦布遗骨的真伪一直成谜。为此，多米尼加人和西班牙人至今还为此事争论不休。

西班牙南部的安达卢西亚地区是连接欧洲和北非的战略要地，被西班牙统一之前，这一地区曾被北非的摩尔人统治长达500年之久，成为阿拉伯帝国的一部分。阿拉伯文明使安达卢西亚变成当时欧洲最繁荣的地区，因此，这一地区保存着很多阿拉伯文明的遗迹。

多元文化交融的科尔多瓦

下午驱车前往科尔多瓦。历史上，这座古城与君士坦丁堡、大马士革和巴格达比肩，现在是安达卢西亚自治区科尔多瓦省的首府，与塞维利亚和格拉纳达一并成为安达卢西亚地区的三颗明珠。

从古罗马时代到伊斯兰教时代，再到基督教时代，科尔多瓦在历史变迁中发展成为一个具有多种宗教与多元文化特色的城市，城中古迹很多，最为著名的是科尔多瓦大清真寺—大教堂（Mezquita-Catedral de Córdoba）。这座被列为世界文化遗产的建筑是摩尔建筑风格和哥特式风格高度融合的产物。

果然名不虚传！科尔多瓦城墙坚固，寺院宏伟，庭院宽阔，气势磅礴。不愧为中世纪伊斯兰世界的重镇。我们马不停蹄地赶往这座大清真寺—大教堂。

科尔多瓦大清真寺—大教堂

这座建筑的所在位置，最初是一座很小的西哥特式教堂——圣·文森特·勒兰巴西利卡（Basílica de San Vicente Mártir）。摩尔人于公元711年征服西班牙后，将教堂分为两半，穆斯林和基督徒共同在此进行各自的宗教活动。直到阿卜杜·拉赫曼一世将基督教部分买下，才在这里建立了现在的科尔多瓦大清真寺。在此后几个世纪中，清真寺不断扩建和装饰，形成了其特有的摩尔式建筑风格，包括多种颜色的大理石、石膏、陶瓷瓷砖等，其内部拥有数以千计的红白相间的双柱，形成了迷人的拱廊。其规模之宏伟，装饰之豪华，曾与麦加和耶路撒冷的圣寺并称世界三大清真寺。

1238年，信奉天主教的西班牙人"收复失地"后，大清真寺随即被改建成罗马式天主教堂,十六世纪又进一步加建了文艺复兴式的大教堂和中殿。经过九个世纪之久的多次扩建,最终改成基督教堂,同时保留原有清真寺建筑部分,形成一座独一无二的基督教和伊斯兰教合二而一的宗教建筑,如今已被列入世界文化遗产,成为了科尔多瓦最重要的地标。

王朝轮换和政权更替给这座建筑打上了深刻的历史印记。走在其中,您才能感悟到,基督教与伊斯兰教并非不共戴天,文明的碰撞与冲突绝非只有一种模式,关键在于人们有没有在冲突中寻求和谐共处的智慧。

站在罗马桥上回望大清真寺,令人感慨万千。

曾经的战略要地直布罗陀

上午乘车从塞维利亚出发,两个小时左右抵达直布罗陀。虽然直布罗陀位于西班牙南端,但属于英国领土。

直布罗陀海峡原为战略要地,扼地中海通往大西洋之咽喉。公元八世纪,刚刚崛起的阿拉伯人从这里渡海占领了伊比利亚半岛上的西班牙。直到十五世纪末,西班牙人才收复了这块地盘,史称"收复失地运动"。在大航海时代,西班牙曾经依仗哥伦布发现新大陆的势头,建立起庞大的殖民帝国,但西班牙帝国盛极而衰,其"无敌舰队"被英国击败后,便江河日下。1701年,西班牙王位继承战争的爆发最终让直布罗陀这个兵家必争之地从西班牙手中丢失。根据1713年缔结的《乌特勒支和约》,西班牙将直布罗陀割让给英国。英国得手后,在直布罗陀修筑军事设施,改变人口结构,稀释西班牙的影响力。虽然西班牙没有放弃对直布罗陀的主权要求,但至今尚无结果。因此,游人进入这个小镇,也要履行出入境手续。

导弹的出现改变了世界的地缘政治格局和战争方式,直布罗陀的战略地位也远不如前,从一个军事要塞演变成现今的一个旅游目的地。既然来到了安达卢西亚,直布罗陀是不应该错过的。

直布罗陀

我们来直布罗陀这天,万里无云,天高气爽,海峡对岸的非洲大陆清晰可见。一进小镇,便要横穿直布罗陀机场的飞机跑道。据说,这条跑道在全世界都是独一无二的。它与进城的公路相交,设有红绿灯;如果赶上飞机起降,来往车辆必须停下来等待飞机通过。看起来,这条跑道比加勒比海的圣马丁岛的机场跑道与人们日常活动的距离更近。

小镇最引人注目的就是一座山峰,即直布罗陀巨岩(The Rock of Gibraltar),撑起了小镇的半边天,整个小镇都俯伏在它的脚下。小镇的主街有个广场,两边都是面向游客的餐馆和商店,气氛一派祥和。街头艺人自顾自地弹奏着不为人知的曲调自得其乐,兜售玩具的小贩耍着手中的玩具引人驻足,露天咖啡座上坐满了游人,享受着清风送爽。

小镇虽小,人气颇旺。吃完午饭,我们也在小镇上闲逛。古老的城堡,狭窄的街道,一派欧洲风情。饭后,参观小镇名胜。旅游大巴沿着海岸线蜿蜒盘旋,不一会儿,就来到山上的自然保护区。山上有一岩洞,名为圣迈克尔岩洞(St. Michael's cave),是当年的一个武器仓库和防空洞。排队进洞时,好几只猴子在一旁跳来跳去,吸引了我们的目光。这些猴子不怕人,很多人跟它们一起拍照,也不躲闪。这些猴子是本地的原住民,看来它们早已习惯了与这里的游人打交道,它们大都与人亲善,并能满足人们与之合影的要求。

进入山洞才发现,这是一个天然溶洞。虽然洞口不大,外表一般,但里面却别有洞天。钟乳石配上五彩缤纷的灯光,宛若仙境。洞内转了一圈,竟见到一天然剧场。在这里开音乐会,音响效果势必不差。

从圣迈克尔岩洞出来,导游带我们来到欧罗巴角(Europa Point),这里是欧洲大陆的最南端,是眺望非洲大陆的最佳位置。一座伟岸的灯塔矗立在欧罗巴角上,为来往直布罗陀海峡的船只指明方向。站在灯塔下,一种历尽古今沧桑,展望世界未来的情怀油然而生。

离灯塔不远,一座崭新的洁白建筑异常抢眼。一问导游,原来是沙特阿拉伯国王法赫德捐建的易卜拉欣清真寺。英国人占领了直布罗陀后,亦有不少摩尔人来此定居,哪能没个清真寺呢?看着小镇上的天主教堂、摩尔城堡和清真寺同处一隅,让人真切地感到,多元文化能让我们这个世界变得更加美好。

易卜拉欣清真寺

小镇的另一特色是，免税商店，鳞次栉比。离开小镇前，再次来到小镇中心购物，女儿买到自己喜欢的香水，我也购酒一瓶，大家尽兴而归。

毕加索故乡马拉加

安达卢西亚另一个色彩斑斓引人入胜的小城就是马拉加(Málaga)。马拉加是毕加索的故乡，是个风光旖旎的海滨城市。一进城，一座中世纪的古堡便映入眼帘，那就是扼守在出入港口山头上的希布拉尔法罗城堡(Gibralfaro)，是马拉加市内的一座古老要塞，与阿尔卡萨巴堡(Alcazaba)相邻。这座城堡以其壮观的全景视野而闻名，俯瞰着马拉加市区和地中海。现已辟为公园的城堡古木参天，在花团锦簇中显得伟岸沧桑。

这是一座弥漫着艺术气息的城市。附近的街巷，干净整洁，五颜六色的花朵恰到好处地在街道的各个角落盛开。街上的宣传画都洋溢着毕加索风格，就连墙上的涂鸦，看起来都出自艺术家之手。我不知道当年毕加索在街上漫步是不是这种景色，但他确实曾经说过，没有体会过马拉加阳光的人，就创造不出立体主义的绘画艺术。

来到马拉加,当然要参观"毕加索诞生地基金会"(Fundación Picasso)博物馆。这座建在毕加索故居的博物馆坐落在一条窄巷子里,实际上是由毕加索故居附近的一座宫殿改建的,展出由毕加索家族捐赠的二百多件作品,有油画、素描、雕塑、陶器和版画等等。以前我对立体派和超现实主义作品总看不出所以然,今天的导游却以幽默的解说给我们上了一课,特别是几个女人在毕加索艺术创作中产生的巨大影响,收获颇多。

马拉加

参观了毕加索的故居,我们在附近的一家小餐馆吃午饭。餐馆虽不宽敞,但很接地气,估计毕加索当年

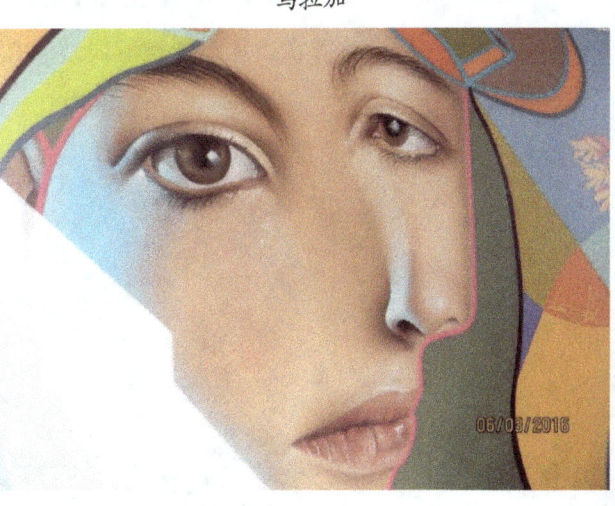

马拉加街头广告

也常来。感受一下这位艺术家的生活环境,对他的画可能会有更深刻的理解。这次来马拉加,近距离接触毕加索,真乃不虚此行。

返程路上，徜徉在马拉加的大街上，对这座海滨城市的好感，油然而生。铺着鹅卵石的小巷，曲径通幽，罗马古城遗址，保存完好，大教堂前的广场，熙熙攘攘，参天古树和各种热带植物，郁郁葱葱。市中心的步行街上，再次看到弗拉明戈的造型表演，感觉西班牙文化继续弥漫在大街小巷，持久而芬芳。

摩洛哥港口城市丹吉尔

六月四日，在我们行程上是去非洲大陆的日子。心情感到黑暗，并非因为非洲，而是八九年发生在北京的那场屠杀。

非洲大陆给人的第一印象总是与"黑"联系在一起。其实，地中海南岸的非洲，是阿拉伯人的地盘，我们要去的是摩洛哥历史名城丹吉尔（Tangier）。早在公元前六世纪，腓尼基人称雄于地中海时，就曾在当地建立过殖民地。由于丹吉尔的战略地位，自古便为兵家必争之地。在大航海时代，这个摩尔人聚集的古城是西班牙和葡萄牙彼此争夺的战场。摩洛哥独立之后，收回了对丹吉尔的主权，并在此建立了自由贸易区。由于地理和气候的优势，这里逐步发展成为遐迩闻名

摩洛哥丹吉尔港口

的旅游胜地。

　　清晨,我们从西班牙一侧的港口登船,横渡直布罗陀海峡,半个钟头的功夫,便在丹吉尔港口登陆。丹吉尔是个山城,起伏的山峦错落有致地排列在碧蓝的海湾中。从轮渡上看,密密麻麻的白房子像一层奶油涂抹在巧克力蛋糕上。船上的旅客,北非人为多,大包小包的行李,像是赶集,也像是农民工回家过年。

　　丹吉尔与欧洲地中海沿岸的海滨城市并无太大区别,所不同的是,城里的招牌和广告上的阿拉伯文字显得更有异域情调。街上的林荫道尤其吸引人,几棵树撑起一道绿色的天棚,为往来行人遮阳避雨。在新城区转了没多久,便来到老城区,很有阿拉伯特色。

　　当我们来到一个小广场时,当地一个摩尔人导游加入了我们的行列,充当我们的向导。这位热情洋溢的大叔,给我们大致介绍了这个地区的历史,并详细地讲解了当地民居的特色后,就带着我们走街串巷了。

　　老城依山而建,街道狭窄,房屋密集,纵横交错,店铺、摊点和手工作坊散布其间。洁白的房子都刷上海蓝色的裙围,使窄巷显得整洁鲜亮,没有幽暗之感。各家各户的街门极为讲究,不但做工精致,且还别

丹吉尔老城

出心裁地做些装饰，突出个性。

不一会儿，来到一座城堡，城墙保存完好，碉堡依然耸立。城堡中央是个小广场，三个身穿传统阿拉伯白袍的老头儿吹箫舞蛇，不禁使我想起《一千零一夜》中的场景。

在导游的带领下，七拐八拐，不多时便来到旧城区最繁华的集市，即有名的大索科广场。这里历来就是商业广场，餐馆咖啡馆散发着浓郁的茶饭香味，杂货铺里商品琳琅满目，服装店和绸布店更是五彩缤纷。我特别喜欢看蔬菜和水果摊位，看买家和卖家交易的表情，从中似乎能够看出当地的民风。

格林纳达和托雷多

昨晚从北非的摩洛哥返回西班牙的阳光海滩时，导游便通知我们，明天去格拉那达参观日程有变化，改为先游览市容，第二天再参观阿罕布拉宫。因而，行程显得从容多了。近午时分，便到了格拉那达。

与塞维利亚和科尔多瓦相比，格拉那达迷漫着更多的阿拉伯风情。

当年伊斯兰教向外扩张，征服了北非，然后，跨过直布罗陀海峡，进而征服了伊比利亚半岛。中世纪的格拉那达曾经是欧洲最繁华的城市之一。在基督教重新征服欧洲的过程中，格林那达王国坚持到了最后，直到1492年才被伊莎贝拉女王和费尔南多国王所征服。伊莎贝拉女王和费尔南多国王就葬在市中心的皇家教堂中。

人行道上的梧桐树遮天蔽日，使这座骄阳照射下的城市凉爽宜人。市中心的格林那达大教堂有礼拜活动,未能进去参观。穿街走巷,仿佛穿越时光隧道,回到了几百年前。

上午参观格林纳达的阿罕布拉宫,据说它在西班牙旅游点中排名第一。

阿罕布拉宫既是宫殿又是城堡,阿拉伯文的原意即是红色城堡,因为它的整体色调泛红。它之所以受到越来越多的参观者的吹捧,就在于当年的建造者摩尔人把功夫都花在了内部装修上。宫殿的外表并不起眼,但内部装饰,却美轮美奂。用阿拉伯经文和几何图案装饰起来的墙壁绝对吸引眼球,但所用材料却并不讲究。因此,现如今西班牙政府不得不花费大量的人力财力来维修这座建筑。

格拉纳达阿罕布拉宫

经过700多年的风吹日晒,这座宫殿

阿罕布拉宫的庭院

需要经常修理。我们参观的时候,看到不少维修人员正在紧张地工作。阿罕布拉宫另一个令人叫绝的特点是喷泉和灌溉系统。宫内有许多倒影池和喷泉,为这座宫殿建筑群增添了灵气。汩汩清泉,潺潺流水,给这座红色城堡注入活力。

在阿罕布拉宫殿和花园之中盘桓,令人不得不想起统治者的穷奢极欲,想起费正清所提到的王朝循环论。正如导游所讲的故事,格林纳达末代苏丹巴蒂尔在1492年投降离开阿罕布拉宫的时候,对宫殿依依不舍,遭太后怒斥:如果你不能像个男人一样保卫这里,至少别像个女人一样对它垂泪。种瓜得瓜,

阿罕布拉宫的雕刻廊柱

种豆得豆。热衷于建设楼堂馆所的统治者,往往没有更多的精力去为人民服务,再精美的宫殿也不能永久为己所用。

西班牙古都托雷多　　　　　　　　托雷多三面环水，易守难攻

下午乘车前往马德里，途经托雷多，顺道参观了这座古城。托雷多的历史地位，即使比不上中国的西安，也应该像洛阳开封一样，是座著名的古城。

当年，西哥特人赶走罗马人之后，在此定都。公元八世纪，摩尔人入侵伊比利亚，这里又成为科尔多瓦哈里发治下的一个重镇。由于统治者实行宗教宽容政策，犹太教、基督教和穆斯林在很长一段时间里能够比邻而居。基督教夺回托雷多后，这里又成为卡斯蒂亚王国的都城。随着西班牙的统一，这里也就自然而然地成为西班牙的首都。

托雷多是个三面环水的山城，易守难攻。这在古代，是个建立都城的好地方。然而，随着哥伦布发现美洲西班牙成为当时的世界强国后，这个地方就显得有点儿小了。于是，西班牙迁都马德里，托雷多因此走向衰落。现如今，托雷多作为一个旅游城市，其多种宗教文化和平共处的文化传统，不仅给后人留下了丰富的文化遗产，也为当今世界解决文化冲突树立了榜样。

葡萄牙西班牙纪行

西班牙首都马德里

今天在马德里的参观游览活动安排得非常紧凑,颇有一日看尽长安花的劲头儿。马德里算不上古城。自1561年菲利普二世迁都于此,满打满算,作为首都的马德里也就只有400多年的历史,其主要规划和建设则是在17世纪才完成的。这座在西班牙鼎盛时期规划的都城,端庄大气,堪与巴黎媲美。马德里给人的印象是富于文化底蕴,市内各种雕塑及大大小小的博物馆,星罗棋布在这座充满艺术与历史气息的城市,如同一本内容丰富的书,每一条街巷、每一座建筑,每一个雕塑,都在讲述着过去的故事。

我们最先来到位于市中心的塞万提斯广场(Plaza de Cervantes),西班牙著名文学家塞万提斯的塑像就矗立在此。雕像由西班牙雕塑家安东尼奥·桥·梅利达于1835年创作,是马德里市中心的一处标志性景点。

塞万提斯塑像矗立在广场的中央,塑像下方还有四个半身雕像,代表着塞万提斯的文学作品中的四个经典角色:《堂·吉诃德》中的堂·吉诃德和桑丘帕纳,以及《济慈的修女》中的多拉·费尔纳尼和《伊斯贝尔·多瓦纳》中的伊斯贝尔。

塞万提斯广场

同行的驴友好像对堂·吉诃德都很熟悉，对堂·吉诃德塑像的关注远胜塞万提斯。不难想象，《堂·吉诃德》这部作品是多么深入人心。我在上大学时才读到这部作品，当时就被堂·吉诃德这个人物深深吸引，也为塞万提斯塑造出这样的人物形象所折服。站在塞万提斯塑像前，我向这位文学巨匠表示由衷的敬意。

我们用了一个上午的时间，参观了著名的普拉多博物馆(Museo del Prado)。这座位于市中心的博物馆于1819年对外开放，以其丰富的艺术珍品和卓越的收藏品而闻名于世，被列为世界五大博物

普拉多博物馆

馆之一。普拉多博物馆本身就是一幢宏伟而庄重的建筑，它的外观犹如一座古老的宫殿，巍峨的墙壁与优雅的柱廊交相辉映。步入博物馆，如同进入了一个充满历史和艺术氛围的殿堂。

博物馆内部设计精致，展厅布局合理，每一间展厅都沉浸在特定时期或主题的艺术氛围中。典雅的照明营造出恰到好处的氛围，使观众能够更好地欣赏和理解每一件艺术品的独特之处。

博物馆内收藏了大量的绘画、雕塑和装饰艺术品，涵盖了从中世纪到19世纪的欧洲绘画，尤其以西班牙、意大利和佛兰德斯

等国的艺术品为主。著名画作包括费尔南多·卡斯特略的《拉斐尔的肖像》、弗朗西斯科·戈雅的《第三五月节的战争》、迭戈·费尔南德斯的《拉斐尔》等等，每一件作品都是艺术历史的珍贵遗产。

我们的导游是位对艺术作品颇有研究的女士，给我们重点讲解了格列科、委拉斯贵支、戈雅、提香和鲁本斯等艺术家的经典作品，比我们当年在卢浮宫瞎逛更有收获。

位于市中心的马德里皇宫(Palacio Real de Madrid)是西班牙国王的官邸。这座被认为是欧洲最宏伟宫殿之一的皇宫，融合了巴洛克、新古典主义和哥特式元素，呈现出庄严而雄伟的外观，是展示西班牙王室文化和建筑艺术的杰出代表。宫殿坐落在一片辽阔的广场上。由于旅行社未安排进入皇宫参观游览，我们只能在皇宫周围的花园和广场来欣赏宫殿的壮丽全景，同样感受到这座华丽宏伟的宫殿带来的震撼。

马德里皇宫

午饭后，马不停蹄地赶往埃斯科瑞尔修道院(Monasterio de El Escorial)。既然来到马德里，这个号称"世界第八大奇迹"的古建筑群是无论如何不能错过的。

埃斯科瑞尔修道院是一座位于马德里郊区埃斯科瑞尔镇的修道院和皇家宫殿。这座宏伟的建筑始建于十六世纪，于1584年完工。它是西班牙文艺复兴时期的代表性建筑之一，被联合国教科文组织列为世界文化遗产。

埃斯科瑞尔修道院的建筑风格融合了文艺复兴和西班牙哥特式风格，充分展现了那个时代的美学特征。修道院不仅是一座宗教性建筑，更是西班牙国王的皇家宫殿和陵墓。宫殿内部装饰豪华，陈设丰富，展示了西班牙国王的权力和财富。在巨大的墓室中，安葬着西班牙国王和王后，包括腓力二世本人。

在午后的阳光下，踏入修道院的

埃斯科瑞尔修道院

埃斯科瑞尔修道院庭院

门廊,沉浸在文艺复兴时期的独特氛围之中。高耸的尖塔与优雅的拱门交相辉映,每一块石头都诉说着过去的沧桑岁月。修道院内的石砌庭院如诗如画,古老的钟声悠扬回荡。

进入修道院的教堂,一片肃穆庄重。彩绘的玻璃窗透过斑斓的光影,在地面投下斑驳的彩虹。墙上的壁画仿佛是一部宗教史诗的巨幅画卷,描绘着信仰的起源和王室的荣耀。

图书馆内,酉墨飘香,书架上堆满了千年典籍、手稿和古籍。

宫殿内,金碧辉煌的装饰、精致的家具,尽显皇家尊贵。这里既是国王的居所,更是他们的陵墓。每一座墓碑都是历史的见证,诉说着王室的荣辱兴衰。

太阳门广场的熊与草莓树雕塑(El Oso y El Madroño)是马德里的城市徽章。一只熊伸手采摘草莓树上的果实,憨态可掬。

这个雕塑源于一个有趣的故事。传说,很早很早以前,一个男孩出门玩耍时遭遇棕熊,他急中生智,迅速爬上一颗草莓树以躲避熊的袭击。就在那只熊准备攀爬草莓树时,出来找孩子的妈妈走到树的附近,却没有发现身后的棕熊。男孩情急之下,大喊"mad rid! mad rid!"(西班牙语的

太阳门广场的熊与草莓树雕像

原意是：妈妈，快跑！妈妈，快跑！）。他的喊声引来了猎人，妈妈得救。为了纪念这个机智勇敢的孩子，人们将他向妈妈呼喊所使用的两个词连在一起，作为这个城市的名字——Madrid(马德里)，草莓树熊也因此成为马德里市徽的图案。

知道了这个民间传说，就能理解为什么在马德里到处都能看到这个熊与草莓的可爱形象。

傍晚，返回马德里的时候，已近黄昏。坐在马约尔广场露天餐厅闲看熙熙攘攘的游客，直到夕阳把最后一缕余晖泼洒在菲利普三世(Felipe III)骑在马背的铜像上。

马约尔广场

这尊雕像是由意大利雕塑家吉安·洛伦佐·贝尔尼尼(Gian Lorenzo Bernini)的学生皮埃特罗·塔西亚诺(Pietro Tacca)完成的。在十八世纪，这位国王对马德里的基础设施进行了一系列改善工程，推动了这座城市的现代化。

马德里真是一个充满故事的城市，马德里之行虽然短暂，却令人回味无穷。

浪漫的巴塞罗那

巴塞罗那是我们这次两牙之旅的最后一站。巴塞罗那是西班牙加泰罗尼亚自治区的首府,以其丰富的文化和艺术场景而闻名,其中最著名的是安东尼·高迪(Antoni Gaudí)的建筑作品,如圣家堂(Sagrada Familia)、巴特略之家(Casa Batlló)和米拉之家(Casa Milà)。

从马德里乘机抵达巴塞罗那后,下午没活动,于是逛街。阿伦布拉(La Rambla)大街是老城区的主要商业街,连接卡塔隆尼亚广场(Plaça de Catalunya)和克里斯托弗·哥伦布纪念碑,是城里最著名的街道之一。我们入住的酒店就在这条街附近,没走几步就来到这条热闹的步行街。

街道中间设有宽阔的步行道,两边高耸入云的梧桐树使这条步行道成为一条凉爽宜人的林荫道,各种小商小贩的售货摊点星罗棋布。有卖旅游纪念品的,有现场画画的,生意最火爆的,还是卖冰激凌的。沿着阿伦布拉大街一直走,便到了风光秀丽的巴塞罗那海港。港内白帆点点,岸上游人如潮,广场上的哥伦布纪念碑顶天立地。

巴塞罗那步行街

哥伦布纪念碑(Monument a Colom)位于巴塞罗那港口入口的广场中央，是为1888年巴塞罗那第一次举办世博会所建造的，现已成为巴塞罗那的标志性建筑。纪念碑由建筑师Gaietà Buïgas设计，是一座高60米(197英尺)的石塔。在碑的底部，有四个雕像代表着阿拉贡、卡斯蒂利亚、利奥尼斯和加泰罗尼亚这四个西班牙地区。在碑的顶端，哥伦布昂首远望，手指大海，象征着他的发现之旅。

穿过广场，刚好赶上港口的游船行将启航，于是，买票登船，乘三桅帆船在港湾一游。这艘复古风格的木船很容易让人想起大航海时代葡萄牙和西班牙创造的辉煌历史，岸边如诗如画的风景也给我们留下了对巴塞罗那极为美好的印象。

走在巴塞罗那，感觉到处都是中国游客。我曾经在阿伦布拉大街上注意了一下，一段时间之内，每隔三五分钟，必有一拨儿中国人迎面而来，且

哥伦布纪念碑

以年轻人居多，看样子都是放暑假的留学生。无疑，巴塞罗那对年轻人的吸引力是很大的。在西班牙南部的几个城市，街上很少见到中国游客，在马德里就能见到一些，尽管数量并不很多。

我们这帮人来巴塞罗那，主要还是冲着高迪（Antoni Gaudí）来的，他设计的建筑展现了现代主义风格的精髓。第二天，上午随团游览完市容，我们就迫不及待地来到高迪设计的奎尔公园（Parc Güell）。

奎尔公园于1984年被联合国教科文组织列为世界文化遗产，成为巴塞罗那最受欢迎的旅游胜地之一。

走进这个充满高迪独特艺术风格的公园，仿佛进入了一个童话世界。色彩斑斓的陶瓷瓷砖在阳光下闪烁，每一块都宛如一幅画，勾勒着梦幻般的图案。奇异而美妙的雕塑，石材与陶艺相互交织，仿佛被高迪施了魔法，延伸到每一个角落。"艺术必须出自于大自然，因为大自然已为人们创造出最独特、美丽的造型。"在园中匆匆转了一圈，对高迪这种建筑观念加深了理解。园中的一砖一石，一草一木，都彰显着高迪的与众不同，绝对是一趟令人陶醉的视觉之旅。

奎尔公园

登上奎尔公园的制高点，巴塞罗那全城尽收眼底。如果说马德里相当于中国的北京，那么，巴塞罗那则更像上海。马德里文化底蕴透着厚重，而巴塞罗那的艺术气息则到处张扬。如果说马德里顽强地保持着浓郁的西班牙特色的话,那么,巴塞罗那却显得更加开放多元。

高迪是这个城市的名片,就像毕加索是马拉加的名片一样。随团游览市容时,来到高迪未完成的建筑圣家族教堂。由于没有事先预订,未能进去参观,但了解到了如何在网上买票,决定明天再来。这次来巴塞罗那,最想看到的就是圣家族教堂,哪能不进去看看呢!

在巴塞罗那的最后一天,我们上午前往蒙特谢拉特修道院(Montserrat Monastery),下午参观圣家族教堂。

蒙特谢拉特修道院

创建于公元十世纪的蒙特谢拉特修道院是历史悠久的宗教圣地。这里山峰耸立,形态奇特,自然景观令人惊叹。岩石峭壁中的修道院,当年一定与世隔绝,即便是现在,也显得有点儿不食人间烟火,平添了更多的神秘色彩。相传公元880年的某天,一群牧童看见山上神光降临,回家禀报父母,大人们闻讯上山,也看到这一神迹。消息传开后,当地主教也上山查看,在一个山洞里发现一尊木质的圣母像。于是,派人要把圣母像抬下山,却发现圣母像重得抬不动,便下令在山上建了个小教堂供奉圣母。后来,这尊雕像变成了巴塞罗那的守护神，被人们顶礼膜拜。

自修道院返回城里，立即前往圣家族教堂(Sagrada Família)。由于教堂严格限制参观人数，我们在外面又等了一两个时辰，方得入内。

这座巨大的教堂是高迪最著名的一项建筑作品，始建于1882年，至今仍在建造之中，预计将于本世纪中期完工，历时超过一个世纪。等候期间，在教堂外转了几圈，一边欣赏教堂的外形，一边琢磨高迪为什么把教堂设计成这个样子。

圣家族教堂是栋平面呈矩形，立面为不规则多柱形，不对称的哥特式教堂，一共有三个立面——"诞生立面"、"受难立面"、"荣耀立面"，其中"荣耀立面"仍在建造中；有十八座高塔，分别代表十二宗徒、圣母玛利亚、《圣经》中的四大圣使、基督耶稣。这么大一座建筑，还真找不出什么横平竖直的线条。高迪所谓"直线属于人类，曲线属于上帝"的理念，在这个教堂的设计中表露无遗。

1984年，未完工的圣家教堂的一部分与高迪在巴塞罗那的其它六个建筑作品一起,被联合国教科文组织选为世界文化遗产。

终于轮到我们进教堂了。刚进教堂时,心情无比激动。像进了博物馆,有点儿找不着北的感觉。无论如何,教堂的元素还在。有人说,高迪在这座教堂上花费了毕生精力,将科学、宗教和美学有机融合到一起,以他自己独特的方式表现出人们对真善美的追求。美国建筑师,"摩天大楼之父"路易斯·沙利文(Louis Sullivan)更直截了当地称这座教堂"用石头寓意了精神"。转一圈出来后,深感这些评价还是非常中肯的。

圣家族教堂建了一百多年还未完工,而我们的两牙之旅却很快就结束了。不知为何,忽然想起庄子的一句话:"吾生也有涯,而知也无涯,以有涯随无涯,殆已。"

圣家族教堂大厅

多瑙河畔的中欧四国

中欧四国行是孩子妈妈的倡议。因为小女儿今年高中毕业，想去欧洲玩玩儿；大女儿放假和暑假实习之间有两个星期的空闲时间，于是，她就选了这个比较适合全家一起走的行程，作为给孩子的礼物。我一直对共产党国家比较感兴趣，这不仅因为我来自中国，而且因为我曾经的专业是比较政治。听说这个行程包括匈牙利，捷克和斯洛伐克，我第一个举双手赞成。

这次旅行，不仅是个休闲之旅，而且也使我有机会亲自到这些曾经的共产党国家走走看看。虽然是走马观花，但旅途中的所见所闻仍然给我留下了深刻的印象。因此，随手拍下一些照片，并在整理照片时写下这些文字，留作纪念。

多瑙河流过布达佩斯

我们的第一站是布达佩斯。机场不大，却秩序井然，虽说不上有多高大上，但给人的感觉很欧洲。从机场到旅店的路上，布达佩斯给我的第一印象是干净整洁，典雅端庄。路上的车流像多瑙河水一样波澜不惊地在林荫道中流淌。街上的行人彬彬有礼，时尚却不张扬。我们下榻的旅店坐落在市中心的繁华大街上，却感觉不到繁华带来的喧嚣和吵闹。办理完入住旅店的手续已过晌午，因旅行社没安排任何活动，我们有一下午的自由时间，便迫不及待地跑到街上来独自领略这座城市的风貌。

布达佩斯的魅力到底在哪里？虽然模糊，但在我的意识中一直占有一席之地。社会主义阵营的兄弟国家，裴多菲的爱情诗篇，李斯特的钢琴旋律，以及所谓的匈牙利事件，尽管零零碎碎，却都构成我对这个国家的零碎印象。如今终于踏上这个国家的土地，怎能放弃任何了解这个国家的机会呢？

出了旅店，有轨电车在门前驶过，留下满街的异国风情。街上的各类商店混杂在一起，大多数匈牙利文的招牌都非常醒目，我们却视而不识。好在不远处的十字路口上，一幅硕大的中国华为公司的广告赫然在目，于是，就把这个广告当作回程的路标，放心地沿着一条漂亮的大街迈开了脚步。

刚走过一个路口，就看到一座灰色的建筑格外引人注目，铁黑色的房檐镂空雕刻着五角星和匈牙利纳粹党

布达佩斯街头一角

的箭十字符号，再仔细看看，五角星边上的英文词是"恐怖"(Terror)。原来，这里就是大名鼎鼎的恐怖博物馆。在飞机上浏览匈牙利旅游指南时，见到过恐怖博物馆的照片，知道这个博物馆被列为布达佩斯的著名景点。没想到，这里离我们入住的旅店只一步之遥。于是，二话不说，买票进去参观。

这座位于安德拉什大街60号具有新文艺复兴建筑风格的大楼建于1880年，原先曾是一栋贵族的私宅。在二战时期，匈牙利

纳粹"箭十字党"将总部设在了这里,德国占领匈牙利期间,这座大楼还被改造成监狱。二战后,匈牙利共产党掌权后,这座大楼便顺势成为匈牙利政府"克格勃"的总部。

恐怖博物馆

数十年间,这座大楼一直是令匈牙利人闻之色变的场所。正是由于这座大楼在人们记忆中的特殊地位,中欧和东欧历史与社会研究公共基金会于2000年将这座凶宅买下,改建为博物馆,以纪念匈牙利历史上这两个恐怖时期及在此殉难的人。

走进大门,拾级而上,但见迎面矗立着二块约2米多高的墓碑似的花岗岩石板,左边一块黑色石板上面刻有一个带着4个箭头的十字形符号,符号下面写着一行匈牙利文字:"纪念在纳粹制度下被迫害至死的人们";右边一块红色石板上面刻着一个金色五角星,五角星下面也有一行文字:"纪念在共产主义制度下被迫害至死的人们"。作为一个曾经蹲过共产党监狱的人,我站在这里百感交集,有一种劫后余生旧地重游的感觉,但我的两个女儿当然不会理解我此时的感受,她们更感兴趣的是正对大门口的坦克车。

这座建筑物的中间是个天井,每一层的四周一圈都是房间。

在正对大门口的天井里，有一辆退役的苏制T-34坦克车。它是在1956年十月开进布达佩斯市镇压街头示威群众的。1956年爆发的"匈牙利事件"，被当局定性为"反革命事件"；东欧剧变后又被称为"人民起义"。当年这辆坦克可能像一头怪兽在布达佩斯街头横冲直撞，如今却成了一只困兽，被禁锢在这个小小的空间。紧挨着坦克的一面墙有三层楼高，从上到下贴满了照片，男女老少都有，全都是在此殉难者的照片。不远之处的一面墙上还挂着另一类有名有姓的照片，他们是一批曾占满无辜者鲜血的国家安全部官员，在这里被钉上了历史的耻辱柱。

匈牙利的悲剧是在一次大战中站错了队，奥匈帝国因为战败而解体。匈牙利失去了战前三分之二的领土，超过三百万的匈牙利人也由此置身于邻国的统治之下。在民族感情受到严重伤害的历史时期，极右的民族主义思潮在匈牙利就跟在德国一样非常盛行，因而，标榜国家社会主义的箭十字党便在这种社会环境中逐渐坐大。

二次大战后，匈牙利和东欧其他一些国家毫无选择地成为苏联的势力范围，成为苏联与西方国家冷战的"华沙条约"成员国。作为"社会主义大家庭"的一员，匈牙利人民经历了一段为时更长的恐怖主义统治。

这座博物馆以丰富的资料向人们展示了纳粹和共产政权曾经给人们造成的灾难。即使在今天，置身其中，依然令人毛骨悚然。命名为恐怖博物馆，真乃实至名归。

沿着参观路线，首先乘坐电梯来到三楼的一个挺大的展厅。这里的主题是双重占领，指的是纳粹与苏联两大独裁政权占领匈牙利的历史时期。展厅里有许多电视屏幕放送着这一历史时期的档案影片。在弥漫着沉重音乐的展厅里，您不但能看到那个时期的历史场景，还能拿起墙边的电话话筒，聆听当年在此工作的秘密警察的音频。走在这里，您会对当时的情景产生一种身临其境的感受。

恐怖与洗脑是维持独裁暴政的两大必要条件。带着语音导游器跟着参观的人流走过一个个展厅，这里有太多让我感到非常熟悉的东西，特别是那些无需文字说明的实物：列宁斯大林的塑像、印有镰刀斧头标志的各种器物、军警的制服与枪械、出口到苏联的乳制品、柏林墙的水泥碎块，等等等等。然而，这里展出的宣传画给我留下了更深刻的印象：挥手致意的革命导师、英姿飒爽的女拖拉机手、工农兵联合起来向前进及群众热爱领袖的宣传画面，一下子把我带回了童年时代，因为这些宣传画不仅在内容上，而且在风格和色彩上，都和我们改革开放前三十年的宣传画如出一辙。

统治者要让老百姓听话，光靠洗脑是做不到的，让人民感到恐惧则是必须的。无论是纳粹还是共产党的统治者，都明白这个道理，对平民的大规模杀戮就是制造恐怖的最有效的方法。然而，细看下来，纳粹和共产党杀戮的对象还是有所区别的。纳粹政权杀掉的多为犹太人，是一种基于种族灭绝的杀戮，而共产党的杀人对象就广泛多了，凡对其独裁政权造成危害的人，或独裁者认为危险的人，包括自己的同志，都在被杀之列。这就更容易产生人人自危的恐怖效果。

二战结束前夕，成千上万个犹太人被这里的秘密警察遣送到奥地利的集中营加以杀害，有些在这栋大楼里被处决。二战后，匈牙利共产党政府将潜在的异议分子，包括旧政府官员、议员、学生、教授和宗教人士，送往西伯利亚的劳改营，总数达60万之众，其中有一半的人未能活着回到匈牙利。当然，有相当一部分人还没等到送去劳改，就在这栋楼的地下室里被执行了死刑。

虽然这栋楼改造成博物馆已经有十多年了，而且来此参观的人很多，但我依然感到这里阴气太盛，尤其是它的地下室。进入地下室要通过电梯，墙壁上的屏幕会提示，您即将走进这座建筑最黑暗的部分。地下室灯光微弱，气氛压抑，狭窄的走道两旁是牢房，刑房和死刑室。牢房的墙壁上挂着曾经被关押在这里的"罪犯"照片，他们的身份是官员、记者、或艺术家。死刑室里有绞架，见不到电影中那些五花八门的刑具。但不知为什么，我突然想起了张志新，想她临刑前被割喉的那个地方到底是不是这个样子，那里可能也没有老虎凳和辣椒水，但有恶魔般的权力。想及此，不寒而栗。

哪里有压迫，哪里就有反抗。

展出的最后部分是关于1956年的"匈牙利事件"，许多记录这场反抗运动的照片和实物令人目不暇接。学生集会游行，群众上街示威，市民与苏军对抗，军队残酷镇压的场面无不使人动容，也使我很自然地想起中国1989年北京发生的"天安门广场运动"。这次"人民起义"虽然很快就被悍然入侵的苏军坦克所镇压，但这些照片中的经典场面却都成为匈牙利民族的一种集体记忆，为八十年代末的政治变革埋下了伏笔。

1989年爆发的苏东波导致共产政权在东欧相继垮台,使匈牙利以和平的方式实现了民主转型,从而改变了匈牙利人民的命运。走上民主之路的匈牙利人民面对过去的深重苦难,没有选择遗忘,正如匈牙利总理欧尔班·维克多(Orbán Viktor)于2002年2月24日在恐怖博物馆开幕式上所说:"我们如今将那些恐惧和仇恨都关进了这座大楼,因为我们希望它永远都不要再出现在我们未来的生活当中。是的,我们应当将它们关起来,但这并不意味着我们应当忘记这一切。"

恐怖博物馆门前的铁幕

走出恐怖博物馆,门前的一道铁幕和一块柏林墙体依然那么刺眼,这里的一切和安德拉什大街显得很不协调。据说,安德拉什大街是布达佩斯最美的一条街道,1896年建造的欧洲大陆一第条地铁就在脚下运行。为了欣赏这条被联合国教科文组织命名为世界文化遗产的大街的风韵,我们放弃了乘坐地铁的想法,信步在街上闲逛。

不一会儿,我们便来到了英雄广场。由于英雄广场是旅行社给我们安排参观的重要景点,为了节省时间,我们未在广场过多停留，继续前行。穿过广场，是一个公园，一看地图，才知道原来就是著名的城市公园。在公园外面就能看到一座漂亮的建筑——沃伊道-胡尼奥迪城堡(Vajdahunyad Castle)。这个坐落在一个湖心岛上的城堡是 1896 年为纪念匈牙利建国 1000 年而建造的。城堡内有二十多座匈牙利不同时期不同风格的建筑，从古罗马，到哥特，到巴洛克，各种风格的建筑齐聚在此，实际上是一座匈牙利建筑博物馆。由于孩子要去温泉浴室，我们没有时间在此盘桓，只在大门口照了张照片，便依依不舍地匆匆离去。出门旅行最常遇到的问题就是，你很难做到"一日看遍长安花"。

与美轮美奂的沃伊道·胡尼奥迪城堡隔街相望的便是赛切尼温泉浴室(Szechenyi Baths)。匈牙利温泉资源极其丰富，世界排名第二。仅布达佩斯就有上百处温泉。因此，这座城市也有"温泉之都"的称号。受罗马和土耳其的影响，洗温泉浴也是匈牙利人的一种时尚。

赛切尼温泉在布达佩斯最负盛名。从外边看，这是一座两层古典式建筑，一点儿也不像公共浴室，看起来更像一座剧场。既然孩子们是冲着这个温泉来的，那就别磨蹭啦！在大厅里买了票，随着人流进入更衣室，才知其规模远不是老北京的公共浴室所能比的。论大小，绝对和北京工人体育馆、

沃伊道·胡尼奥迪城堡

陶然亭和什刹海的游泳池有一拼。三个露天大水池中水波荡漾，慵懒的人们浸泡其中。中间的池中还有一环形泳道，一帮半大小子在泳道中嬉戏，我也忍不住加入其中。原来泳道中水流湍急，怪不得人们都跟着水转圈呢！

赛切尼温泉的精华部分应该说是其室内浴室。一进大门，红色花岗岩罗马柱支撑着的巴洛克风格的穹顶和浮雕让我立刻为自己的着装感到惭愧，光着脚丫子穿着泳装就贸然进入这种高大上的场合多少会有点儿不自在。看周围的人都那么坦然，很快也就释然了。入乡随俗，不一会儿，也像当年的罗马贵族一样泡在大理石的池子里体验沐浴的时尚了。

塞切尼温泉

泡了一次温泉，果然神清气爽。当晚，旅行社在旅店为我们安排了欢迎晚宴。估摸着时间有富裕，我们在回旅店的路上，不紧不慢地走在安德拉什大街的人行道上，欣赏着路两边琳琅的建筑和过往的行人，感觉十分惬意。在一个陌生的环境中漫无目的地闲逛，是我在旅行中最喜欢的活动。

迎着晚霞，踩踏着奥匈帝国昔日的辉煌，当我们兴致勃勃地返回旅店时，欢迎晚宴即将开始。刚在桌边坐下，同行驴友大呼不妙，原来，他的腰包不见了。回想了一下，大概是落在了赛切尼温泉的更衣室。丢钱事小，关键是他的护照信用卡等重要文件都在包里。旅行还没正式开始，先把护照弄丢了，您说他能不急吗？在导游的帮助下，我和他打了一辆出租车，火速返回赛切尼温泉，直奔失物招领处。其实，那里有没有失物招领处咱也不知道，便直接找办公室的人，可人家听不懂英文。连说带比划地跟看门验票的工作人员沟通了一下，重返我们的更衣室，但见驴友用过的衣柜虚掩着门，打开一看，腰包原封不动地还躺在那里。那一刻，真是大喜过望！

驴友说，他对找回腰包根本没抱太大希望，但不出来找找又不甘心。没想到，居然就这么轻易地使丢失的腰包失而复得。这件事，让我们对匈牙利的好感顿时倍增。这让我想起前几年在法国一家餐馆吃饭，驴友吃饭时把背包挂在椅子背上，吃完饭刚出门，发现背包忘记拿了，马上返回餐厅，背包已不知所踪。

晚宴过后，在旅店附近散步。一座庞大的古典式建筑出现在眼前，走近一看，原来是火车站，上下车的人川流不息。随着人流走出火车站，走进路灯照耀下的林荫道。佩斯的夜，宁静而安详。

抵达布达佩斯的第二天上午，我们随团游览市容，参观马加什教堂、渔人堡和英雄广场。

穿过熙熙攘攘的街道，汽车载着我们跨过伊丽莎白大桥进入多瑙河对岸的布达城，蜿蜒来到城堡山上的一个小广场。布达老城情景温馨，青石路面，干净整洁，路边的建筑明白无误地告诉你，它的悠久历史，同时又让你感到它的与时俱进。

在导游为我们介绍布达老城和马加什教堂的历史时，同车的一些人已迫不及待地溜到广场的各个角落去拍照了。

从外表上看,马加什教堂(Mátyás Templom)和欧洲一些著名的大教堂相比,绝对算不上高大雄伟,但它之所以如此吸引人的眼球,多半是因为它清新的外观。

马加什教堂

这是一座石灰岩建筑,在设计上显示出匈牙利民俗、土耳其文化和新歌德式建筑风格等多种元素,特别引人注目的是图案鲜明的彩色屋顶,为整个教堂增加了不可抗拒的活力,映衬在蓝天白云下,从哪个角度都非常适合拍照。难怪喜欢拍照的游客看到它后就情不自禁了呢!

马加什教堂不仅是布达佩斯的重要旅游景点,也是匈牙利历史的标志性建筑。这座教堂原本叫作圣母教堂,由当时的国王贝拉四世(IV Bela)所建,1269年竣工。十五世纪时,马加什国王在教堂的南侧建了一座尖塔钟楼,整个教堂便被命名为马加什教堂。因为历代匈牙利国王的加冕仪式皆在此举行,这个教堂又有"加冕教堂"之称。

在十六世纪土耳其占领匈牙利期间,教堂曾经被焚。后来,土耳其人也在这块风水宝地上建了一座清真寺。虽经战乱,马加什教堂还是顽强地生存了下来。现存的教堂,是于1874至1896年间重新修筑的。因此，这座教堂承载了匈牙利沉重的历史，见证了改朝换代的时代变迁。

拾级进入教堂，仿佛走进匈牙利历史博物馆。欧洲教堂看多了，里面的结构大同小异，往往会出现记忆混淆。记忆深刻的大多是那些有故事的教堂。

马加什教堂之所以让人记忆深刻，不仅是它的彩色屋顶，更为重要的是它拥有大量的令人津津乐道的故事。教堂尖塔内部至今还保存有贝拉王及其王妃的石棺，二楼还有一座茜茜公主的大理石半身像。茜茜公主的故事广为人知，她和奥地利皇帝弗兰茨·約瑟夫一世曾在这里加冕为匈牙利国王和王后。当然，教堂内的彩绘玻璃工艺精湛，绚丽多彩，雕塑壁画，美不胜收，也是令人流连忘返的原因。

走出教堂大门，但见一些游人对着教堂的尖顶拍照，仔细一看，才发现尖顶上并非避雷针，而是一只口衔戒指的乌鸦。看到我们在照相，导游走过来告诉我们，乌鸦在匈牙利是吉祥的象征。据说马加什国王在执政期间，曾有人想用毒戒指暗算他，可乌鸦将那枚毒戒指叼走了，使国王躲过一劫。因此，人们在教堂的顶上为乌鸦塑像，以示纪念。

马加什教堂的隔壁就是面向多瑙河的渔人堡。这座造型酷似童话世界的美丽城堡建于1895年到1902年之间，传说是为纪念当地渔民保护这里的鱼市而修建的。实际上，这座建筑的军事功能远不如它的象征意义。七座圆塔代表着最早在匈牙利定居的七个部落。双层石灰岩建筑以新罗马风格的尖塔为中心，塔与塔之间用回廊连接，蜿蜒曲折，步移景换，并在面向多瑙河的地段形成一溜儿视野开阔的观景平台。这里虽无彩绘的雕梁画栋,却与周围环境融为一体,自然和谐。徜徉其中,居高临下,鸟瞰多瑙河两岸,景色万千。

城堡的一部分回廊是一家餐馆,坐在餐厅里可以观赏多瑙河对岸国会大厦和布达佩斯的秀丽风光。我挺想趁着同车的人四处照相之时坐在那里欣赏多瑙河两岸的美景,但可惜的是,此时不是餐馆的营业时间,无缘在这家餐馆把酒凭栏。

伊什特万一世圣·斯蒂芬国王的青铜像

渔人堡和马加什教堂中间的圆形广场上,矗立着一座身披战袍手持权杖骑在马上的伊什特万一世圣·斯蒂芬国王(King St. Stephen's statue)的青铜雕像。这位能征善战的匈牙利大公,受洗成为基督教徒后,在马扎尔民族中强制推行天主教信仰。公元 1000 年,教皇西尔韦斯特二世为他加冕为匈牙利第一任国王,从此,匈牙利也升格为王国,完成了从游牧部落向封建国家的转变。浏览雕像底座的浮雕,不禁浮想联翩。当年这位国王跃马扬鞭驰骋疆场的年代虽然渐行渐远,却又若在身边。

作为匈牙利的国父,伊什特万一世在匈牙利人民中享有崇高威望。在多瑙河东岸毗邻国家歌剧院的安德拉什大街上,有一座布达佩斯规模最大的教堂,就是为纪念这位开国君主所建,叫作圣伊什特万教堂,该教堂至今还保存着伊什特万一世的右手供人们朝拜。匈牙利人甚至把 8 月 20 日他的加冕日定为圣伊什特万节每年庆祝。

城堡山上的另一著名古迹是茜茜公主等皇室名流曾经居住过的古王宫,与渔人堡和马加什教堂比邻而居。由于时间关系,旅行社未安排我们参观王宫,但在布达

古王宫

佩斯的各个角落,几乎都能看到这座鹤立鸡群的宫殿,如影随形。一般说来,欧洲的王宫有多少房间,就能有多少故事。这样的庞然大物,还是等时间充裕的时候再来慢慢品味吧。

近午时分,旅游车载着我们返回佩斯,沿着我们昨天走过的安德拉什大街,来到英雄广场。

英雄广场(Heroes' Square)是佩斯的中心广场,一个融合了历史、艺术和政治的象征性景点,在某种程度上说,有点儿像北京的天安门广场。英雄广场是1896年为纪念牙利民族在欧洲定居1000年而兴建的,是由十九世纪著名的新巴洛克学派雕塑家佐洛·捷尔吉和建筑学家斯奇凯丹兹·奥尔拜特主持设计和施工的,1929年正式完工。这个颇具仪式感的建筑群恢弘壮丽,广场

两边分别是匈牙利最大的博物馆和美术馆，中间赫然矗立着一座千年纪念碑。纪念碑的顶端站立着一个展翅欲飞的天使，碑座上有7位马扎尔部落首领的雕像，他们骑着高头大马，个个全副武装，威风凛凛，威武雄壮。正中间的雕像就是马扎尔人的大酋长阿尔帕德。

中国民间有一种传说，即匈牙利人是匈奴的后裔。其实，从匈奴西迁至匈奴帝国灭亡都是在匈牙利建国很早以前的事。匈牙利这块地界曾经是罗马帝国的一个行省，但罗马帝国灭亡后，就成了很多游牧民族竞相争夺的地盘。即使现在，在布达佩斯的许多地方还能看到罗马人留下的断壁残垣，它们都得到了很好的保护。此后，日耳曼人、斯拉夫人以及周边的游牧民族都曾在此逐鹿，匈牙利人是否有古代匈奴人的血统，是个很难说清楚的问题，尽管匈牙利人还保留着姓在前，名在后的习惯，但也不能因此就断定人家是匈奴后裔不是？据历史学家考证，匈牙利人的祖先是从中亚草原迁到欧洲来的马扎儿人。从公元五世纪中叶开始，他们逐渐西迁，共有7个部落来到今天的多瑙河和蒂萨河一带定居，并建立了自己的国家。因而，这7个部落的首领就成了匈牙利的开国元勋。

英雄广场

纪念碑两侧有两堵对称的弧形廊柱壁，每个廊柱之间，都陈列着匈牙利著名的历史人物和民族英雄的雕像，雕像基座上刻有他们的生平年代，下面还有一幅反映其功绩的浮雕。匈牙利第一位国王伊什特万一世、拉斯洛一世，科恩维斯·卡尔曼、马加什一世等历史人物都在此占有一席地位。

在纪念碑前，有一长方形石棺非常醒目，这是第二次世界大战后，匈牙利人民为纪念历代民族英雄而建的，棺盖上的浮雕大字为："为了我国人民的自由和民族利益而牺牲的英雄永垂不朽！"

到任何国家旅游，事先做点儿功课，弄清其历史发展的脉络是很有必要的。由于这次旅行前没做任何功课，只好老老实实听导游讲故事。

随团游览了布达佩斯的主要景点后，我们获得一个下午的自由活动时间，于是，便决定利用这段时间在这个陌生的城市寻找我们想看的目标。此时，我们最迫不及待想去的地方，不是那些还没去过的旅游景点，而是找到一个有当地特色的餐馆解决午饭问题。大女儿提议去离国家歌剧院不远的一个露天小吃一条街，获得大家一致赞同。

从下榻的旅店出发，穿过了几条街，便在一条巷子里发现了这个所谓的小吃一条街。这里实际上是一片被拆掉的老楼的空地，两边楼房裸露的砖墙与大街上精美的建筑装潢形成强烈反差，让我立即联想起北京的798艺术区。一个个贩卖食品的小摊，风格独特，虽然吃的东西味道不错，但给我留下更深刻印象却是这个特立独行的场所。墙上醒目的涂鸦、先锋派的酒吧、夸张的装修、往来的游客，都历历证明这里是一个时髦的热闹场所，只不过我们来得不是时候，显得有些冷清。若是晚上来，其热闹程度应该不亚于北京的三里屯酒吧一条街。

恋恋不舍地走出小吃一条街，不一会儿就来到了多瑙河上的伊丽莎白大桥。桥上观河，清风送爽，多瑙河的风姿显得更加妩媚。两岸美轮美奂的标志性建筑，河上川流不息的游船，展现出一幅风姿无限的欧洲画面。左岸是古老而庄重的布达城，右岸则是布满巴洛克与古典主义建筑的现代商业城市佩斯，两岸在众多桥梁的连接下，浑然一体，交相辉映。这座桥紧邻布达佩斯最著名的链子桥，站在这座桥上看链子桥，不得不承认，还是风景那边独好。于是，我们沿着河边向链子桥走去。

链子桥(Széchenyi Lánchíd)是来布达佩斯的游人必到之处。这座桥于1839年开始兴建，1849年建成，是第一座真正连接佩斯与布达两城的永久性建筑。尽管布达佩斯有九座建在多瑙河上的大桥，唯独链子桥被人们称为布达佩斯的象征。二次大战期间，德军因作战需要，曾将链子桥全部炸毁，匈牙利人在战后又重建链子桥，使之在和平年代更显流光溢彩。

链子桥的两端各有一对石狮雕像，为匈牙利著名雕塑家亚诺士的作品。据说亚诺士相当自负，认为自己的作品完美无瑕，夸出海口说，若谁能找出石狮的缺陷，他将跳河自杀。结果，竟被一个孩子发现了狮子没有舌头，使这位雕塑家羞愧难当，当即跳进了多瑙河。无论故事的真实性如何，足见匈牙利人做事的认真态度，怪不得这个不足一千万人口的小国出了很多诺贝尔奖获得者呢。虽然石狮没有舌头，但它们仍然给这座桥增添了无尽的魅力，被人们称为多瑙河上的一颗明珠是当之无愧的。

离开链子桥，沿河北上，远远便能看到国会大厦巍峨的身影。沿河走了没多远，一堆铁鞋霍然出现在眼前，原来这就是多瑙河畔的"大屠杀纪念碑"。二战期间，奉行极端法西斯主义的匈牙利箭十字党掌权期间，曾将大批犹太人掳掠到多瑙河畔枪杀，并抛尸河中。2004年，匈牙利雕塑家鲍乌埃尔·久洛制作了60双不同的铁鞋，陈列于此，并于翌年4月16日的"大屠杀纪念日"，让这组作品正式与公众见面。周围三块铁铸标牌，分别用英语、匈牙利和希伯来语写着"纪念1944—1945年间被箭十字党武装分子屠杀并抛入多瑙河的死难者。"匈牙利人这种勇于面对历史的态度是令人敬佩的。

链子桥

带着沉重的心情，继续北上，只几条街的光景，便来到国会大厦前的广场。从多瑙河对岸看国会大厦，看到的是大厦的背面；大厦的正面有个挺大的广场，即科苏特广场。科苏特是匈牙利著名的民族解放运动领袖，在匈牙利人民心目中享有崇高地位，据说全国有很多广场和街道以他的名字命名。

像北京的天安门广场一样，科苏特广场在匈牙利政治文化中具有特殊的象征意义。1956年震惊世界的"匈牙利事件"就发生在这里。当年10月，布达佩斯爆发了数十万人声援波兰抵制苏联干涉内政的示威游行，要求匈牙利实行全面改革、纳吉重新出任政府总理和苏联驻军撤离匈牙利。10月23日，当游行抗议的民众在广场上集会时，国会大厦对面的大楼房顶突然枪声大作，手无寸铁的人们纷纷倒在血泊中。情形跟三十多年后发生在北京的"六四事件"有很多相似之处。据统计，"匈牙利事件"中民众死亡两千多人，后又判处死刑五百多人。约13000人受伤，另有约20余万匈牙利人成为难民。

匈牙利事件对中国人来说并不陌生，因为中国官方媒体在自己的宣传中总爱把匈牙利当成一个反面教材，以至于"匈牙利反革命事件"、裴多菲俱乐部和纳吉等字眼都成为国人耳熟能详的政治词汇。之所以产生这种情况，是因为中国党和政府的领导人大都具有相当高的政治觉悟，认为同样的事件迟早会发生在社会主义中国，因此，老早就制定了同西方资本主义阵营毫不妥协的政策。

据我上学时流传的一些说法，在匈牙利事件中，周恩来总理代表毛泽东主席同苏修集团进行了坚决斗争，才迫使苏联出兵镇压了匈牙利反革命暴乱，周总理并且不顾个人安危，以无产阶级革命家大无畏的英雄气概，乘苏军坦克亲自到布达佩斯街头参与平暴活动。后来，经查历史资料才知道，周恩来率领中国党政代表团来布达佩斯时，正是枪声才刚平息，局势尚未稳定之时。为了保证中国领导人的安全，匈牙利政府才决定用坦克车接送周恩来等人。虽然媒体报道有夸张之嫌，但中国党和政府对匈牙利事件的坚定立场则是世人有目共睹的。

说来也巧，二十年后的1976年，中国发生"四.五事件"，中国官方宣传顺理成章地将其称为"匈牙利反革命事件"，把邓小平称为中国的邓.纳吉。由于我也亲历过中国的"四.五事件"，对所谓的1956年"匈牙利反革命事件"就更感兴趣。既然来到了这次事件发生的中心地带，当然要听听匈牙利人对这一历史事件的反应，看看与这一历史事件有关的历史遗迹。

上午游览时我曾与导游提起过这次事件，他斩钉截铁地说这是一次人民起义。不知是否以前也曾有中国游客问过他相同的问题，他的态度是不容置疑的。这个导游的态度至少反映了大多数匈牙利人对这一历史事件的看法。为了寻找纳吉雕像，我尾随其他旅游团，顺便听了听不同导游的讲解，真正感觉到匈牙利人对历史的态度是相当坦诚的。

他们敢于面对历史，卸下包袱，走向未来。

1956年匈牙利事件中，时任匈牙利总理的纳吉，被苏军逮捕，在1958年6月16日被处决。

在科苏特广场的东南角,我们终于找到了纳吉的雕像。这是一组完整的雕塑作品，水池中的一座桥上，纳吉手扶栏杆，站在中央。桥的两侧分别象征着新旧体制，纳吉毅然摆脱了旧体制的束缚，走到了桥的中央，凝视着

纳吉雕像

代表民意的国会大厦，意志坚定但神情忧伤。纳吉的脚下，还有民众自发献上的花环和鲜花，散发着淡淡的芳香。

1989年匈共放弃独裁后，为纳吉平反，并在英雄广场为纳吉举行国葬，有数十万民众自发参加。

与纳吉雕像合影后，我特地找了一个角度凝视纳吉的雕像，仔细端详。我不禁在想，历史真是一个任人打扮的小姑娘吗？看看今天的情形，纳吉同志，您是否应该感到些许的慰藉呢？

夜游多瑙河是旅行社为我们安排的节目。告别了纳吉同志，我们匆匆赶回下榻的旅店，乘车来到游轮码头。黄昏，多瑙河畔，凉风习习。登上游艇，施特劳斯的"蓝色的多瑙河"圆舞曲在船上飘荡。皓月当空，华灯初放，蓝色的多瑙河，令人心旷神怡。

天色渐渐黑了下来后，多瑙河两岸华灯怒放，将缓缓流淌的河水泼上斑斓的色彩，波光粼粼，水光潋滟。船沿河一路走来，布达王宫、马加什教堂、渔人堡和国会大厦等白天刚刚看过的建筑都一一展现出完全不同的风姿，从身边掠过，流光溢彩，若人间仙境。

匈牙利国会大厦(Hungarian Parliament Building)是布达佩斯的名片。它是匈牙利最大的建筑，也是欧洲第二大新哥特式议会建筑。这座富丽堂皇的建筑在夜游多瑙河时给人无限遐想。

第二天一大早，我们来到国会大厦时，大厦门前的科苏特广场上行人寥寥。导游去买门票的时候，我们得以在广场上闲逛。站在广场正中，国会大厦显得异常雄伟，两尊铜狮雄踞正门两旁，而大厦的保安竟然渺小得无足轻重。在广场散步，让人心胸开阔，思绪飞扬。

毕竟，1956年10月在这里发生的那场屠杀令人难以忘怀。从国会大厦对面的楼顶上向广场上的人群开枪，当时该是何等惨烈！好在匈牙利人并没有那么健忘，匈共倒台后，匈牙利政府在广场中央建了一座1956年起义死难者纪念碑。黑色大理石上刻着醒目的"1956"。纪念碑的上方，形似一滩融化的蜡烛，蜡烛内的长明灯永久不熄。

夜幕下的多瑙河

未及欣赏广场上其他的雕塑，导游已经招呼我们进入国会大厦。

匈牙利国会大厦

无论从哪个角度讲，国会大厦都堪称建筑艺术的精品。其通体象牙白色的外表、文艺复兴式的红色锥形大圆顶、和谐对称的尖塔，恰如其分的装潢，无不令人拍案叫绝。经过严格安检后进入大厦，更其内部的豪华感到震惊。据导游说，建筑这座大厦，

131

除了珍贵石材,还使用了40公斤的黄金,以至于整座建筑显得金碧辉煌。十六角圆顶大厅是国会大厦的中心,由此向南北两侧延伸。十六根边柱石上矗立着十六位匈牙利历史人物的雕像。一群来此参观的匈牙利小学生正在安静地听老师给他们讲解这些历史人物的故事。尽管听不明白那位老师在讲什么,但从他们的表情来看,他们对自己的历史表现出一种特别的尊重。

国会大厦的圆顶大厅

下午,参观完伊什特万大教堂后,登上前往维也纳的客车,挥别布达佩斯。

蓝色的多瑙河,童话般的渔人堡,是那么的令人眷恋。旅游车风驰电掣,将布达佩斯的"铁鞋大屠杀纪念碑",恐怖博物馆等等逐渐甩在身后,唯有裴多菲爱情诗和李斯特的钢琴曲还在车中回荡,不知不觉便来到我们欧洲之行的第二站,音乐之都维也纳。

音乐之都维也纳

我们到达维也纳时,已近黄昏,匆匆吃过晚饭,便跑去听了一场音乐会。维也纳是古典音乐的摇篮。十八世纪以来，世界上许多著名的音乐家，如海顿、莫扎特、贝多芬、舒伯特、施特劳斯等，都在维也纳度过大部分音乐生涯，谱写了许多优美的乐章。来维也纳，不听一场音乐会，那就太可惜了。

音乐会在市中心的一家规模不大的音乐厅举行。虽然没有金色大厅那样金碧辉煌，这座音乐厅却显得高洁典雅。维也纳人对于音乐的追求，就像国人追捧美食一样，透着有一种要干什么事都不将就的劲头儿。开场之前，剧院大厅里已经站满了盛装出席的观众，很多人都身着正装，还有人拿着杯香槟品尝。人们低声细语，整个大厅无喧闹之声。走廊的墙壁上挂有许多油画，大都是一些人们都熟悉的音乐家。我们作为旅游者，尽管都换上了较体面的衣服，但在这种场合也显得随意了些。好在进入大厅一落座，感觉便好了很多。

尽管这仅仅是一场小规模的音乐会，莫扎特和施特劳斯的老乡们却把他们的作品演奏得尽善尽美。演出结束，全场一片沸腾，在那种狂热的掌声中，我好像找回了多年前当文青的那种感觉。

第二天早晨起了个大早，参观美泉宫。由于茜茜公主的故事广为传播，大多来维也纳旅游的人都把参观美泉宫作为首选。因此，导游特地安排我们这天早起，赶在开门后第一拨进入美泉宫。果不其然，等我们参观完毕，游人已大量涌入宫来，我们则向下一个目标维也纳市中心的霍夫堡皇宫前进了。

美泉宫是维也纳最热门的旅游景点，每年接待游客六七百万之众。来美泉宫，是绕不过那位茜茜公主和玛丽娅.特蕾莎女王的。这两个女人的名字好像和美泉宫已经无法分割。

1955年奥地利拍的电影《茜茜公主》使这位奥地利历史上的最漂亮的皇后广为世人所知。这部连续三集的传记性电影,讲述了这位漂亮公主嫁给年轻的奥地利皇帝弗兰茨.约瑟夫的故事,以及茜茜公主为当时奥地利改善与匈牙利和罗马帝国的关系起到了重要作用。因为电影中的很多场景是在美泉宫拍摄的,所以,美泉宫自然而然地成了人们追逐的目标。

美泉宫

玛丽娅.特蕾莎则有点儿像中国的武则天,这位女皇以惊人的治国天分使腐朽的哈里斯堡帝国获得"伟大复兴"。她不但治国有方,而且喜欢园林,美泉宫正是在她当政时扩建的。扩建工程从1743年开始,直到其生命的最后一年1780年才终于完工。由于她的大手笔,这座金碧辉煌气度不凡的宫殿在占地面积和豪华程度上仅次于法国的凡尔赛宫。

现在的美泉宫是对外开放的皇宫博物馆,大部分陈列保持着玛丽娅.特蕾莎时代的原貌,也有一部分是按照十九世纪约瑟夫皇帝和伊丽莎白皇后(茜茜公主)的时代风格布置的。行走在这座巴洛克艺术宫殿中,如同翻开一部沉重的历史,每个房间都有故事。美泉宫的后花园是一座典型的法国式园林，巨大的花坛两边种植着修剪整齐的绿树墙，希腊罗马神话故事人物的雕塑大多出自德国艺术家威廉·拜尔之手，使这座园林充满艺术气息。园林的最高点是凯旋门。我在这里盘桓了很久，感到这个后花园与北京紫禁城的御花园真是大相径庭。如果说紫禁城的御花园小巧玲珑极端精致的话，那么，这座花园则恢弘辽阔景深旷远。站在凯旋门回望美泉宫，很有一种君临天下的感觉。

1996年，联合国教科文组织世界遗产委员会将美泉宫列入世界遗产名录。理由是，"美泉宫宫殿和花园构成了整体艺术作品的一个完美范例，它们经历几个世纪的翻修，完整地证明和生动地展现了哈里斯堡王朝历代王室的品味、兴趣和远大抱负"。

美泉宫花园

我们的导游是个奥地利人，一副中学历史老师的模样。从一开始，她就总是提起哈布斯堡王朝，给我们补习关于哈里斯堡王朝的历史知识。说实在的，和中国历史比起来，欧洲历史相对复杂得多，那哈里斯堡王朝的历史呢，就更加复杂了。哈里斯堡王朝是欧洲历史上最为重要、影响力最大、统治地域最广，延续时间最长的王室家族，该家族成员曾出任过奥地利、匈牙利、比利时、荷兰以及德国等国君主。人家通过近亲结婚，把许多欧洲国家的王室都变成沾亲带故的统治阶级一家人。因此，用中国传统的历史观来看这段历史，就显得太乱，乱得理不出个头绪。好在我们这群人里面除了有个来自德克萨斯的中学教师偶尔提些问题外，别人都把导游的历史介绍当作故事，听得津津有味。

我们离开美泉宫时，见一群中学生在花坛中莳弄花草。看得出来，这些孩子是在这里参加义务劳动。我们小时候也经常参加这样的活动，如植树，拆城墙，挖防空洞等等，那都是很久以前的事了。看到这些花样年华的孩子在这里劳动，像看到了一道亮丽的风景，正是这些孩子才给这座花园注入了新的生命，也显示了一种文化的传承。

近午时分，来到市中心的霍夫堡皇宫。如果说美泉宫是维也纳的颐和园，那么，霍夫堡皇宫就是这座城市的紫禁城。

霍夫堡皇宫曾经是哈布斯堡王朝奥匈帝国皇帝的冬宫，现在是奥地利的总统官邸所在地。霍夫堡皇宫始建于1275年，直至1913年期间，经过多次修建、重建，最终成为现在的规模，占地24万平米，具有19个庭院和2900个房间，被称为"城中之城"。每一代皇帝都按照自己的喜好进行过扩建或者重修。如今的霍夫堡皇宫汇集了哥特式、文艺复兴、巴洛克、洛可可甚至新古典主义各种风格，成为一座建筑艺术的宝库。与北京故宫开设珍宝馆，绘画馆等专门展馆相似，这座皇宫内也设置了很多博物馆，如珍宝馆、茜茜公主博物馆等供人参观。皇宫里还养着马，人们可以看到身穿传统服装的卫兵骑着高头大马在皇宫里训练。

霍夫堡皇宫在德文中的意思是宫廷城堡的意思，延续了六百多年的哈布斯堡王朝曾经在这里统治着庞大的神圣罗马帝国，直至1806年弗兰茨二世皇帝在拿破仑的威逼利诱下宣布这个神圣帝国的解体，同时成立了奥地利帝国。奥地利帝国的风风雨雨，奥匈帝国的闪电雷鸣，甚至于奥地利与德国宣布合并，都发生在霍夫堡。

对一般游人来说，要想在短时间里弄清楚哈里斯堡王朝的来龙去脉是不现实的。听导游讲故事，能在皇宫里看到一些历史人物的遗迹，就不算白来。漫步来到旧皇宫的广场见到了弗兰茨一世皇帝的塑像，高大雄伟，引人注目。当然很少有人关心他为什么解散

霍夫堡皇宫

了神圣罗马帝国，从弗兰茨二世皇帝变成了奥地利帝国的弗兰茨一世皇帝，这么做对奥地利产生了哪些影响。人们更关心的是，他的妻子就是世人皆知的茜茜公主。

沿英雄广场漫步西行，便是霍夫堡皇宫的新宫，当年希特勒就是站在这座环形建筑中间的阳台上宣布奥地利与德国合并的。年轻时读《第三帝国的兴亡》，觉得奥地利只不过是个无足轻重的小国，是第三帝国的一枚棋子，简单了解了哈布斯堡王朝后才知道，奥地利在欧洲历史上绝非等闲之辈。

参观完霍夫堡，已是中午时分。我们一车的游客分成两拨，喜欢美食的人到附近寻找餐馆；对哈里斯堡王朝感兴趣的人继续参观皇家墓穴。早晨出发时在旅店没少吃，没人觉得饿，因此，我们选择参观皇家墓穴。

皇家墓穴就坐落在霍夫堡东边不远处的一座小教堂的地下室，要不是有导游带着，还真不好找。

跟着导游进入墓穴，阴气扑面而来。这座教堂的地下室里，从1633年起，共有143位哈里斯堡家族成员葬在这里，其中有12位皇帝和19位皇后。他们的棺椁都很讲究。早期的以铜棺为主，晚期的多为石棺。棺椁一多，就有了气势，这同站在墓地观看成排的墓碑的感觉还真不一样。

估计信奉天主的哈布斯堡皇室成员没有任何入土为安的观念。数百年来，他们坚持将自己和家族成员葬在一起，反映了他们对哈里斯堡王朝的自信和骄傲。"踏破千年铁门槛，终须一个土馒头"这句话，对躺在这里的人是不太适用的。

由于对哈里斯堡王朝并不熟悉，一个个棺椁对我来说都是冷冰冰的，尽管这些人生前都有许多故事并把这些故事带进了棺材。

茜茜公主墓

差不多到了参观的尾声,墓室里的气氛有了些许变化,但见三个并排的棺椁面前摆满了鲜花。原来,这是伊丽莎白皇后(茜茜公主)、弗朗茨皇帝、鲁道夫皇储的墓。

走出墓穴,哈布斯堡的人与事,留在了身后。

中午随便吃了顿饭,在市中心闲逛。最吸引眼球的当然是斯蒂芬大教堂。这座号称欧洲三大教堂之一哥特式建筑雄伟壮观,高耸的锥形尖塔直冲云霄、发黑的石灰岩墙体显得古朴沧桑。历代奥地利皇帝的葬礼均在这座教堂内举行。这座教堂也有一个地下墓穴,安放着约2000名黑死病牺牲者的骨骸和七十二个哈布斯堡王朝皇族成员的内脏,神圣罗马帝国皇帝腓特烈三世、鲁道夫四世的棺木也安置于此。因为刚刚参观完哈里斯堡王朝家族墓穴,也由于时间有限,我们只好将这座世界闻名的大教堂排在了日后重游维也纳时重点参观的名单上了。

我们在维也纳期间,还去了一趟维也纳大学。因为女儿要考医学院,得知维也纳大学有个人体器官的教学展览,要求我们陪她去参观。于是,便借着下午空闲的机会前往维也纳大学。

这所大学据说很有名。按图索骥找到了那个展览室,就在一个不起眼的教学楼中。推门而进,没遇到任何麻烦,也没任何人对我们这些不速之客提出任何问题。女儿进了这个展览室就不想走了,只好让她留下来继续看那些她感兴趣的心肝肺,我和驴友则前往附近的教堂参观。

教堂正在维修,但可以随便进。这座教堂的规模比市中心的斯蒂芬大教堂毫不逊色。空无一人的教堂和充满游人的教堂给人的感觉大相径庭。在这种寂寥的环境中,彷佛与上帝的距离更近。我在芝加哥大学上学时，也时常一个人钻进洛克菲勒教堂转转，非常享受那种感觉。

斯蒂芬大教堂

维也纳是世界著名的音乐之都。这里人的音乐素质高是显而易见的。回旅馆的路上，看到两个年轻人在街上卖唱。他们的水平和演唱风格绝对是专业级别的，不但围观的听众都鸦雀无声地享受着这种街头艺术，连坐在婴儿车里的小孩都被美妙的乐曲吸引得目不转睛。一曲过后，人们礼貌地将欧元纸币和硬币放入他们的琴盒，动作同样显得异常高雅。

在维也纳逛街，不时看到街上有人拉琴卖唱。从穿着和气质上看，这些人比世界其他大城市的街头卖艺者更有专业素养，他们大多衣着整洁，彬彬有礼，演技高超。与其说他们在街上卖唱，不如说他们正在从事一种将高雅的音乐艺术从音乐殿堂转移到街头的活动。因此，走在这个音乐之都，甭说那些奇妙的街景，就是这些街头艺术家的精彩演奏也往往让你不肯离去。

我们下榻的旅馆坐落在维也纳城市公园的边上。每每出去闲逛，总要穿越这个公园。公园很大，里面花木扶疏，空气清新，草坪和花坛规划得错落有致。在盛开的鲜花和繁茂的树林中，有不少雕塑引人注目，而约翰·施特劳斯的金色雕像给人印象最为深刻。每次落过这里的时候，都能看到有人在这里和施特劳斯的雕像合影。因此，我们也未能免俗，每个人都和施特劳斯照了相。回家之后上网一查才知道，这座雕像以及这个公园都是维也纳的名胜，很多人是专门跑来瞻仰这座雕像的。

说到施特劳斯，知道他的人当然都会想到他那首轻盈舒畅的"蓝色多瑙河"。然而，我们在维也纳住了几天，竟没抽出时间去看看多瑙河流经维也纳时的风姿。

施特劳斯像

低调的布拉迪斯拉瓦

这天上午，我们从维也纳出发，去斯洛伐克首都布拉迪斯拉瓦一日游，刚出市区就见到了多瑙河。一个小时左右的车程，就到了布拉迪斯拉瓦。要是在北京，就这么会儿功夫，多半还没出城呢！

布拉迪斯拉瓦位於斯洛伐克、奥地利和匈牙利交界的地方，离维也纳仅一个小时的车程。导游在车上刚介绍完斯洛伐克，车就进了城。原来这座城市和维也纳一样，都是沿多瑙河而建的城市。所不同的是，多瑙河在维也纳擦边而过，在布拉迪斯拉瓦则将新城和老城一分为二。

来布拉迪斯拉瓦的路上，虽说是国际旅行，但却没见到易于识别的边界。自1993年和捷克分家后，斯洛伐克成为独立国家。当地人对国家统一或分裂好像看得很轻，没听说他们为了祖国统一大业闹得你死我活。我想，这同他们在历史上就总是分分合合有着很大关系。

我们的地方导游是个中学的历史老师，但家住匈牙利，业余时间来这里当导游赚点儿外快。据他说，在这儿上班的人很多都住在匈牙利，那里房租便宜。我估摸着，这地界有点儿像大北京地区，在城里上班，却住在密云怀柔。

布拉蒂斯拉瓦新桥

这位老师给我们介绍古城的历史，绘声绘色。他说斯洛伐克就像多瑙河上不远处的一座桥一样，桥刚建成，国王约瑟夫主持通车仪式，这座桥就叫做约瑟夫桥。希特勒占领了这一地区，这座桥又改名为希特勒桥。苏联红军解放了捷克斯洛伐克，这座桥又改名叫做斯大林桥。苏联阵营垮台后，这次桥又改了名字，想不出该叫什么好，于是便叫做"旧桥"(Old Bridge)。

其实，来到布拉迪斯拉瓦第一眼就能看到的是横跨多瑙河上的一座新桥。这座叫做 Nový 的大桥，Nový 在当地语中就是

"新桥"的意思。桥上有一将近九十米高的飞碟形瞭望塔。一桥飞架,犹如飞碟光顾多瑙河,现代气息在两岸飘洒。

来欧洲旅行的人好像对现代建筑都没太多兴趣。我们这次到布拉迪斯拉瓦主要是参观她的老城。

除了建在山丘的布拉迪斯拉瓦城堡(Bratislavský hrad)外,整个老城区好像都没有什么雄伟的建筑。听导游说,矗立在我们面前的圣马丁大教堂是这里的最高建筑,在老城的许多地方都能看到它的身影。

这座建于十三世纪的哥特式教堂,在布拉迪斯拉瓦成为匈牙利首都的那个时代,曾是为匈牙利国王加冕的教堂。从1563年到1830年,一共有11位匈牙利国王和8位王后在此举行加

布拉蒂斯拉瓦城堡

冕典礼。因此,圣马丁大教堂又被称作加冕大教堂。尽管这座教堂名声显赫,但其外观却给人以异常低调的感觉。

其实,整个布拉迪斯拉瓦老城的主旋律就是低调。在城里稍微走走,您就会喜欢上这座具有中世纪风格的小城。历尽沧桑的历史建筑,不事张扬的名人故居,随处可见。原来贝多芬、莫扎特等人都曾在此居住,他们的故居门口都挂着明显的标牌,尽管现在的住户可能都是和这些名人扯不上任何关系的普通人家。

沐浴在淅淅沥沥的毛毛雨中，走在铺着石板路面的弯弯曲曲的小巷里，感觉历史在脚下流淌。既有一种在北京逛胡同的感觉，也有领略异国风情的味道。独具匠心的街道布局，鲜花盛开的古朴阳台，星罗棋布的城市雕塑，富有创意的店铺招牌，构成一种特有的典雅的怀旧氛围，既让人感觉恍若隔世，又让人心旷神怡。

老城街上有不少露天餐厅和咖啡馆，人们轻松自在地坐在那里闲聊，整座老城笼罩在一种温馨的气氛之中。

走着走着，便来到米凯尔之门（Michalská brána）。这座白色碉堡式的建筑原为布拉提斯拉瓦保存下来的唯一一座古城门，建于十四世纪，上面的巴洛克风格的绿色尖顶是十八世纪加盖的。高耸的尖顶鹤立鸡群，理所当然地成为老城地标。如今塔内辟为小型兵器博物馆，游人还可上塔观看老城全景。穿过门洞，但见一铜质圆盘镶在地面，上面按照方位标注了世界各地著名大城市到这里的直线距离，北京也在其中，距离是7433公里。

在欧洲中世纪的城市布局中，广场必不可少。没转多久，便来到老城的中央广场，一座喷泉矗立其中。喷泉的高柱顶端上是

米凯尔之门

位手持宝剑、身着盔甲的武士。导游说这是布拉迪斯拉瓦的守护神罗兰，接着，他讲起了这个喷泉的故事。这个喷泉是为庆祝马克西米连国王的加冕典礼于1572年建立的。站在顶端的武士雕塑，酷似马克西米连本人，老百姓也都认可这种看法，渐渐地，人们便把它称作"马克西米连喷泉"了。这座喷泉不但是城市的地标，同时也是当时城里最为重要的消防设施。

中央广场及后面的旧市政厅是当年这里的政治中心。市政厅后面的一幢哥特式建筑则是所谓的大主教宫，现在也是一个对外开放的博物馆。可惜的是，导游并未带我们进去参观。在政教合一的中世纪，这些建筑集中在中央广场是再自然不过的了。

我们在中央广场逗留时，罗兰喷泉前的一群鸽子正在觅食，孩子们和鸽子玩起来就不想走了。广场外面的蓝色教堂、布拉迪斯拉瓦城堡和新桥等景点似乎都提不起她们的兴趣。于是，我们决定就在广场附近毫无目标地转，就当来此体验当地人那种少有的休闲。

问好了回程集合时间和地点，我们在广场享受了半天的清闲。跟团旅行的一个缺点就是玩起来不是那么随意，活动安排往往像赶场一样，一个一个景点地走过场。我们的决定还是挺英明的，广场附近的街道的确让人流连忘返，哪儿还有心思去其他地方呢？!

孩子们和鸽子玩了一会儿，就

守望者雕像

看到了喷泉附近的拿破仑士兵雕像(Napolen's Solider)。这座铜像的设计无疑是非常引人注目的。他的身高体型和真人相似，猫着腰，双手搭在一张椅子背上，帽子盖过了他的眼睛，但能感觉到他的坏笑。当年这位法国士兵不知什么原因留在了斯洛伐克，也不知哪位艺术家抓住了他这个姿势，塑造了这个可爱的士兵，使他成为中央广场最受欢迎的明星。与他合影的人络绎不绝，轮到我们的时候，孩子们兴高采烈，我坐在长椅上看着广场上人来人往，的确是一种生活的享受。怪不得这位拿破仑的士兵留在这里永远不走了呢！

布拉迪斯拉瓦的老城有个特点，就是雕塑多，但并不是那些高大上的作品。许多雕塑估计都出自那种"从群众来，到群众中去"的艺术家之手，见缝插针地出现在街上，与整个城市的氛围显得非常协调。

离拿破仑士兵不远的街边，有个更受欢迎的黄铜塑像，是个趴在下水道井口边身穿工作服头戴安全帽的工人，下巴搭在相互交叉的手背上，一脸惬意的望着过往的行人。他好像是在工作的间隙中想要休息一会儿，到地面上透透气。过往的游人都为这个名为"守望者—工作中的人(Man at work)所吸引，纷纷蹲下来与他合影。

中央广场边上的一家商店门前还有一座叫做"银先生"的塑像也是一个广受欢迎的明星。这座体积与真人相仿的银白色塑像是位可爱的老先生，一身西装，戴着围巾，手拿礼帽，对路人微笑着致意。据说，这位老先生确有其人，真名叫 Ignác Lamár，生于1897年，年轻时曾是一名学者。后来因为生活压力大，精神出现问题，经常穿戴整齐在街上向路人问好，给美女献花。甭管故事真假，给这种小人物塑像，至少说明斯洛伐克人民的"政治觉悟"比起中国人还是差了一截。很难想象北京的天安门广场或王府井大街能出现这类塑像。这也让我想起几年前在哈瓦那圣弗朗西斯科教堂门前看到的一座铜像。那个人是上个世纪五十年代活跃于哈瓦那街头的疯子，绰号为"巴黎先生"（El Caballero de París）。当时我就感叹古巴同志对清除精神污染的问题缺乏高度认识，竟然允许艺术家把一个疯子的塑像安放在首都的街道上。当然，对于像我这种缺乏"党性"的人来说，这样的塑像看起来感觉更舒服。

中央广场旁边一条小巷中有家小店，门口立了块招牌，说是城里最老的商店。进去一看，是个经营食品的夫妻店。一对老年夫妇把店面打理得干净利索，人还特别热情。不好意思空手出来，就买了一瓶斯洛伐克红酒。刚刚导游介绍斯洛伐克特产时还说斯洛伐克红酒口味好，供不应求。这不来得全不费工夫吗？回到旅店与朋友共品，果然好酒！

银先生雕像

如果说北京的格局像朝鲜的大型团体操的话，那么布拉迪斯拉瓦则更像刚刚在维也纳小剧场里听的那场音乐会。

这里没有崇高宏伟壮阔，却不乏小巧精致贴心。站在古老的斯洛伐克国家剧院前，周围是馥郁芬芳的花丛，色彩斑驳的老旧建筑，空气中弥漫着烧烤的肉香，看着熙熙攘攘的人群，我想，生活在这里的人们，不会有什么兴趣向世界叫嚣"厉害了，斯洛伐克"，但他们看起来却都心平气和，安于现状。

我喜欢这座城市，尽管她看起来比较平凡；也喜欢这里的生活格调，她使人心情舒展。

流光溢彩的布拉格

下午到达布拉格。入住旅店后，立即前往附近的老城广场和查理大桥。一路上，人山人海，人多的程度与黄金周期间国内的旅游景点人满为患的情形不相上下，这在国外旅游景点中是比较少见的现象。

来自世界各国的游客之所以如此钟爱布拉格并非赶时髦，这个城市的美艳几乎令所有人折服。记得有人曾说过，如果欧洲众多城市是一串项链，那么布拉格就是那串项链中最闪亮的钻石。

布拉格是一座很有文化底蕴的历史名城，始建于公元九世纪。在十四世纪查理四世统治时期，布拉格成为神圣罗马帝国兼波希米亚王国的首都，城市化得以迅速发展。到奥匈帝国时期，布拉格在欧洲已拥有举足轻重的地位。尽管二次大战后捷克加入苏联的社会主义阵营，成为躲在铁幕后的国家，但1968年的布拉格之春和1989年的天鹅绒革命仍然产生了巨大的国际影响。

由于生长在社会主义的中国，我对捷克有着一种难以言说的亲切感。这倒不是因为小时候常坐的公交车就产自捷克，也不是因为时常路过捷克驻北京大使馆那座优雅的建筑，而是因为卡夫卡，布拉格之春，天鹅绒革命，我对这个城市充满了幻想。

办好旅店的入住手续后，我们便迫不及待地冲到街上，去拥抱这座城市。走在布拉格的街道上，心中的憧憬和眼前的现实不断地重叠，卡夫卡，苏军坦克，哈维尔和红瓦、石墙、尖顶教堂，如诗如画的布拉格，让人目不暇接，让人不禁遐想。

查理大桥

从旅店往西，我们按图索骥，直奔查理大桥，一路风景，美不胜收。不得不承认，布拉格的美确实名不虚传。

查理大桥上的雕像

漫步在布拉格，踩在石板砌成的古老街道上，仿佛走在北京的小胡同，每一个角落其实都有故事，只是不熟悉而已。每条街道都弥漫着浪漫气息，只是觉得有些陌生。

走着走着，看着看着，我甚至怀疑，布拉格之春是不是真的在这里发生，苏联的坦克是不是真的到过这里。怎么这里连曾经是个社会主义国家的痕迹都荡然无存了呢？

穿过熙熙攘攘的人群，掠过一辆辆锃光瓦亮的老爷车，穿过热闹无比的老城广场而未停，我们一口气来到久已向往的查理大桥。

布拉格人有句老话是这么说的，您要是没在查理大桥上走过三个来回儿，就不算真正到过布拉格。可见，查理大桥在布拉格的地位有多重要！建于1357年的查理大桥是伏尔塔瓦河上十八座桥中最著名的一座石桥，毫不夸张地说，它是布拉格的象征。第一次站在这座桥上，很有一种触摸历史的感觉。宁静的伏尔塔瓦河在桥下舒缓地流过，河面上漂浮着一条条各式各样的游船，显得分外热闹，甚至有些拥挤。查理桥上，游人如织，若说拥挤，绝对名副其实。

尽管人多，大桥上的雕像仍然鹤立鸡群，引人注目。据说桥上共有三十尊雕像，大多出自中世纪巴洛克雕刻大师之手，因而，这座桥也被欧洲人称为露天巴洛克雕塑美术馆。我曾经数过卢沟桥上的狮子，但没数多久就放弃了。虽说查理大桥上的雕像并不多，但您要一个个数过来也不是件容易事。因为每座雕像都摄人心魄，站在这些雕像面前，您要是还能不为所动，保持清醒的头脑，继续数下去的话，那您的段位绝对高。对于我这种吃饺子从来记不住吃了几个的人来说，桥上雕像到底有多少个，真数不清楚。但这些雕像的精彩，却难以忘怀。

其实，世界各国人民对于富有神奇色彩的雕像都有一种敬畏意识。这种行为的表达或是顶礼膜拜，或是虔心抚摸。匆匆转了一圈后发现，大桥上有些雕像的底座还有金属浮雕，被游人摸得闪闪发亮，我也不能免俗地在查理大桥守护神内波穆克圣约翰的雕像上摸了一把，祈求他保佑我们这次旅行一路平安。

  桥上聚集的艺术家们为这座大桥增添了无穷的艺术品位。他们或现场作画，或旁若无人地弹唱，或不时与游人互动，让人享受到一种现代艺术和古老历史的完美结合，高雅艺术与大众文化的和谐统一。看着他们的表演，我忘了要在查理大桥走三个来回儿的私愿，竟在一个摊位跟前驻足，深深地为他们的表演所吸引，久久不愿离去。好在我们将在跟团旅行结束后，还在布拉格多逗留三天，因而，就比较从容和随意，可以在桥上尽情体验波西米亚风情。

  伏尔塔瓦河为布拉格注入了灵气，玉带般的河水使这座美艳的城市顾盼生姿。河西岸的城堡山上，气势恢弘的宫廷建筑巍峨耸立；河东岸的老城区里，世界各地的游人川流不息。在桥上发了一阵呆，我们原路返回，准备看一下远近闻名的天文钟整点时的时钟表演。

  走着走着，忽然发现家人都不见了，只有我和小女儿随着人流来到了一条宽敞的大街，其实，这里正是当年布拉格之春群众聚集的中心位置，相当于北京的长安街。可我们哪知道啊！问了路边的几个行人，由于语言障碍，都不得要领。像穿越到了卡夫卡的世界一样，鬼打墙般地在陌生的街巷中乱闯，最终我俩还是凭着记忆中的大致方向，向老城广场靠拢。好在这里离老城广场并不太远，走了几条街，终于来到老城广场和家人汇合。

多纳河畔的中欧四国

老城广场

圣老城广场的报时天文钟

老城广场上的天文钟是布拉格最著名的景点之一。尽管正在维修，整点报时表演依然按时进行。返回老城广场时，天文钟前已经聚集了不少游人，我们也只好在广场上耐心等候。等候期间，在老城广场转了转，这里热闹非凡。这个有着九百多年历史的广场四周不但有高耸入云的天文钟塔楼和泰恩教堂，而且还有布拉格美术馆、哥特式宫殿、巴洛克式教堂及卡夫卡故居等各个时期的建筑，巨大的捷克宗教改革家胡斯的塑像屹立在广场中央。民间艺人和贩夫走卒在广场上尽情地兜售自己的手艺和产品，使广场弥漫着温馨欢快的平民气息。

随着一阵铃声，天文钟上方的两个小窗终于在人们的期盼中打开了，耶稣的十二门徒依次在窗口露面，表盘边上的雕塑也动了起来。也就一分钟的光景，小窗关闭，整点报时。虽然钟声远非洪亮，但它清脆的声音依然给游人带来欢乐。

天文钟塔楼是老市政厅的一部分，与查理大桥东头儿的桥塔看起来像一奶同胞，都是风格相同的哥特式建筑。据说，当年刚建造的时候，这两座塔楼都是布拉格的最高建筑。

夕阳西下，暮色中的天文钟塔楼愈显沧桑。

来到布拉格的第二天，我们随团参观布拉格城堡。驱车来到伏尔塔瓦河西岸，导游先带我们参观华伦斯坦宫及其花园。这组巴洛克花园建筑现为捷克参议院所在地，但也是对外开放的公园。园中林木扶疏，花坛精雕细刻，众多青铜雕像点缀其间，颇像露天艺术画廊。池塘水平如镜，宫殿倒影入画其中，还有几只孔雀在池边散步。一只白孔雀，见到我们后，好像为了表示欢迎，竟开屏起舞，引来一群长枪短跑竞相拍照。

出了华伦斯坦花园，穿过几条街道，便来到古城堡，这座号称世界最大的古城堡从公元九世纪开始兴建，历经数次战火毁坏并重修，形成具有宫殿，教堂，及民房的巨大古堡建筑群，其中的一座座建筑像一页页翻开的历史书，内容丰富多彩。在这里，你能看到保存完好的欧洲各种流派的建筑，自然和谐地聚集在一起。漫步其间，犹如行走在波西米亚人的历史画廊。

我们径直进入城堡的第三庭院。这座庭院的气派和恢弘，堪比广场。古代捷克的王宫、富丽堂皇的圣维特大教堂及现在的总统府，都坐落在这个庭院。这里不但是捷克古今建筑精华的荟萃之地，也是这个国家政治活动的中心。

多瑙河畔的中欧四国

捷克王宫

圣维特大教堂

总统是否在此办公，不得而知，但负责总统府安全的卫兵，个顶个都透着精神，对游人也很友好，与中南海的卫兵比起来，显然不是一个风格。不少游人还站在卫兵身旁照相留念。我们参观了皇宫的一些宫殿，风格与维也纳的皇宫大致相同。当然，发生在这些宫殿的故事肯定不会一样。

第三庭院中最高大雄伟的建筑当属圣维特大教堂。这个号称能触到上帝足尖的建筑，在城堡山上也显然是鹤立鸡群，也是我们带队导游的心仪之地。进入教堂后，她的介绍和解说充满了虔诚，洋溢着自豪。这座教堂于公元929年兴建，直到1929年才完工。和许多教堂的命运一样，经历了漫长的岁月，因而，吸收了不同时期的建筑风格。神圣罗马帝国兼波希米亚国王查理四世及许多历史人物都安葬在这座捷克最大的教堂。

圣维特教堂收藏着丰富的历史文物，简直就是一座艺术画廊，一幅幅精美的壁画和雕塑，尤其是它色彩缤纷的玻璃画窗，让人目不暇接。仅就这些艺术品来说，称圣维特教堂为捷克的象征，绝对当之无愧！

城堡内有一条小巷叫作黄金巷，也是一个旅游热点。从圣维特大教堂出来，我们来到这条低矮狭小的建筑群，是当年城堡服务人员的居所。这条有着中世纪风格的由砖石铺成的街道很窄，曾经是中世纪炼金术士们的聚集之地，故名黄金巷。家住热闹的老城广场附近的卡夫卡为了躲避

黄金巷

喧嚣，曾在这条街的22号这座蓝色小屋租住了两年，在这里完成了他的小说《乡村医生》和《致科学院的报告》。卡夫卡的故居现在是一家书店，门很矮，猫着腰进到里边，体验一下卡夫卡的生活状况。当年卡夫卡在这儿写小说的时候，感觉这样的环境还挺适合他的。要不然他怎么会说，"笼子在等待着一只小鸟，而我这只小鸟却在等待一只鸟笼"呢？

现在黄金巷的各家各户都成了旅游纪念品商店。虽然弥漫着商业气息，但这些小店布置得却很有品味。小巷的尽头是一座

二层小楼,是捷克一位电影收藏家的故居。从他家穿过便是一个单独的院落,这里曾是监狱,现辟为刑具博物馆。狰狞的刑具,犯人的白骨,历历在目,令人毛骨悚然。

从刑具博物馆下山,但见伏尔塔瓦河两岸绿树成荫,心情才逐渐好转。蓝天,白云,红瓦,一个令人向往的世界。在通往查理大桥的路上,还有一座卡夫卡博物馆。由于跟团旅行,我们无法进去参观,只好过几天再来这里自由自在地探寻充满卡夫拉的布拉格老城。

我们在布拉格自由行的第一天,是随便逛街。自老城广场南行,没走几条街,偶遇共产主义博物馆。在布达佩斯时,我们参观了当地的恐怖博物馆,女儿很感兴趣。为了让她们多受点儿共产主义教育,立马买票进去参观,并且告诉她们,甭着急,慢慢看,在这里呆多长时间都行。

论规模,这个博物馆比布达佩斯的恐怖博物馆小了不少,但也收集了相当丰富的实物。一进门,墙上贴着的马克思画像和站在地上的列宁塑像,以及一些鼓舞人心的宣传画,对我们这些人来说,看起来都似曾相识,丝毫没有陌生感。但对美国出生的年轻人来说,马列主义和轰轰烈烈的共产主义运动似乎非常遥远。

虽然博物馆不大,但展品和陈列却很专业,尤其是大量图片都配有英文解说。从捷克共产党的诞生,到二战后在苏联帮助下夺取政权,再到1968年布拉格之春运动被苏联出兵镇压,直至1989年的天鹅绒革命,都有客观翔实的介绍。博物馆内播放的纪录片对这段历史作了高度概括,说这是捷克历史上的一个耻辱的时代,万马齐喑的时代,也是一个充满希望的时代(The time of shame, the time of silence, the time of hope)。大女儿喜欢历史，她认真地看了每件展品和图片，仔细读了所有的解说，还不时地提出一些问题；小女儿就闹不懂人们为什么要上街游行，警察凭什么疯狂地打人抓人。姐俩突然对共产主义来了兴趣，说一会儿就去布拉格之春的爆发地瓦兹拉夫广场去看看。我想这就是博物馆创办人建立这个博物馆的初衷。

出了博物馆南行，没走多远就到了瓦兹拉夫大道，街道很宽阔，两边都是饭店和商店，是个繁华的商业区。大道的尽头就是所谓的瓦兹拉夫广场，一个在政治文化意义上相当于北京天安门广场的地界儿。广场中央矗立着波希米亚最重要的守护神瓦茨拉夫的青铜骑马雕像。雕像正对着的是高大雄伟的国家博物馆。这座新文艺复兴风格的建筑正在维修，我们也没计划进去参观，因而，就在广场周围随便走走，寻找当年布拉格之春的踪迹。

当年苏联坦克车压坏的路面已无迹可寻，建筑物上的累累弹痕亦不复存在。峥嵘岁月悄然逝去，唯有花丛中安放着为抗议苏军入侵而在广场自焚的学生杨.帕拉赫的纪念碑还在提醒人们那个年代发生的一切。纪念碑旁摆放着一束束鲜花，说明人们并未忘记为争取自由献出生命的先驱，两个女儿也向烈士行礼致敬。

旅游度假，孩子顺便上了一堂历史课，可谓意外收获。

在布拉格自由行，我们基本不看地图，不刻意去找著名景点，因为整座老城堪称建筑杰作，哪条街都值得驻足欣赏。离开瓦兹拉夫广场后，我们漫无目的地在街上闲逛。即使迷了路，也能找到老城广场，泰恩教堂的双塔好像在老城的许多角落都看得见。

转着转着,忽见一个颇有规模的露天集市。每到一个陌生城市,有机会的话,我都喜欢逛逛集市,这种地方可以更多地感受当地的风土人情。这个叫作哈维尔的露天市场占满了一条街,街心是一眼望不到尽头的天蓝色遮阳长廊,形形色色的摊位上各种商品琳琅满目。虽然刚刚吃过午饭,女儿禁不住漂亮水果的诱惑,还是买了不少。

布拉格不仅古色古香,也充满现代气息。即使走在中世纪风格的古巷中,也时常能见到一些现代雕塑。女儿听说查理大桥附近有一面涂鸦墙,非要去看看。于是,我们下午的行程就有了目标。

老城桥塔

随着熙熙攘攘的人流,又来到查理大桥旁,但见桥头屹立着的老城桥塔(Old Town Bridge Tower)上有人拍照,才注意到这座塔楼是对游人开放的。于是,买票入内,平添了一次在查理大桥塔楼登高望远的经历。

老城桥塔是哥特式建筑,同样风格的塔楼从我们下榻的旅店到查理大桥的一段路上有好几座,是中世纪布拉格的城防工事建筑的一部分。这座兴建于公元十四世纪末期,位于查理大桥东端十字军广场处的塔楼,观景位置最佳。登上塔楼,城堡山和查理大桥好像就在脚下。蓝天白云下,红瓦白墙的建筑,错落有致地分布在伏尔塔瓦河两岸,游船点缀其间,更使这美妙的画面平添动感。下午的查理桥面上,总是人流如潮,向河两岸缓慢移动。拍完照片,我们从塔楼上下来,也随着人流涌向西岸,去寻找列侬墙。

列侬墙

列侬墙就坐落在伏尔塔瓦河西岸的修道院大广场,一段不算太长很不起眼的围墙,离我们前天在岸边吃晚饭的一家餐厅只有一箭之遥。只是当时不知道列侬墙近在咫尺,所以今天再来此地,就为了一睹真容。

据说,最早有人在这面墙上画了一幅列侬的肖像,但从上世纪八十年代起,人们开始在这面普通的墙上涂写约翰.列侬风格的涂鸦以及披头士乐队歌词的片段。后来列侬墙演变成群众发泄对政府不满情绪的场所。许多青年在墙上书写不满言论和反动标语,最后导致学生和警察之间爆发了一场大规模冲突。这和当年北京的西单民主墙颇有共同之处。只不过,西单民主墙早已踪迹全无,而这里的列侬墙却变得更加光彩夺目。

极富艺术气息的满墙涂鸦,弥漫着浓郁的现代文化气息。一拨拨年轻人来到这里在墙上面继续涂鸦，指指点点，欢声笑语，充盈街巷。真是一道亮丽的风景！

在这种现代艺术氛围中沁润了一阵儿，好像自己一下子年轻了许多，那就听闺女的，继续走街串巷，进行一次布拉格现代艺术的朝圣之旅。下一个目标——卡夫卡博物馆。

卡夫卡博物馆前有个青铜雕塑作品，两个男人站在形似捷克地图的水池中对着撒尿，看后让人摸不着头脑。不用猜，这准是捷克艺术家大卫·切尔尼（David Cerny）的作品，他那股子卡夫卡式的幽默，让卡夫卡博物馆锦上添花。看完这件作品，女儿意犹未尽，又带我们看了他的另一件作品，一个貌似弗洛伊德的人悬在半空。前天晚饭后，我们在查理桥附近的河边散步，看到的几个巨婴，也是这位雕塑家的作品。据说，布拉格有许多他的雕

卡夫卡博物馆前的青铜雕塑

塑作品，无意中看到了，可能也会熟视无睹。尽管我更喜欢米兰·昆德拉，哈维尔等人的作品，缺少欣赏荒诞派，后现代派等艺术作品的鉴赏力，但是，看大卫·切尔尼的的雕塑还是既开脑洞，又赏心悦目。

在布拉格逗留的最后一天，是我们这次旅行中最懒散的一天。像往常一样，我们照旧先来到老城广场。古色古香的广场，

好像具有无穷的魔力,无论去哪儿,我们都自觉不自觉地先在这里盘桓一阵。这天,我们欣赏完广场西北角圣尼古拉教堂内华丽的雕像和精美的壁画,便漫无目的地逛马路。藏着大量故事的古老建筑,星罗棋布的城市雕塑,善解人意的伏尔塔瓦河,像一幅幅风景画,一页页翻过,仍令人不忍释卷。

布拉格不但风光旖旎,迷人风韵更让人无法抗拒。街巷中,广场上,咖啡馥郁,烤肉飘香。坐在路边喝黑啤,吃烤肉,那种惬意的氛围至今难忘。

环游冰岛

冰岛是一个充满神奇和冒险的地方，不但拥有独特的自然景观，让人们能够与大自然亲密接触，感受地球上少有的原始美，而且还有丰富的维京人的历史和文化传统。很久以前，这个靠近北极的小岛便时常挑逗着我的好奇心。直到今年夏天，才踏上这个小岛，一观究竟。

从芝加哥出发，直飞六个小时就到了冰岛。抵达雷克雅未克(Reykjavík)附近的凯夫拉维克机场(Keflavíkurflugvöllur)，已是当地时间的早晨。冰岛的夏季是旅游旺季，机场内外到处都是旅客，人气颇旺。等候租车时，走出机场大厅，冷风强劲，让人立马意识到这里是冰岛。

拿到租来的车，换好冬装，我们的环岛之旅就算正式开始了。冰岛的夏季相对温暖，但由于风大，给人的感觉像是冬天。

在地广人稀的冰岛旅行，自驾最为方便，不但可以比较自由地安排自己的行程，还能肆无忌惮地欣赏沿途的风景。冰岛的风景说变就变，苔原、雪山、湖泊、草甸、荒原、冰川，不胜枚举。自己驾车，在荒原中任意驰骋，那叫一个爽！

大陆之间的桥梁

出了机场没多远,我们便来到了雷克雅内斯半岛(Reykjanes)上的一个著名景点---山特维克(Sandvík),即"大陆之间的桥梁"。这是在北美和欧亚构造板块分开的一道裂谷上修建的一座人行桥。在地质学上横跨欧亚和北美两大洲的这座15米长的桥虽然很小很普通,但其所在的位置赫赫有名,故引来大量游客前来拍照留念。尽管桥下干涸的沟壑让这座桥显得有点儿多余,但拍照的游人似乎对这座桥热情不减。桥上桥下总是有人,远在天边的这座桥并不孤独。

雷克亚内灯塔

雷克雅内斯灯塔(Reykjanesvíti)是冰岛最古老的灯塔,矗立在雷克雅内斯半岛(Reykjanes)的最边缘,号称是一座"世界尽头的灯塔"。远远就看到了这座灯塔,开到近前,也没见到几个游人。寒风中仰望灯塔,多少有点儿"世界尽头"的感觉。灯塔下,盛开的鲁冰花却赏心悦目。

大名鼎鼎的蓝湖温泉(Blue Lagoon)是冰岛最受欢迎的地热温泉之一,就凭它的名声,我们老早就预定了在这里泡一次温泉。离开雷克雅内斯灯塔没多久,就来到了蓝湖温泉,停车场早已停满了车,一看这阵势,要不早定票,真有可能泡不成温泉。

蓝湖温泉的规模相当可观,它不仅仅是一个旅游景点,还拥有设备齐全的水疗中心,提供各种温泉疗法和美容护理。蓝湖温泉的水富含硅、硫和其他矿物质，被认为对皮肤有益。许多游客来到这里，希望通过泡浴获得美容和健康效果。因此，蓝湖温泉总是门庭若市。

蓝湖温泉

在风雨交加的时候走入蓝湖温泉绝对是一种难忘的体验。由于蓝湖温泉是一个由地热水形成的天然温泉，它的水温适中，泡在里面倍感放松。浴池中的泉水呈现出令人惊叹的浅蓝色，在蒸腾的雾气中，给人一种神秘而迷人的感觉。浴池周围被黑色的火山岩石和苔原所环绕，犹如仙境。听着音乐喝着酒，泡在水中的感觉绝不是一般二般的舒服，而是一种不知身在何处，飘飘欲仙，对天人合一境界妙不可言的体验。

带着在蓝湖温泉的美好体验，来到冰岛首都雷克雅未克。我们的旅馆就坐落在市中心的一条步行街上，街面上挺热闹，餐馆酒吧里都坐满了人。我们入住旅馆后，立即前往预定的餐馆去安抚被我们忽视许久的辘辘饥肠。

雷克雅未克是冰岛的首都，也是全世界最北端的国家首都。作为冰岛最大城市，全国文化、经济和政治中心，这里看不到什么摩天大楼，市中心狭窄的街巷顽强地保持着古老的风格，显得特有个性。走在干净的街道上，鲜花、涂鸦和游人，都让人感到心旷神怡。

走着走着，就来到了一条街道的尽头，一座独特的尖顶教堂巍然屹立在街头的广场。这不就是常在照片上看到的哈尔格林姆教堂(Hallgrímskirkja)吗？

这座全冰岛最大的教堂，与我们下榻的旅馆仅一街之隔。由于快到午夜时分，拍个外景，打道回府，等环岛游回来时再进去细看究竟。

哈尔格林姆教堂

斯奈山半岛国家公园

我们环岛游的第一站是斯奈山半岛(Snæfellsnes Peninsula National Park)国家公园。这个国家公园位于冰岛西部的一个自然保护区，涵盖了斯奈山半岛的大部分地区，面积约为170平方公里。法国著名作家儒勒·凡尔纳笔下通往地心的入口斯奈菲尔火山，在电影《白日梦想家》中"顶替"了格陵兰而为人熟知的斯蒂基斯霍尔米小镇都是这里的著名景点。当然，最令人向往的还是草帽山。

一路上风光无限。冰岛最具代表性的地貌——冰川、火山、苔藓熔岩地、黑沙滩、瀑布，一一呈现在眼前，洪荒时代的景象，扑面而来。怪不得来过的人都说，斯奈山半岛是冰岛的缩影，这话绝对没错！

自驾旅行的优点就是，想看什么，自己做主，时间也能灵活掌握。环岛游的第一天，我们将入住格伦达峡湾(Grundarfjordur)

环游冰岛

金色沙滩

小镇的旅店,全程340公里,沿途有许多值得游览的峡谷、岩洞、瀑布、山川。一路走走停停,仿佛走进了大自然的画卷,亲身感受到了地球的原始风貌。

夏天的冰岛,虽然气候宜人,但天气也像小孩儿的脸,说变就变。路过格莱穆尔(Glymur)瀑布时,一阵狂风,乌云冷雨,打消了我们步行前往这个冰岛第二高瀑布的计划。尚未到达金色海滩(Ytri-Tunga),风停雨霁,又是另外一幅风景。

金色海滩以其迷人的金色沙滩和海豹栖息地而闻名。沿着金色沙滩往里走,来看海豹的游人真不少,当然,这里的海豹比游人更多。紧邻金沙滩,便是一片被海水冲刷得奇形怪状长满青苔的黑色岩石。这地界,一看就是海豹的领地。心宽体胖的海豹或躺在沙滩上闭目养神,或趴在礁石上端详着往来的游人。看到我们举起相机给它们拍照,还挺配合。它们不躲不闪,保持着平常的状态,个别的家伙还时不时冲我们微笑。

布迪尔(Búðakirkja)教堂,即黑教堂,也是我们路过的一个著名景点。这座始建于1703年的乡村教堂,以其黑色外观在草地和大海的映衬下显得格外醒目。在世界各地,每到一个教堂,我都会走进去看看内部状况。但这座教堂大门紧锁,更显神秘。为什么这么一个普普通通的小教堂能成为网红呢?我觉得就因为它孤独,孤独地挺立在天涯海角,甭管你来自世界何方,来到这里迎接你的都是门上的铁将军。正因为此,它就更能撩起人们的好奇心。

很多人说冰岛的地貌最像月球,在阿纳斯塔皮小镇(Arnarstapa)散步时,我深深体会到这话还真有几分道理。阿纳斯塔皮是个古老的渔村,现在却是一个热闹的旅游小镇。这里的海蚀柱群和拱形海蚀拱桥遐迩闻名。

细雨霏霏,海天一色,岁月和海水的侵蚀打造了这里形态怪异的海岸。在黑色熔岩上覆盖着亮黄色和嫩绿色的苔藓,与大西洋的蓝色背景形成强烈对比。雨中沿着海岸漫步,别有一番风味,成群的海鸟更给人创造出一种海阔天空的心境。

黑沙滩(Djú

黑教堂

阿纳斯塔皮小镇海蚀拱桥

palónssandur)是斯奈山半岛的著名景点,以其独特的地质特征和自然美景而著称。由于下雨风大天冷,只在山坡上眺望了一会儿,就可以感受到其与众不同的质地和色彩,粗犷的野性,不论是眼前的沙滩,还是迎面吹来的风。

斯奈山半岛的景点中,我对英加尔霍尔教堂(Ingjaldshólskirkja)情有独钟。这座教堂建于十八世纪,也是一座乡村教堂,却拥有简洁而迷人的木质建筑风格。教堂的外观,独具特色,融入了周围大自然的美景。从远处看,红顶白墙,优雅地屹立在绿草坡上,笔直的柏油路犹如一条黑色缎带,将其连接在一片鲁冰花的海洋。

黑沙滩

英加尔霍尔教堂

正在欣赏教堂的远景,忽然,风急雨骤,不便久留。于是,上车避雨,相约明日再来。

在凉风冷雨中来到格伦达菲厄泽(Grundarfjordur)小镇。

吃了晚饭就进入了梦乡。

第二天早晨起来,才留意到草帽山倩丽的身影。旅店的窗外就是草帽山。此山名为教堂山,因为从某些角度看这座山,就像一顶草帽,所以,又被人们称之为草帽山。

草帽山高463米,坐落在冰川湖畔,与远处的雪山遥相呼应,大有鹤立鸡群之势。草帽山瀑布因草帽山而得名,但一条马路将草帽山与瀑布分开。瀑布很小,周边的景色却赏心悦目。正是因为草帽山和瀑布的完美搭配,我们在这里逡巡了好久,拍照留念。

为了补拍蓝天白云下的英加尔霍尔教堂,我们重返这座教堂,补偿了昨天下雨未能仔细欣赏这座教堂的遗憾。走近教堂,又是另一个世界。空旷的坡地上,一片白色的墓地静静地躺在教堂身旁,使教堂显得并不孤单。极目远眺,大海、群山、鲁冰花,拱卫着烘托着这座很普通的教堂,引人入胜。

草帽山

犀牛石

在前往阿克雷里(Akureyri)的路上，有个著名的景点，那就是位于西北部的Vatnsnes的犀牛石(Hvitserkur)。

犀牛石造型怪异，怪异得让人不得不惊叹大自然的鬼斧神工。走近犀牛石，仔细端详，真无法想象，天边竟还存在这般诡异的石头。用科学的方法来解释，这当然归因于冰岛的火山地貌特质，这块大石头其实是一个火山塞，被海水不断侵蚀后，演变为如今的模样。

在冰岛的神话故事中，Hvitserkur是一个对基督教颇有成见的巨怪(troll)。冰岛人接受并信仰基督教后，建造了基督教堂，这可惹恼了这个巨怪。狂怒的巨怪试图在夜间摧毁教堂的大钟，却没有留意已然黎明，升起的太阳照在惧怕阳光的巨怪身上，巨怪顿时石化，变成了如今的犀牛石。全世界各国人民都有自己的民间传说和神话故事，解释那些不可思议的自然现象，这些民间传说和神话故事也是了解冰岛历史和文化不可或缺的素材。

特殊造型的犀牛型岩石，加上层层波涛与黑沙滩，形成静谧的自然景观。本想下到黑沙滩上欣赏巨石，却被一位滚下沙滩的游客所吓倒。为了安全起见，打消了下到海边的念想，仅在观景台上凝视犀牛，浮想联翩。

北部风光多姿多彩

众神瀑布(Godafoss)是冰岛众多瀑布中的著名瀑布，也是一个有着不少神化传说的瀑布。我们离开冰岛第二大城市阿克雷里(Akureyri)后，便直奔众神瀑布。

众神瀑布宽约30米，水流从高达12米的悬崖峭壁上垂直落下，虽然不算太高，但其磅礴的气势却形成了一道从天而来的壮观景象。在下方的岩石河床上，水流湍急，震耳欲聋，让人感到强烈的冲击力量。瀑布的外围，环绕着广袤的草原和连绵的山峰，又给人一种神秘而宁静的感觉。坐在岩石上看瀑布，最容易浮想联翩。

温泉山(Hverfjall)是一个巨大而壮观的火山口，直径约为1公里，深度约为140米，在世界同类型的火山口中名列前茅。

这座火山口的地貌非常特别。它的外观像是一个巨大的圆形碗状结构，火山灰和岩石构成了陡峭而凹凸不平的边缘。火山口内部是一片黑色的火山渣和沙子，形成了一个近乎完美的圆形平坦地带。在这个平坦的区域上，很少有植物生长，给人一种荒凉而神秘的感觉。

众神瀑布

温泉山的登山步道也较为陡峭。登上山顶后，极目望远，妙曼的米湖，宛若盆景；郁郁葱葱的草原，充满生机。眼前的一切与脚下的温泉山形成了强烈对比，大自然的任性，令人叫绝！

冰岛以其独特而多样化的地貌闻名于世，拥有许多恢弘壮观的冰川，活动频繁的火山，热气腾腾的温泉和气势磅礴的瀑布和峡谷，因此，我们这些天一直奔走在这些大自然的杰作之中。

刚刚游览了众神瀑布，又来到黛提瀑布(Dettifoss)，同样感到震撼。

黛提瀑布号称欧洲第二大瀑布。无论是规模还是气势，黛提瀑布都更加摄人心魄。走近瀑布,巨大的水流如一条巨龙,咆哮着向下倾泻,以无可阻挡之势冲击着附近的岩石。瀑布释放出来的巨大能量,令人激动,令人振奋。

接受了黛提瀑布的洗礼,我们又来到克拉夫拉火山(Krafla)。

温泉山火山口

克拉夫拉火山是冰岛最活跃的火山之一,历史上有多次喷发记录。火山口湖是克拉夫拉火山最著名的特征之一,其中最为著名的湖泊是克拉克拉维提(Krafla Viti)。爬上火山口的顶端,但见一汪碧水,把火山口填满,湖的翠绿颜色,晶莹剔透,绝对人见人怜。

克拉夫拉火山地区富含地热资源。当地人不但利用地下的高温水蒸汽发电,而且利用地热和温泉发展旅游业。在游览了类似美国黄石国家公园

黛提瀑布

的温泉地热区后,我们在这里再次泡了一回温泉浴,其格局与蓝湖温泉相似,泡温泉的人却少了许多。如果说人们到蓝湖温泉泡的是它的盛名,泡在这里则是实实在在的享受。

东方山川秀丽异常

斯图拉吉尔峡谷(Stuðlagil Canyon)是冰岛东部的一处令人惊叹的自然景观,坐落在约库尔萨河(Jökulsá á Dal)的上游。峡谷的独特之处在于其垂直的多边形玄武岩柱及这些岩柱构成的壮观的地质现象。这种棱角分明几何形状的地质结构和迷人的自然景观,成了冰岛旅游的一大名片。

说多边形玄武岩柱是冰岛的特有文化元素绝不为过。雷克雅未克的哈尔格林姆教堂的外形设计,灵感就源自这些玄武岩柱。以玄武岩柱为装饰的建筑在冰岛比比皆是。

斯图拉吉尔峡谷的停车场几乎找不到空位。虽然从停车场到峡谷有很长一段路程,但人们乐此不疲地涌向峡谷,足见其强大

克拉夫拉火山口

克拉夫拉火山温泉地热区

的吸引力。

如果说玄武岩柱是冰岛特有的文化元素，那么海鹦（puffin）充当冰岛的文化代表应该是实至名归。

离开斯图拉吉尔峡谷后，我们特意前往 Borgarfjordur eystri 观看被国人誉为冰岛国鸟的海鹦。

斯图拉吉尔峡谷

互联网上很多人认定冰岛的国鸟是海鹦，而维基百科则说矛隼（gyrfalcon）是冰岛国鸟。无论如何，用海鹦来代表冰岛有点儿像用熊猫来代表中国的意思。从在雷克雅未克国际机场看到的那幅冰岛欢迎你的宣传画起，我就认定了这些呆萌可爱的小鸟是冰岛的代表。

冰岛的"海鹦"是指一种常见的海鸟，学名为"Fratercula arctica"，也被称为大海鹦。冰岛是海鹦最重要的繁殖地之一。它们在冰岛沿海的悬

崖上筑巢，并繁衍后代。

在冰岛海边岩石上，常常会看见成双成对的海鹦选择洞穴而居。它们行动笨拙，颇像南极企鹅，超大的鸟喙酷似鹦鹉，因而得名海鹦(Puffin)。海鹦的特点有二，一是典型的一夫一妻制，二是长相超萌。它们吃鱼为生，具有高超的捕鱼技能，还会游泳，可以在水下迅速游动并追逐猎物。海鹦通常会在飞行中携带多条鱼类或其他猎物，用猎物填满嘴巴，然后返回巢穴喂养幼鸟。

海鹦巢穴

海鹦 摄影潘宁

Borgarfjordur eystri 海边的岩石上，无数海鹦筑起的巢穴酷似陕北的窑洞，颇为壮观。观看海鹦的游人挤满了步道，纷纷举着相机或手机为海鹦拍照。海鹦好像也习惯了这种场景，站在自家门前聊天的，闭目养神的，出海抓鱼的，该干嘛干嘛。

看热闹的游人最想见到的当然是海鹦捕鱼回来，满载而归

175

的情景。一对上海同胞，显然是"打鸟"高手，拍下的海鹦捕鱼归来的镜头，嘴里叼着几十条小鱼，这本事，不得不让人佩服。

塞济斯菲厄泽(Seyðisfjörður)是冰岛东部的一个小镇，位于冰岛东部陡峭的峡湾之中。这个小镇面对着北大西洋的湛蓝海水，被周围壮丽的高山、瀑布和冰川所包围，远离城市的喧嚣，颇有世外桃源的味道。

塞吉斯菲厄泽的彩虹路

其实这个小镇有着丰富的历史和文化遗产。它是冰岛最早的定居点之一，始建于十九世纪初。在镇上还可以看到一些保留下来的彩色木屋，展示了传统的冰岛建筑风格。彩虹街上古老的教堂和一些艺术画廊，为游客提供了一个了解当地文化的机会。在这里漫步的行人，基本都是外来游客。

塞吉斯菲厄泽街景

塞济斯菲厄泽镇也是冰岛东部的重要港口之一。每年夏季，许多邮轮船停靠在这里，为游客提供了一个进入冰岛的入口。

领略了小镇风情之后,我们马不停蹄地奔向亨吉福斯(Hengifoss)瀑布。这个号称冰岛第三高的瀑布,位于冰岛东部。瀑布高约128米,是冰岛最壮观的瀑布之一。瀑布的背景是由红色和黑色的玄武岩岩层形成的峡谷壁。在瀑布下游,几何形的玄武岩石柱同样给这个瀑布增添了独特魅力。

要想到达瀑布跟前,需要步行上山。我们这些老胳膊老腿儿,居然也奋力来到瀑布前转了一圈。沿途风光无限。亨吉福斯瀑布以其壮观的高度和独特的地质特征给我们留下了深刻印象。

塞吉斯菲厄泽邮轮港口

在前往霍芬(höfn)镇的途中,我们把车开到了Stokksnes半岛。这里拥有广阔的黑沙滩、沼泽湿地和壮丽的山脉。半岛上最著名的西角山(Vestrahorn)被誉为冰岛最美丽的山峰之一,经常出现在一些

亨吉福斯瀑布

环游冰岛

人们熟悉的电影和电视剧中,为观众展现了其迷人的景色。可惜的是,我们到达黑沙滩时,西角山为愁云浓雾紧锁,被上了一层神秘面纱。

西角山

好在西角山离我们下榻的旅馆不算太远,若明天云开日出,定然前往,一睹真容。

第二天上午重返西角山,云开雾散,见其真容,在号称天空之镜的湖畔拍照留念。一会儿功夫,天气突变,竟下起雨来。好在我们已经拍照完毕,遂乘车前往杰古沙龙(Jokulsarlon)冰河湖与瓦特纳冰川国家公园(Vatnajokull national park)。

杰古沙龙冰河湖是一个冰川泻湖,被巍峨的冰川和雄伟的山峰所环绕。湖水湛蓝,形态各异的巨型浮冰漂在湖面上,形成一幅具有极地风光的绝美风景画,吸引着众多游人。

游湖的人很多,我们分两批乘上水陆两栖游览车开向冰湖。入水后,车变成船,载着我们在浮冰中游荡。

瓦特纳冰川

杰古沙龙冰河湖是冰岛最大且最深的湖泊。据导游讲，这个湖的独特之处在于它是由瓦特纳冰川国家公园融化的冰川形成的。由于全球气候变暖，冰川融化速度加快，泻湖面积也在快速变化。

事实上，在二十世纪三十年代之前，杰古沙龙冰河湖根本不存在，在过去50年里，该湖的面积已经扩大了四倍。全球气候变暖的问题在这里显示得尤为突出。

杰古沙龙冰河湖

上岸后在湖边漫步，凝视远处冰川，其规模之巨，令人震撼。

瓦特纳冰川国家公园

毗邻的瓦特纳冰川国家公园(Vatnajökull National Park)是冰岛东南部的一片自然保护区，以其庞大的冰川景观、壮丽的火山和丰富的自然景观闻名于世。公园中最引人注目的是瓦特纳冰川，它是冰岛最大的冰川之一，覆盖着广阔的区域。

钻石海滩

瓦特纳国家公园成立于2008年,是冰岛最大的国家公园,占地面积超过14,000平方公里,覆盖了冰岛东南部的广阔地区。它得名于其中的瓦特纳冰川,是欧洲最大的冰盖之一,面积超过8,000平方公里,冰层厚度高达数百米。这片冰川给人一种宏伟和神秘的感觉。

斯卡芙塔山冰川徒步

到瓦特纳冰川国家公园后,我们沿着著名的钻石海滩散步。一路上,但见看似钻石的冰块散落在黑沙滩上,晶莹剔透,引来一众游人纷纷拾起冰块重温求婚时的浪漫场景。明天,我们将在这里徒步冰川,近距离感受大自然的力量和神奇之处。

冰川徒步是非常刺激而又充满挑战的活动。几年前在美国阿拉斯加曾参加过这种活动,当时并未尽兴。这次来冰岛,有机会再次徒步冰川,当然不能错过。

在斯卡夫塔山(Skaftafell)保护区徒步冰川这天,无风无雨,温度适中,冰川上面暖洋洋。徒步过程中,仿佛置身于一个奇幻

的世界。

导游小伙儿不但为我们讲解了这条冰川的历史和现状,而且特意为我们演示了如何在冰上钻洞,如何使用绳索等器械,长了不少有关冰川的知识。

这次冰川徒步,对大自然的威力有了更深的认识。冰川是大自然的杰作,也是地球气候系统的重要组成部分。这里冰川融化的速度令人担忧。

徒步探索冰川活动结束后,前往 Fjaorargljufur 峡谷。

这个峡谷被誉为冰岛最迷人的自然奇观之一。Fjaorargljufur 峡谷这个名字在冰岛语中意为"美丽峡谷",真的名符其实。它被郁郁葱葱的峭壁所环绕,峡谷内有一条清澈的溪流,流水淙淙。峡谷全长约2公里,深达100米,它的形成是由于冰川融水在冰河时期切割出了这片令人惊叹的地貌。

美丽峡谷

由于时间关系,我们未下到谷底。站在高处俯瞰整个峡谷,其壮丽景色足以让人震撼。

当晚借宿维科(Vík)小镇。这个冰岛南部的网红小镇是环岛旅行中的热门目的地之一,周边有许多著名景点。由于徒步冰川后比较累,入住旅馆后就早早洗洗睡了。

第二天一大早便来到维科海滩(Vík Beach),即著名的黑沙滩。维科海滩上有一座巨大的岩石柱,名为"海鸥岩"(Reynisdrangar),据传说是两只巨鸟在海上被石化而成,是小镇的标志性景观。

除了海滩,维科周边还有不少令人惊叹的瀑布火山和奇峰怪石。

克维尔努(Kvernufoss)瀑布离维科小镇最近,也是一个游人相对较少的瀑布,位于一个宁静的峡谷中,被郁郁葱葱的绿色植被所环绕。站在这个瀑布下,感受到的是一种神秘的宁静。

维科海滩

克维尔努瀑布的近邻便是大名鼎鼎的斯科加瀑布(Skógafoss),它是冰岛最受游客喜爱的自然景点之一,游人众多。

瀑布从一座陡峭的悬崖上垂直降落,水流的冲击力和喷溅形成了壮观的水雾,当阳光照射下来时,还会出现绚丽的彩虹。

登上瀑布顶部的观景台,风光无限。无论是远观瀑布的壮丽,还是

斯科加瀑布

近距离感受水雾的清凉，斯科加瀑布都是冰岛旅行中不容错过的景点。

另一个倍受游人欢迎的瀑布则是塞里雅兰(Seljalandsfoss)瀑布，其独特之处是游客可以穿过瀑布后方的岩石墙进入一个隐藏的洞穴。这使得游客能够从洞穴的另一侧俯瞰瀑布，尽情欣赏其壮观的景色。因此，又有洞穴瀑布之名。

7月4日是美国独立日，与美国各大城市热闹庆祝的景象不同，我们在冰岛的兰德曼纳劳卡(Landmannalaugar)荒蛮的山谷中体验了一次令人难忘的徒步之旅。

塞里雅兰瀑布

兰德曼纳劳卡是冰岛高地南边的一个非常受欢迎的旅游和徒步胜地，也被认为最接近月球的地方。这里有很多不同寻常的地理特点，比如色彩斑斓的流纹岩山脉和广阔的熔岩区域。周边地区的许多山脉色彩缤纷，令人眼花缭乱。

兰德曼纳劳卡

我们的徒步之旅始于著名的 Laugavegur 步道，这条全长约

55公里的线路被誉为世界上最美的步道之一。沿途嶙峋的火山石，大片的苔原，五彩的山脉，奔腾的冰川河，都值得探寻。

这天冷风强劲，山上尤甚。因此，我们的徒步之旅并不容易，但每一步都很值得。穿越了变幻莫测的地形，攀登了值得回味的山路，可惜体力有限，未能在山中走得更远，好好品味大自然的浓墨重彩。

结束了兰德曼纳劳卡的徒步之旅，我们的冰岛之行接近尾声。

冰岛旅游黄金圈

雷克雅未克附近有个冰岛旅游的黄金圈(Golden Circle)。这里景点集中，地热喷泉区，黄金瀑布(Gullfoss)和辛格维利尔国家公园(Þingvellir National Park)都集中在黄金圈内。如在冰岛不能长时间逗留，在黄金圈转转就能大致了解冰岛的风貌。因而，黄金圈游人众多，明显比其他地区要热闹。

黄金圈内的喷泉区(Geysir)有世界上著名的间歇泉之一，叫做斯特洛克尔(Strokkur)。虽然这个间歇泉在规模和气势上不如美国黄石公园的"老忠实"喷泉，但它喷发的频率则比"老忠实"勤快了许多，每隔几分钟就会喷发一次，您不用站在旁边傻等，喷

出的水柱高达20至30米，也相当震撼。

黄金瀑布也是黄金圈的一大亮点。这个壮观的瀑布是戈尔德(Gullfoss）河流经这里形成的两层垂直落差的瀑布，气势磅礴，水声震天。我们来到这个瀑布时，狂风呼啸，站在瀑布前，风雨交加，禁不住瑟瑟发抖。

黄金瀑布

辛格维利尔国家公园(Þingvellir National Park)不但是黄金圈内最重要的旅游景点之一，也是联合国教科文组织认证的世界文化遗产。

辛格维利尔国家公园是一个具有文化和地质意义的地方。它即是冰岛历史上的议会所在地，也是欧洲大陆板块裂谷（大峡谷）的重要部分。

冰岛历史上的议会是世界上最古老的议会之一，成立于930年。在这里游客

辛格维利尔国家公园

可以参观议会遗址和遗迹,感受冰岛民主制度的起源和发展。

行走在国家公园中,眼前的景色总是让人惊叹。潺潺的流水,静谧的湖泊,地质板块造成的裂谷,裸露的火山岩,嫩绿的苔藓,都让人感到冰岛的奇妙,就连极简风格的小教堂也令人回味无穷。

辛格威利尔国家公园内教堂

冰岛是世界上唯一一处可以允许游客进入火山内部探秘的地方。来都来了,怎么着也得进去看看吧。于是,我们预定了这个能够进入火山内部的一日游活动。

中午从雷克雅未克出发,首先乘前往市郊地区的蓝山国家公园(Bláfjöll),再从那里徒步走3.2公里到火山口。到达火山口后,乘升降电梯进入火山内198米的地心深处。

升降机缓慢下降过程中,火山内部的美景逐渐映入眼帘。这座火山上一次喷发是在四千五百年前,火山喷

冰岛议会遗址

发释放出的强热与压力塑造了其内部岩石的斑斓色彩与独特纹理。火山内各种构造被镀上了黄、蓝、红、紫、橙等绚烂色彩，如入仙境。

在过去4000多年中，这座火山一直处于休眠状态。火山在对游客开放之前，受到冰岛地质科学家的评估和检测，据说还是比较安全的。

进入火山内部

火山底部面积能够容纳雷克雅未克高耸的哈尔格林姆斯大教堂(Hallgrímskirkja)，尽管看起来没有这么大。我们在火山底部自行游览了大约半个小时。火山精巧的细节构造不愧为一件大自然鬼斧神工的杰作，其神奇在此展现无余。

回到地面后，享受了一顿具有冰岛特色的羊汤，活动结束后，仍口有余香。这次进入火山内部的活动无疑是一次最为难忘的旅行体验。

火山内的彩色岩石

重返雷克雅未克后，有种从洪荒时代回到现代文明的感觉。尽管雷克雅未克历史悠久的建筑并不多，但城里的几个网红景点还是让我们走街串巷地忙乎了一天。当然,要品尝冰岛美食和特产如海鹦、鲸鱼和马肉等,在这里也是比较方便的。

太阳航海者雕塑(Sun Voyager Sculpture)是由冰岛艺术家约翰·格劳班森(Jón Gunnar Árnason)创作的,于1990年落成。这座雕塑的设计灵感来自北欧古代的维京船,象征着探索和冒险的精神,是雷克雅未克最著名和标志性的艺术品之一。

太阳航海者雕塑

从太阳航海者雕塑,抬眼便可看到一座外观非常引人注目的现代建筑,那就是由丹麦建筑师奥拉·埃利亚松(Ólafur Elíasson)和冰岛建筑师古那·古兹松(Guðni Gunnarsson)共同设计,于2011年正式对外开放的哈帕音乐厅(Harpa Concert Hall)。这座由钢铁和玻璃构成的建筑由六边形彩色玻璃组成,在阳光下,可产生

哈帕音乐厅

一种多棱镜的效果。

哈帕音乐厅不仅在音乐领域享有盛誉,也是雷克雅未克的地标之一。它的独特设计和先进的音响技术使其成为国际级音乐会和文化活动的首选场地。

环岛游之前与哈尔格林姆教堂(Hallgrímskirkja)只打了个照面,未能进去看看。现在当然不能错过这座全冰岛最大的教堂了。这座在城市的各个角落都能见到的教堂是由冰岛建筑师居尼奥·萨德努松于1937年设计的。据说他特意将建筑设计成冰岛特殊地貌柱状玄武岩的形状,设计风格类似丹麦哥本哈根管风琴教堂。

哈尔格林姆教堂花费38年时间打造,建设工作始于1945年,于1986年完工。

教堂内部装饰简约,但其巨大的管风琴令人瞩目。教堂顶部设有观景台,我们乘坐电梯抵达观景台,雷克雅

哈帕音乐厅内部

落日中的哈尔格林姆教堂

未克全城尽收眼底。

位于雷克雅未克市中心海滨的霍夫迪之屋子（Hofdi House）是一座历史悠久且具有重要政治意义的建筑。晚饭后，我们在海滨散步，想拍些夕阳西下的照片。接近午夜时分，夕阳依然在空中高挂。走着走着，就来到了霍夫迪之屋。

这座看起来并不显眼的小白房子建于1909年，最初是一座私人住宅，与一街之隔的中国驻冰岛大使馆比起来显得有些寒酸。然而，这座类似美国住宅小区中的俱乐部（Club House）的房子，却常被冰岛政府用作外交活动和重要会议的场所，其中最著名的当属1986年美国总统里根和苏联共产党总书记戈尔巴乔夫在这里举办的峰会。这次会议被视为冷战结束的重要里程碑。里根和戈尔巴乔夫在这里进行的历史性会谈，标志着两个超级大国关

哈尔格林姆教堂内部

霍夫迪之屋

系的转折点。

冰岛旅行的最后一天,天气好得出奇,云淡风清,尤其适合出海。在雷克雅未克老港,我们登上观鲸船观鲸。据说,雷克雅未克附近海域可以看到众多不同的鲸鱼和海豚物种,例如小须鲸,座头鲸,白喙海豚和鼠海豚等等。同行朋友们带着长枪短炮,拍了不少好照片,为这次出海观鲸,为我们的冰岛之旅,留下了许多难忘的瞬间。

雷克雅未克观鲸

我坐在船上看风景,雷克雅未克的轮廓逐渐变小,冰岛之行的一幕幕反倒变得越来越清晰,至今挥之不去。

雷克雅未克一角

阿尔卑斯山中的瑞士

瑞士是欧洲中部的一个内陆小国，被德国，法国，意大利，奥地利和列支敦士登包围在中间。全境以高原和山地为主，有"欧洲屋脊"之称。面积41277平方公里，也就是约为我所居住的印第安纳州的一半。在当今世界列国之中，瑞士国土面积虽小但名气却大。这个国家不仅山清水秀，号称"世界公园"，而且经济发达，社会安定，众多跨国公司和国际组织都把总部设在了瑞士。

瑞士历史上曾为神圣罗马帝国的一个行省，直到十三世纪末，乌里州、施维茨州和下瓦尔登州三个州在反对奥地利哈布斯堡王朝的斗争中秘密结成永久同盟，才开始建国。1815年维也纳会议确认瑞士为永久中立国。此后，瑞士本土从未卷入过任何形式的战争，于两次世界大战期间也未受战火波及。

因此，很多人把瑞士当作生命中的避风港和歇脚站。尼采有阵子喜欢跑到瑞士乡下，在这个"地球上最迷人的角落"里思考高深的哲学问题。一次大战期间，列宁同志为躲避追捕，也隐居到了瑞士，直到俄罗斯帝国被推翻，才在德国人的帮助下重返俄国领导布尔什维克发动革命。上世纪五十年代初，戏剧大师卓别林带着老婆孩子在瑞士转了一圈后，立马做出决定，搬到瑞士来养老。瑞士就是这么一个神秘的国度！

金融中心苏黎世

苏黎世(Zurich)既是世界著名的金融中心，也是瑞士重要的交通枢纽。这里不但集中了全球120多家银行的总部，也有链接世界各大城市的航班。我们这次瑞士旅行的第一站就是苏黎世。

由于改变航班，中途在伦敦多停了一站，原本应在早晨到达苏黎世便推迟到了傍晚。多年前路过苏黎世曾在城里逛了逛，印象中的苏黎世依山傍水，古朴而奢华。这次来苏黎世，特想感受一下这个瑞士最大城市特有的城市风情。

出租车刚到旅馆门口，便看到先来的朋友们出来迎接，倍感温馨。

我们的旅馆坐落在尼德道尔夫(Niederdorfstrasse)街上。这是一条由鹅卵石铺成的步行街，许多老字号隐藏在纵横交错的狭小街道中，赋予了这条街厚重的历史底蕴。这里酒吧餐馆鳞次栉比，游人闲人摩肩接踵，咖啡厅餐馆都在外面摆放着桌椅，且都坐满了人，使街道略显拥挤，但人气爆棚。

饭后在街上散步，欣赏苏黎世老城风光，不一会儿，便来到了苏黎世的中央火车站。欧洲的许多城市都有个规模宏伟的火车站，继续显示工业革命时代的辉煌。

热闹的尼德道尔夫街

苏黎世中央火车站是个庞然大物。由于明天要专门来这里，我们便绕过火车站，信步来到班霍夫大街(Bahnhofstrasse)。早就听说过这条号称"瑞士华尔街"的大街,这里不但银行密集,还有世界上最大的"金市"。

果然,街上醒目的银行招牌比比皆是。走在街上,看着这些光鲜亮丽的门脸,不得不佩服瑞士发达的金融业。这些银行都有为客户保密的极高信誉,所以才能誉满全球,成为有钱人的安全避风港。最近有消息说,瑞士要公布某些客户的存款信息,也不知这些银行是否执行,但从中国外交部发言人华春莹的抗议来看,也不是空穴来风。在这个世界上,啥事都在变,只有变化本身是不变的。

说实在的,我对瑞士的银行没什么兴趣,主要原因还是咱没钱往瑞士银行里存。除了银行,班霍夫大街上的名牌商店多少还能认识一些,一圈走下来才发现,这里的名牌店数不胜数,密集程度绝不亚于巴黎的香榭丽舍大街、纽约的第五大道和芝加哥的一英里黄金购物街。这些商店的橱窗布置得就像博物馆,商品少而精,让人有看一眼就想进去的冲动。

瑞士是个钟表王国,这在班霍夫大街上表现得再明显不过。街上的许多橱窗都有手表展示,很多耳熟能详的名表,如劳力士、欧米茄、伯爵等名表,都是大大方方地躺在橱窗里供人欣赏。

不用说,这里是购物天堂。疫情前,这条街上喜欢买买买的中国游客绝不会少,现在还能看到有些商店的中文标牌。我们在街上闲逛之时,竟未遇上一个来自中国大陆的游客。看来疫情不但阻挡了中国游客周游世界的脚步,也对这些名牌店造成了相当大的负面影响。

不一会儿,我们就来到了百年老店 Sprüngli 苏黎世分店门前。这个店的手工制作高品质巧克力遐迩闻名，白天开门营业的时候总是排队。同行的朋友下午已来这里给我们买好了巧克力，虽然现已停止营业，但仍能感觉到白天这家店的火爆。

重游苏黎世，我更感兴趣的还是老城里的那些老建筑。

夜幕下的利马特河

夜幕下的利马特河(Limmat)流光溢彩，繁华的城市倒映在河面上，引人无限遐想。酒吧里传出的音乐在水面漂荡，胜似清风送爽，令人心旷神怡。从苏黎世湖畔的布尔克利广场(Bürkliplatz)到我们下榻旅馆的路上，苏黎世大教堂、圣母大教堂、圣彼得大教堂，苏黎世市政厅等标志性建筑在河边争妍斗艳，不遑多让。原来苏黎世的夜景竟是这样迷人！

由于旅途劳顿，回到旅馆后，来不及感受一下尼德道尔夫街上的热闹气氛，便匆匆进入梦乡。

翌日清晨，爬上林登霍夫公园，苏黎世又是另一番亮丽清新的景色。公园里一对年轻的恋人依偎在临河的长椅上，他们尽情享受着公园里的安静，融入苏黎世的美景，一幅绝妙的风景画，定格在我的记忆中。

阿尔卑斯山中的瑞士

在欧洲国家旅行，我最感兴趣的建筑就是教堂、大学和坟墓。

苏黎世大教堂(Grossmünster)是一座历史悠久的教堂，也是苏黎世的地标之一。这座教堂始建于1100年前后，其建筑风格以罗曼式的双塔闻名。在当年的宗教改革运动中，苏黎世大教堂扮演了瑞士德语区宗教改革运动的始发地和大本营的重要角色。1518年瑞士宗教改革运动的领导者乌利希·慈运理(Ulrich Zwingli)，成为苏黎世大教堂的神父，并在此开始宣扬宗教改革学说。在他的推动下，最终导致当地政权批准教会与罗马教宗断绝关系。著名的苏黎世大学的历史便可追溯到1525年他在此设立的神学院。

我们来到教堂的时候，还没开门，只好在门前的广场等候。望着教堂高耸云霄的双塔，便下定决心登上去看看。进入教堂后，径直奔上塔楼。

站在塔楼上，老城风光尽收眼底。苏黎世湖，波光潋滟，白帆点点；远方群山，郁郁葱葱，雄伟壮观。

从塔楼上下来，在教堂大厅里快速转了一圈。比

苏黎世湖风光

起欧洲其他著名教堂来，这里的内部陈设显得颇为简朴，这倒符合新教倡导和坚持的宗教文化传统。据介绍，教堂内的彩画玻璃和凯撒大帝的画像是瑞士现代艺术大师贾科梅蒂的杰作。

苏黎世大教堂内还设有宗教改革博物馆，但由于我们要赶开往列支敦士登的车，没时间参观博物馆，小有遗憾。转念一想，过几天还要去日内瓦大学，一个更为重要的宗教改革运动的历史遗迹，又感到一丝宽慰。

列支敦士登一日游

世界上有几个在欧洲的袖珍国家，如梵蒂冈、列支敦士登、摩纳哥、圣马力诺。甭看这些国家小，但都各有特色。列支敦士登离苏黎世不远。既然都到了苏黎世，不如顺便过去看看这个袖珍小国，满足一下好奇心。

列支敦士登(Liechtenstein)是个实行君主立宪制的山区小国，虽然土地狭小，人口稀少，但人均国民生产总值高达60,000欧元，以阿尔卑斯山的美丽风光、避税天堂和高生活水准而著称。

搭乘旅游大巴车进入列支敦士登之前，先来到拉珀斯维尔(Rapperswil)，即玫瑰之城。这里有个中

拉帕斯威尔城堡

世纪城堡，保存完好。我们进入城堡时，看到一对年轻人正准备在这里举办婚礼，场面还挺隆重。婚宴的工作人员正忙着做准备工作，几十张铺着雪白桌布的餐桌与古老的城墙形成强烈对比。这种在古堡里举办的婚礼比在星级饭店举办的婚礼显得更有特色，更有情调。看到在葡萄园里更换服装的新娘新郎，衷心祝福他们百年好合，幸福快乐。

在湖边享用午夕后，继续前行去参观海蒂之乡迈恩费尔德(Maienfeld)，瑞士儿童作家约翰娜·施皮里小说《海蒂》的主人公——阿尔卑斯山少女海蒂和爷爷生活的地方。

《海蒂》是西方儿童文学史上一部公认的经典，已被翻译成数十种语言。因此，海蒂之乡也成了受人追捧的网红之地。作者在书中以丰富多彩的笔触描绘了阿尔卑斯山多姿多彩的自然风光，讲述了当地朴实敦厚的风土人情，塑造了海蒂这样一个心地善良，热爱生活，浑身散发着正能量的少女形象。

海蒂之乡

《海蒂》不但吸引了全世界大批读者，海蒂之家也成了阿尔卑斯山的一颗明珠。到达迈恩费尔德时，见到许多慕名而来的游人。山间的小路上，两旁是一片片整齐的葡萄园。飘忽的白云，湛蓝的天，绵延的山峦，美丽的牧场，一一映入眼帘。置身其中，宛若进入了书中的童话世界。

离开海蒂之乡没多久,就进了列支敦士登的地界。两个国家,风景一样。除了小桥两头挂着各自的国旗外,没有任何标志提醒我们已经进入列支敦士登。这个国家的首都叫作瓦杜兹(Vaduz),就像瑞士的乡间小镇,只是街上的行人很少,好像一座假期的大学城。

同车的游人纷纷在一个旅游纪念品商店排队给自己护照上盖了个章,算是来到这个国家的证明。既然来到了这个国家,怎么着也得到街上转转不是?列支敦士登邮票著称于世,但邮票博物馆不开门,只好在街上闲逛。

列支敦士登的街道堪称干净整洁,窗明几净。可能是由于周末的原因,街上的商店开门营业的不多,连咖啡馆都少见。给人的感觉是,这里的下午静悄悄。我们像鬼子进村一样,在静谧的街上逡巡,遇到最多的就是雕像。大街小巷中,到处都是雕塑,且水平颇高。因此,逛街就在不知不觉之中演变成了参观露天美术馆。

列支敦士登街上的雕塑

阿尔卑斯山中的瑞士

走马观花伯尔尼

在瑞士旅行，乘火车非常方便。这里的铁路线密密麻麻，铁路交通不但高效亲民，而且准时准点。我们在瑞士旅行期间，使用最多的交通工具就是火车。瑞士的自然风光秀丽，坐火车观光观景别是一种享受。

联邦议会大厦

静悄悄的伯尔尼

从苏黎世前往伯尔尼，坐火车只用了一个时辰的功夫。还没过完坐车看景的瘾，就到了目的地。

伯尔尼是瑞士联邦政府所在地，并非宪法意义上的首都，然而，很多人依然把伯尔尼当作瑞士的首都。

伯尔尼（Bern）的字意是"熊出没的地方"，熊是这个城市的象征。伯尔尼城始建于十二世纪末，至十八世纪建成今天的规模，至今已有800多年的历史。自从1848年瑞士联邦政府设立在此以来，伯尔尼一直是瑞士的政治和文化中心。

伯尔尼不但有"熊"城之名，且有泉城之誉。城中有许多喷泉，老城中心地区有十二处喷泉，且都以彩色雕塑为标识，各不相同。这些彩色雕塑大体都是与当地宗教历史有关的人物，向人们诉说过往的故事。每个喷泉都有基座和方便饮用的水管，且鲜花环绕。这些喷泉不仅实用，而且是这个城市独一无二的艺术品。为此，我们决定在老城按图索骥，寻找这些喷泉，最后到熊苑参观。

在火车站存好行李后，便来到街上闲逛。上午的伯尔尼好像还没从昨晚的喧闹中睡醒，街上静悄悄的。从火车站沿着两边都是骑楼的街道慢慢溜达，一会儿就看到了一座钟塔，正是多次在照片上看到的那座著名钟塔。

钟塔称得上是伯尔尼的城市标志。始建于十三世纪的这座巨型钟塔，原是伯尔尼城的门户，如今这座具有历史意义的钟塔成了伯尔尼最有名的一个景点。塔上的钟依然在勤奋地工作着，送走历史，迎接未来。我们来到钟塔时，离整点敲钟只差十来分钟，于是，便与人们一起等待整点报时。看着报时的小机器人准确的动作，不

钟塔

由得不对500年前瑞士人制造钟表的技术产生敬意。

物理学家爱因斯坦在伯尔尼联邦专利局工作期间,就住在离钟塔不远的一座楼中。爱因斯坦1900年毕业于苏黎世联邦理工学院,1902年受聘伯尔尼专利局。这位物理学天才在工作之余,钻研学问,提出光子假设,成功解释了光电效应,因此获得1921年的诺贝尔物理学奖。同时,他还提出了狭义相对论和广义相对论,在科学界一鸣惊人。

爱因斯坦故居

伯尔尼将爱因斯坦引为骄傲,至今还保留着他的住所,并作为博物馆对外开放。我虽然对"相对论"是个门外汉,但对爱因斯坦还是充满敬意的。当年他在这里生活的居所,对我就有着格外的吸引力。

爱因斯坦的居所面积不大,只有客厅还保留着原来的面貌,陈旧的家具简单朴素,符合当年他们住在这里时候的经济状况。另外一室辟为展厅,介绍爱因斯坦的生平。作为一个曾经的房客,他的有些东西还能被保留下来,实属不易。

参观完爱因斯坦故居,我们继续在街上寻找喷泉。才走了几条街,就听到震撼的音乐声从远处传来。循声往访,原来是联邦议会大厦广场,一场露天音乐会正在那里举行。及到跟前一看,一位上了年纪的歌手在几位花甲老人的伴奏下,引吭高歌,吸引着广场上人们的目光。观众越聚越多,我却听不出什么名堂,便悄然来到联邦议会大厦前,独自欣赏门前的雕像。

然而,离联邦议会大厦不远处的伯尔尼阶梯大教堂(Muenster)对我们的吸引力好像更大。于是,移步大教堂。

伯尔尼阶梯大教堂始建于1421年,用了近一个世纪才告竣工。十九世纪末,又在教堂顶上修建了高度为100米的尖塔,使之成为瑞士最高的教堂。与苏黎世大教堂相比,这座教堂显得更高。因此,进入教堂后,率先沿着教堂内的螺旋式楼梯冲向瞭望台。344级台阶,对上了年纪的人来说,绝对是个不小的挑战。然而,登上观景台,绝对会有不虚此行之叹。

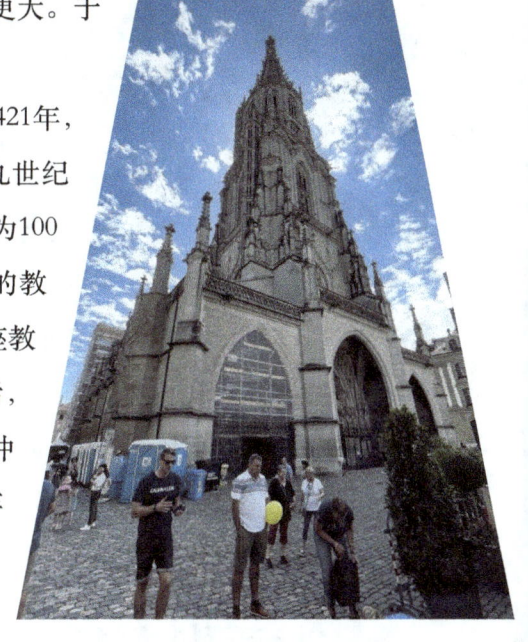

伯尔尼阶梯大教堂

这座哥特式教堂不仅高,其正门上面的《最后的审判》浮雕以及瑞士境内最大的管风琴,都使这座教堂在瑞士具有独一无二的地位。就冲这,又在浮雕和管风琴面前逡巡多时。

漫步伯尔尼老城,随时能邂逅古迹。寻找喷泉的过程,像翻阅一本历史书,时不时让你惊喜。老城里的喷泉,相距并不太远。因为不熟悉的缘故,我们多走了不少路,却乐此不疲。走在中世纪的石板路上，喝几口甘甜凛冽的泉水，不知不觉就到了熊苑。

伯尔尼老城像一本历史书

走进熊苑，宛如到了北京动物园的熊虎山，整个一现代化的小公园。然而，这里却是这座城市的发祥地。伯尔尼城始建于十二世纪，至十八世纪建成我们看见的规模，迄今已有800年的历史。据传，当年伯尔尼的创建者拜而修特五世一日突发奇想，决定去城外打猎，并用猎获的第一头野兽为城市命名，而他在邻近的森林里最先猎到的是一头熊，"熊城"由此得名。

仅仅在伯尔尼匆匆走了一遭，对联合国教科文组织将伯尔尼老城列入世界文化遗产便深以为然。

火车开到少女峰

少女峰是瑞士的一张名片。我们在这次旅行中，有四天时间在少女峰(Jungfrau)附近观光游览。因此，便把住宿的旅馆定在了小镇文根(Wengen)。

游完伯尔尼，乘火车前往文根。一路上换了几次火车，基本上都准时准点。最后从小镇劳特布龙嫩(Lauterbrunne)去文根，火车一路爬山，让人不得不佩服瑞士铁路工程师的大胆，竟把铁路修到如此高的山上。入住旅馆后,惊讶地发现号称"欧洲之巅"的神女峰近在眼前。

进山后的第二天,我们便乘火车前往少女峰附近的雪朗峰(Schilthorn)。

雪朗峰之所以遐迩闻名,应归功于詹姆斯·邦德。007系列影片之一《女王密令》惊心动魄的打斗戏就是在雪朗峰拍摄完成的。随着影片的上映,雪朗峰由此声名远播。我们来雪朗峰,当然也有追星的意思,想亲眼看看007的拍摄场地。

雪朗峰顶的景色

虽然天气预报有雨,早晨出发时却阳光明媚。山里的天像小孩的脸,说变就变。于是,我们一致决定趁天好先去看雪朗峰,回来时再看其他景点。

换乘两次火车和三次缆车,终于到达雪朗峰顶上的 Piz Gloria。这是一座集餐馆、商店、电影院、观景台于一体的景观建筑,位置极佳,因此,被拍摄007电影的导演选中。这里神奇险峻的风景为这部电影增加了上座率,而电影的广为流行也使雪朗峰名声大噪。这里到处都有供人合影的詹姆斯·邦德真人比例背景板以及007电影的画面,甚至连厕所里的马桶按键都配上了电影里的音乐和枪声。在这里,007的身影无处不在。

阿尔卑斯山中的瑞士

在海拔2970米的山顶上欣赏周围艾格峰、僧侣峰和少女峰，真是妙不可言。云雾之中，群峰若隐若现，景象瞬息万变。看完介绍007的电影，我们走进楼上的旋转餐厅，享受窗外美景，看云起云落，云卷云舒。

由于天气的原因，位于浓雾紧锁的博格峰(Birg)中间站的天际线步道只开放了一小段。既然来了，怎么着也得试试不是？上去转了一圈，脚踩万丈深渊变成了腾云驾雾，感觉大不一样。有鉴于此，我们便乘缆车下到米伦(Mürren)小镇，沿着一条步道，进入阿尔卑斯山的密林之中徒步探险。穿林海，过草原，牛铃声声，松涛阵阵，煞是好玩。忽见一农舍，原来空无一人。窗上挂着牌：自己动手，丰衣足食。这到底是农家乐，还是学雷锋呢？不得而知。但无论如何，当地农民的朴实还是令人敬佩的。

小镇风光

米伦小镇被阿尔卑斯山脉环抱，云雾缭绕。我们徒步归来的时候，小镇已披上绚丽的晚霞。镇上有一家中餐馆，在开门不多的商业街上格外显眼。刚刚走进餐馆，便下起雨来。山里的天气，真是瞬息万变！此时此刻，能在这里享用一顿中歺，感到幸福满满。

雨霁天晴。夕阳泼洒在少女峰上,金光闪烁,真美!

下榻文根的第三天,我们继续在少女峰附近游山玩水。

上午乘火车从文根到达小镇维尔德斯维尔(Wilderswil),在那里转乘有上百年历史的齿轨登山火车前往施尼格(Schynige)。火车充满怀旧风情,木质长椅及古董级的火车头散发着十九世纪的气息,令人感到一种时代的穿越。

站在海拔近二千米的施尼格,艾格峰、僧侣峰、少女峰三大名山一览无遗。这里也是徒步旅行的天堂。这一天,我们的主要活动就是在这一地区徒步观山看景。

上山伊始,三位当地的老人正在用拖地长号演奏乐曲,好像在为徒步者壮行。我们选择了三号步道,登上一个峰峦,站在上面可以俯瞰有"上帝的眼睛"之称的图恩湖与布里恩茨湖及夹在中间的因特拉肯镇(Interlaken)。

当地老人演奏拖地长号

夕阳下的少女峰

在这里驻足观赏如画的风景,让我们流连忘返。

回望走过的步道,蜿蜒在陡峭的山脊,宛若羊肠,望之令人生畏。然而,在步道上,我们却遇到一位年已80的老人,精神矍铄,登山如履平地,令人佩服之至。

徒步旅行结束后,返回小镇劳特布鲁嫩(Lauterbrunnen),这里有七十多个瀑布,其中的特鲁梅尔巴赫瀑布(Trümmelbachfälle)是隐藏在山洞里的十个冰川瀑布,是欧洲唯一可以走近观赏的冰川瀑布。

在山洞中近距离观看瀑布是一种少有的体验。我们从最高级的瀑布一路走下来,每一处都让人惊心动魄。虽不见飞流

山脊上的步道

从天而降,但瀑声实惊天动地,急流似万马奔腾,一泻千里,势如山崩,地动山摇。

这几天,一直在少女峰周围转,随处可见少女峰,但与少女峰总是保持着一段距离。告别文根的前一天,我们终于乘火车登上少女峰的观景台,近距离观赏少女峰。

少女峰齿轨铁路(Jungfraubahn)已有上百年历史,当时在如此高的山上修建铁路,其困难程度可想而知。这段铁路有的路段在冰河底下隧道岩壁里通过,工程十分艰巨。接近少女峰时,火车在隧道里两次停车,让乘客下车拍照,冰海景观,令人惊叹。

火车的终点站就是少女峰站(Jungfraujoch)，为欧洲最高的火车站，海拔3454米。下车处有一块"Top of Europe"（欧洲之巅）的立牌，吸引许多游人在此拍照。

从车站大厅直接坐电梯进入海拔3571米的斯芬克斯观景台大厅。这座建在山顶上的建筑原来是用于天文研究的，直到1996年才正式对外开放，成为世界闻名的旅游景点。其热闹程度，和美国的迪斯尼世界有一拼。

在这里，不但可以近距离观赏少女峰的冰容雪貌，而且还能在地下冰宫里观赏水晶般的

少女峰打卡处

格林德瓦

冰雕作品。走出地下冰宫，宏伟壮观的阿雷奇冰川(Great Aletsch)近在眼前。人们也可走出建筑物，在冰雪上散步，体验阿尔卑斯山给人们带来的心灵震撼。

少女峰对面的小镇格林德瓦(Grindelwald)，是瑞士最受欢迎

的滑雪圣地之一。

　　滑雪胜地的夏天，风景依然美好。从少女峰回来，我们直奔格林德瓦山顶上的悬崖步道。坐在缆车上，您能真切地体会到为什么人们常把瑞士比作"上帝的后花园"。在蓝天白云的映衬下，脚下的山峰童话般的绿，绿得让人心醉。星星点点的农舍，三五成群的奶牛，盘山小道上的游人，以及飘在天空的滑翔伞，田园诗般的画面与少女峰斯芬克斯观景台的热闹场景大相径庭。踏上令人胆战心惊的悬崖步道，既弥补了前天在雪朗峰因天气原因未能走成悬崖步道的遗憾，也使我有机会再次体验到融入大自然的那种天人合一的感觉。

　　告别坐落在半山腰上的文根后，我们乘火车下山，来到著名旅游小镇因特拉肯(Interlaken)。这个位于图恩湖(Lake Thun)和布里恩茨湖(Lake Brienz)之间的小镇，又名湖间镇。这里是前往少女峰的交通要冲，因此，近年来逐渐发展成为世界闻名的旅游城镇。街上夕馆旅馆林立，各国游客众多，与文根相比，热闹非凡。

　　来因特拉肯的主要目标是乘船游湖。位于两湖之间的这个小镇，有一条运河穿城而过，将布里恩茨湖和图恩湖联在一起，但神奇的是，两个湖的颜色，

湖边小镇施皮茨

依然泾渭分明，一个绿色，一个蓝色。

坐在游船上，蓝天白云，绿水青山，古堡教堂，农舍田园，像浓淡相宜的水墨，绘出一幅人间世外桃源的画卷。人在画中游，杯中有美酒，夫复何求！

沉浸在游湖的享受中，不知不觉船已停靠在施皮茨(Spiez)小镇。因为返回因特拉肯要乘火车，我们便从轮渡码头懒懒散散地走到了火车站。确定了车站的位置后，前往湖边的施皮茨古堡，顺便逛逛这个被驴友们成为瑞士最美小镇之一的街景。

从火车站到古堡的距离没多远，一路走走停停，不一会儿，就来到了湖边，古堡近在眼前。

拾级而上，来到古堡的庭院才发现已经过了开门时间。据介绍，这座中世纪的古堡始建于1200年，曾是伯尔尼执政官的夏宫。同阿曼的贾布林城堡相似，这座城堡主要用于居住，军事上的护城御敌之功效便付阙如。虽然未能入内参观，逡巡在古堡庭院，遥望湖光山色，仍然引人浮想联翩。

国际城市日内瓦

日内瓦是个容易让人熟悉的城市，这个名字经常出现在国际新闻之中。日内瓦集中了200多家国际组织，包括世界卫生组织、世界贸易组织、国际红十字协会、联合国欧洲总部、联合国人权理事会及联合国的多家机构。日内瓦也是世界上最热闹的外交活动中心。早年间，中国人民最津津乐道的关于印度支那问题的"日内瓦会议"就在这里的万国宫举行，还闹出一段美国国务卿杜勒斯拒绝与中国总理周恩来握手的传闻。只不过，我们来日内瓦这天，万国宫不对外开放，未能进去参观，是为遗憾。

万国宫门前的广场，一把巨型断腿木椅格外引人注目。那是瑞士艺术家丹尼尔·伯塞特的雕塑作品，是为1997年国际残联呼吁人们关注战争中地雷对平民造成的伤害而建立的纪念雕塑。在这个国际城市的中心地带，"和平"这一主题无疑是全世界各国人民的共同愿望。

万国宫门前巨型断腿木椅雕塑

日内瓦老城，独具魅力，不但聚集着许多古老建筑，还深藏着不少历史故事，在幽静的古街小巷里回荡。

进入老城后，我们最先拜访了繁花似锦的日内瓦大学校园。欧美的大学多与教会有着千丝万缕的联系，这所大学也不例外，其规模仅次于苏黎世大学，前身是1559年加尔文建立的日内瓦学院。这所神学院曾在宗教改革期间获得广泛声誉。进入现代，学院逐渐增加其他学科，到1873年建立医学系后，正式更名为日内瓦大学。

穿过日内瓦大学校园，便是宗教改革纪念墙。该纪念墙高7米，长100多米，是1909年为纪念宗教改革运动的先驱人物加尔文诞辰四百周年而修建的。纪念墙揭示了宗教改革运动在西方现代化进程中产生的深远影响及日内瓦在这次运动中的重要地位。

在宗教改革期间，日内瓦曾是加尔文教派活动的中心。在挑战罗马教会的斗争中，马丁·路德在维登堡城堡大教堂的大门上张贴出了《九十五条论纲》，率先向教会发起进攻，接着，苏黎世的茨温利也将战火引进瑞士，而影响最大的则是日内瓦的加尔文。正是由于他的个人威望，大批欧洲新教难民聚集

宗教改革纪念墙

到日内瓦，使这里成为归正宗的国际中心，号称"新教的罗马"。加尔文对新教发展在理论和实践上所做出的重大贡献，无论如何都是不能低估的。

宗教改革纪念墙规模宏大，记载的内容也十分丰富，再现了十六世纪欧洲宗教改革运动的场面。墙中间是四个高大的人物雕像，从左到右分别是法海尔(Farel)、加尔文(Calvin)、拜兹(Beza)和诺克斯(Knox)。他们都是宗教改革时期加尔文教派的主要人物。纪念碑上刻着"Post Tenebras Lux"（黑暗过后是光明），反映了中世纪那段历史的真实状况。

宗教改革纪念墙后的小山丘上，就是日内瓦的老城区，也是中世纪筑有城墙的古城遗址。走在浓荫覆盖的石子路上，穿过宁

静狭窄的街巷，仿佛回到了中世纪。

小山丘的制高点上，矗立着建于1160年到1232年间的圣皮埃尔大教堂(Cathédrale St-Pierre)，是老城的标志性建筑，也是宗教改革运动的历史见证。这座大教堂集多种建筑风格为一体：古希腊罗马风格的门脸，哥特式的拱门，罗马万神殿式的穹顶，……没有违和感，但历史感极强。

圣皮埃尔大教堂

想当初，教廷在欧洲各地贩卖赎罪券，除了中饱私囊，大量钱财都用在了建造教堂上。而宗教改革运动的导火线，就是马丁.路德对贩卖赎罪券的猛烈攻击。

欧洲经过文艺复兴、宗教改革和启蒙运动的洗礼，逐渐告别了中世纪的黑暗，最终迎来了现代文明的曙光。在这历史转折时期，日内瓦从未缺席。距圣皮埃尔大教堂咫尺之遥，便是开辟了一个新时代的思想家卢梭的故居，一栋不起眼的五层楼房里的一个单元。

不知什么原因卢梭故居没有开门。坐在门前的椅子上，我忽然想起他那句富有哲理的话，"人生而自由，却无往不在枷锁之中。自以为是其他一切的主人的人，反而比其他一切更是奴隶。"未能像参观爱因斯坦故居一样进去参观卢梭故居，不能不说是个小小的遗憾，但想起卢梭这段话，也就释然了。

从圣皮埃尔大教堂的高坡上下来，没走多远，便是日内瓦湖畔。

日内瓦湖（法方称莱芒湖）是阿尔卑斯湖群中最大的一个，也是世界第一大高山堰塞湖，由法国和瑞士共同拥有。与布里恩茨湖和图恩湖比起来，日内瓦湖显得更加恢弘辽阔，烟波浩渺。

来到湖边，首先映入眼帘的是著名的大喷泉(Jet d'Eau)。这座喷泉是世界上最大的人工喷泉之一，于1891年建成，当时所喷射的高度为90米。1958年改建后，其喷射高度达到140米，从城里的许多地方都能看到。因而，它成了日内瓦的地标。如果您一时迷了路，看到这个喷泉就知道自己该往哪个方向走了。

日内瓦湖畔的商业街上有许多

卢梭故居

日内瓦湖大喷泉

名牌店,橱窗都布置得光鲜亮丽,引人注目。我们对逛商店兴趣不大,便沿湖来到英国花园。园内大树参天,花木修剪得透着精心,艺术雕塑随处可见,徜徉其中,心旷神怡。花园里最为有名的当然要数路边的大花钟。

　　这座大花钟不但是英国花园的名胜,也是日内瓦的重要地标。瑞士不但被称作"钟表王国",而且有着"上帝的后花园"的美誉。这座大花钟就完美地将这两个特色结合在了一起。花钟的机械结构设置在地下,地面上由五颜六色的鲜花组成钟面的图案,园丁会根据季节更换鲜花,使钟面的图案时常翻新。

　　大花钟旁边有座摩天轮,多少有点儿像泰晤士河边的"伦敦眼"。路过时,见游人不多,便老夫聊发少年狂,坐上摩天轮转了几圈,大开眼界。

　　随着摩天轮的升高,湛蓝的湖水,洁白的天鹅,成群结队的水鸟,熙熙攘攘的游人,在脚下时隐时现。日内瓦这个国际化都市,生活的气息清爽宜人。

大花钟

　　夕阳西下时,我们告别了这座国际化都市,乘火车前往日内瓦湖北岸的小城蒙特勒。

　　爵士之都蒙特勒(Montreux),名副其实。入住小镇的当晚,街上人山人海,热闹异常。及至入夜,音乐之声,仍不绝于耳,欢声笑语,弥漫在烟波浩淼的日内瓦湖畔。原来,蒙特勒正在举办音乐节。

蒙特勒爵士音乐节是世界第二大爵士音乐节。自1967年创办以来，每年七月都在这里举办，是个长达16天的盛典。每年一进入七月，世界各地的音乐迷都会蜂拥至此，也有大量游客为参加音乐节来到蒙特勒。今年的音乐节，恰好让我们赶上了，亲自体验了一把这个湖滨小镇充满浪漫爵士风情的节日气氛。

翌日清晨，沿着湖边公园开满鲜花的步道散步，从容欣赏湖景。一路上，鲜花盛开，争妍斗艳，艺术雕塑，棋布星罗。走着走着，竟直接走到了西庸城堡（Chillon Castle）。

西庸城堡是一座中世纪的水上城堡。无论是它的建筑效果，还是它所承载的历史，都堪称瑞士最负盛名的古迹之一。古堡因当年拜伦的名

西庸城堡

西庸城堡内的展品

篇《西庸的囚徒》(The Prisoner of Chillon)让蒙特勒名扬天下。

在十九世纪浪漫主义盛行的时代，西庸城堡在卢梭、雨果、雪莱、拜伦等人的作品中频繁出现，因而，广为人知。当然，为古堡的知名度做出了重大贡献的无疑是拜伦，他让西庸城堡成为蒙特勒的名片，每年都有超过30万游客慕名前来参观。

这座位于日内瓦湖东端倒映在湖面上富有浪漫色彩的城堡看起来并不大，但在历史上却曾是控制南北通道上的军事要塞。十三至十四世纪时，这里曾是意大利王族萨伏依家族的领地。第二代萨伏依伯爵聘请著名建筑师梅尼耶进行设计，准备将这个城堡进行彻底改建，作为家族避暑的行宫。后来，古堡几经转手，挪作他用。古堡内各种房间里展示着中世纪贵族使用过的生活用品和武器，能帮助人们了解当时社会生活的一些侧面。在参观古堡过程中，我看到一群当地的中学生由老师带着，在古堡中追寻着国家曾经的历史足迹，在古堡中品味历史。

从西庸城堡出来后，沿着湖继续往前走，就是一个游轮码头。我们从这里上船，前往沃韦(Vevey)，参观雀巢食品博物馆，那里是雀巢公司总部。

这次在瑞士旅行，印象最深的就是瑞士的公共交通，那叫一个方便。买张通票，火车汽车轮船随便坐，而且都非常准时。

沃韦和洛桑

沃韦位于蒙特勒和洛桑之间，也是一个热门旅游景点。码头附近的山坡上，到处都是整齐的葡萄园，从中世纪开始，这个小镇就作为当地的葡萄酒中心而繁荣起来。这里的环境之美，当然没得说。要不然卓别林也不会看上这个地方。卓别林在此生活了25年，如今他的故居也是这里的名胜。

小镇的街上有很多名人塑像，然最吸引人的则是卓别林的塑像，真人一样大小，一看就是他。细腰、肥裤子、小圆帽，配上一根打了弯儿的文明棍，滑稽之相，非他莫属。

雀巢公司将总部设在沃韦也为这个小镇提高了知名度，但现在雀巢公司总部已经搬家，原来的公司大楼辟为雀巢食品博物馆供游人参观。

博物馆对面的日内瓦湖中，矗立着一把高8米、宽1.3米的不锈钢餐叉，是雀巢公司为纪念食品博物馆成立十周年建造的一件艺术品，如今成了沃韦小镇的新地标。

出于好奇，走进博物馆转了一圈，从雀巢的发展历史到各种食品的生产制作过程以及未来食品的展望，令人耳目一新，学到很多知识。

在雀巢博物馆的咖啡厅里品尝了原汁原味的雀巢咖啡后，乘火车前往洛桑。

洛桑(Lausanne)与日内瓦一样，是国际奥委会等许多著名的国际组织的总部所在地，因此被称为"奥林匹克之都"。洛桑酒店管理学院也是世界一流。我们在中餐馆吃饭时，遇到过几个中国大陆来的留学生，一问他们怎么跑到瑞士来留学，原来都是在洛桑学酒店管理的。

每到一个瑞士城镇，我们的第一目标总是老城。洛桑的老城散落在一个山包上，与日内瓦湖尚有一段距离。爬了一段坡路，到了老城的制高点，正是我们要去的洛桑大教堂(Lausanne

Cathedral)。为了一睹这座教堂的风采,一路爬高,也没感到太多的艰难。

这座哥特式教堂建于1175年,直到1232年才竣工完成。1275年时,教堂便被罗马教皇格雷戈里十世(Pope Gregory X)视为神圣之地。作为瑞士规模最大的教堂,它不仅是洛桑的地标,也被称为"瑞士最美丽的教堂"。教堂正门上是十三世纪时以圣经中的-摩西·约翰等为主题的雕像,刻工极其精美,细节令人惊叹。

教堂内部的穹顶梁柱别具一格,许多石柱上都留有中世纪的彩绘,彩绘玻璃异常绚丽。据说,勃艮地最后一位国王鲁道夫三世(Rudolf III)即在此加冕。

洛桑大教堂

来一趟洛桑,怎么也得看看奥林匹克博物馆不是?然而,当我们走下山来,坐落在日内瓦湖畔的奥林匹克博物馆已快要关门了。既然如此,只能随遇而安,逛逛奥林匹克博物馆这座现代园林建筑,也就知足了。

奥林匹克总部最早设在巴黎,后来搬到洛桑。这座奥林匹克博物馆看起来相当新。它于1988年破土动工,在1993年6日3日奥运百年庆典时正式落成开馆。博物馆收藏并展览从第一届雅典奥运会至今的上万件珍藏品,展示奥林匹克运动的发展兴衰。博物馆坐拥湖光山色,园林宛如动态山水。漫步其中,各种运动员雕塑比比皆是,许多都出自大师之手。奥林匹克博物馆以其独特的魅力吸引着来自世界各地的游客,观众每年多达20万人左右。

从展览大厅前的圣火坛拾级而下,我注意到一级台阶上刻着"2022 Beijing, D. Yilamujiang, J. Zhao",竟不知何许人也。一查谷歌才知道,原来是今年北京冬奥会的两名主火炬手,中国女子越野滑雪运动员迪妮格尔·衣拉木江和男子越野滑雪运动员赵嘉文。看来博物馆的不少展品都是与时俱进的。

格鲁耶尔和布罗克

瑞士号称"奶酪王国"和"巧克力王国",来瑞士品尝一下这里的奶酪和巧克力应是当仁不让的。有可能的话,通过参观制作奶酪和巧克力的企业,了解一些瑞士奶酪和巧克力的知识,更有助于加深对这个国家的了解。

为此,我们专门安排了一天,前往小镇格鲁耶尔(Gruyeres)和附近的布罗克(Broc Fabrique),以了却这一心愿。

格鲁耶尔的奶酪在瑞士最为著名。到达小镇后,我们率先参观了这里的奶酪工厂。这家奶酪工厂为了便于游客的参观,将奶酪制作过程的解说制成各种语言的语音材料,游客可以一边听解说,了解瑞士奶酪业的历史,一边隔着玻璃窗观看制作奶酪的过程。参观过程结束后,每人还领到一包奶酪,带回品尝。

格鲁耶尔小镇还有座十三世纪的城堡,建在小镇的高坡上。这座城堡比西庸城堡显得年轻,内部结构更为现代,房间面积也大了许多。城堡现作为博物馆对公众开放,其展品涵盖了这个地区八个世纪以来的建筑艺术、历史及文化。紧邻城堡还有两个颇有特色的博物馆,一是为纪念在电影《外星人》中为设计外星人而获得奥斯卡最佳视觉效果奖的瑞士艺术家吉格(HR Giger)并以他的名字命名的博物馆,收藏了这位艺术家的大量作品,是了解研究他的艺术成就的极佳去处。另一个是西藏博物馆(Tibet museum),馆内展出的大量佛像和唐卡,令人感到惊奇。据博物馆接待员介绍,它是欧洲最大的私人收藏。这个山清水秀的小镇能为游人提供这些完全不同的文化体验,着实令人钦佩。

格鲁耶尔城堡

凯雅巧克力工厂

逛完格鲁耶尔小镇,前往附近布罗克(Broc Fabrique)的凯雅(Cailler)巧克力工厂。这家工厂以娱乐的方式向游客展示凯雅巧克力生产的历史和公司各个不同的发展阶段。展览的重点是凯雅的品牌、历史和产品而非巧克力的制作过程，但这样的展览为人们提供了更多的知识。

参观结束时，我们都拿到了不少各种各样的凯雅品牌巧克力来品尝，直到现在还回味无穷。

马特宏一峰独秀

马特宏峰(Matterhorn)是阿尔卑斯山最美丽、最让人心动的山峰，有着"群山之王"的美称，也是瑞士引以为傲的象征。它的身影频频出现在瑞士风光照中，吸引着来自世界各地的游人。我们在美国国庆节这天，乘火车抵达冰川之城采尔马特(Zermatt)，准备在此停留几天，围着马特宏峰好好转转。

素有"冰川之城"的采尔马特，位于阿尔卑斯山的群峰之中，众多海拔四千米以上的山峰拱卫着这个环境幽雅的迷人小镇。采尔马特是前往马特宏峰的必经之路，因此，小镇自然而然地成为全世界游人的落脚点。其实，小镇也是滑雪、登山和徒步者的圣地。

一出火车站便能感觉到小镇的红火程度，主街就像北京大栅栏，游人摩肩接踵。

入住下榻的旅馆后，天气甚好，便迫不及待地坐缆车来到马特宏峰对面的冰川天

采尔马特

堂(Glacier Paradise)。下了缆车，迎接我们的却是浓雾紧锁，寒风刺骨，连马特宏峰的影子都看不见，不得不返回小镇闲逛。

走着走着，就来到了小镇的马特宏峰博物馆。这家博物馆虽小，但内容丰富。博物馆用大量的照片和实物及影像资料向人们介绍当地人探索征服阿尔卑斯山和马特宏峰的历史和发展现状及小镇的风土人情。

与马特宏峰博物馆隔街相望的圣毛里求斯教堂(St. Mauritius Church)的后花园是一片登山者墓地(Mountaineer's Cemetery)，现已扩展到河滩一带，埋葬着在过去一百多年里攀登马特宏峰时不幸遇难的登山者们。河水奔流，空气凝重，读着墓碑上的铭文，暗自为这些勇敢的灵魂祈祷。

在小镇一家叫华园的中餐馆吃过晚饭后，云开日出，再次来到小镇的教堂桥上观看马特宏峰。这里是观看马特宏峰的最佳位置。此时云淡风轻，最后一抹晚霞悄悄散去，马特宏峰仅披着一层薄纱，露出真容。一尊形似金字塔的雄伟山峰霍然矗立在眼前，其型俊朗，其韵盎然。难怪人们如此钟情马特宏峰！

来到采尔玛特的第二天早晨，阳光灿烂。为了弥补昨天在冰川天堂未能看到马特宏峰的遗憾，我们乘齿轨火车前往戈尔内格拉特(Gornergrat)，马特宏峰地区的另一标志性景点。从这里可以看到马特宏峰和罗萨峰等38座海拔在4,000米以上的山峰以及阿尔卑斯山区第二大冰河——戈尔内冰河。

登上观景台，果然气象万千，冰川上方，左边是高达4634米的罗莎峰(Monte Rose)，这是阿尔卑斯第二高峰；右边是海拔4527米的利斯卡姆(Liskamm)。虽然，这些山峰比马特宏峰还要高，但人们依然对马特宏峰情有独钟。

在阿尔卑斯山脉连绵的群峰中,马特宏峰最为独特,锥型山体似金字塔,傲然挺立,孤傲冷峻夺群山之冠。虽天气晴好,然一朵白云挡在马特宏峰之前,久久不肯离去。

马特宏峰

为了拍照,我们决定徒步前往马特宏峰脚下的利菲尔湖(Riffelsee),期待着到时那朵白云自动离开,不但能清晰地看到近在眼前的马特宏峰,而且还能在湖边拍摄到马特宏峰倒映在湖面上的身影。

在阿尔卑斯山中的羊肠小道行走,忽而进入"千山鸟飞绝,万径人踪灭"的旷野,忽而又见"泰山夫如何,齐鲁青未了"的胜境。无论身边的景色如何变换,马特宏峰始终如影随形,只是那朵悬在山腰上的白云,顽强地挡在眼前,不愿离去。最后上天可怜我们,带走了那朵云,使我们得以如愿,从容地欣赏阳光下的马特宏峰。

回到采尔马特小镇,几位小镇的老年公民,正在火车站的广场上演奏拖地长号,好像在庆祝我们的凯旋。

采尔马特既是滑雪胜地,又是徒步天堂。这里有著名的五湖步道,深受来自世界各地游人的追捧。行走在五湖步道上,既可看到马特宏峰不同的侧面，也可眺望观赏阿尔卑斯壮美的冰川和群峰。

五湖徒步，是一种难得的人生体验。来采尔玛特的第三天，我们乘地下隧道火车再转乘缆车登上海拔3103米的若特峰(Rothorn)观景台，从那里开始了我们的五湖徒步旅行。

置身于阿尔卑斯山的崇山峻岭之中，山顶银装素裹，山下满目青葱，一路上，不但总有马特宏峰陪伴，还看到不少玛尼堆。这让我想起多年前在西藏阿里转山的情景。途中，岗仁波齐峰清晰可见，只有登山者才能领略到它鲜为人知的雄壮俊美的身影。

在这段经典的旅程中，我们首先来到Stelli湖。尽管微风吹起一湖涟漪，未能看到马特宏峰在湖面上的倒影，但群山峻岭中的这点旖旎风光依然令人陶醉，以至于很多徒步者都来此拍照留念。

五湖步道以其别具一格的壮丽景色令人心旷神怡。天公作美，风和日丽。尽管有些羊肠小道在半山腰盘旋，脚下是万丈深渊，但喜欢冒险的徒步者依然络绎不绝。在五湖步道攀爬，绝对是个力气活儿，回来的路上，看到一块平地，一帮驴友全都躺平。然而，结束了今天的徒步活动后，我们仍一致认为：五湖徒步，享受阿尔卑斯山美景，不虚此行。

在瑞士长途旅行，乘坐观光火车是个不错的选择，既能准时准点到达目的地，也能在旅途中尽情观赏风景。我们从采尔马特前往滑雪圣地圣莫里茨(St. Moritz)时，便选择了乘坐冰川快车(Glacier Express)。冰川快车号称"世界上最慢的快车"，其主要职能似乎是游山玩水，从采尔马特到圣莫里茨，340公里的路走了六七个小时。列车一路上走走停停,倒是方便乘客欣赏阿尔卑斯山的美景。

滑雪胜地圣莫里茨

离开采尔玛特后,烟雾缭绕的高山峻岭和绿草如茵的牧场农庄时时在窗外掠过。阿尔卑斯山区农村的风光,让人神清气爽。傍晚到达圣莫里茨这个号称最接近天堂的小镇。

圣莫里茨是蜚声国际的冬季运动圣地,1928年和1948年的冬季奥林匹克运动会均在这里举行。冬季是这里的旅游旺季。小镇依山傍水,夏季山清水秀,风景如画,是理想的避暑之地。

在多部好莱坞电影中出现的圣莫里茨斜塔(Schiefer Turm)当然成为我们追星的目标。这座从中世纪以来就一直成为这个小镇地标的斜塔,据说比比萨斜塔还要斜,不知真假,故引起我们更大的好奇。

晚饭后,我们径直奔向斜塔。据说,斜塔原本是1890年倒塌教堂的一部分。斜塔高33米,倾斜5.5度。自十二世纪以来,它一直是这座城市的地标,见证着圣莫里茨的历史变迁。如今斜塔成了圣莫里茨的著名景点。

了却了在圣莫里茨斜塔打

圣莫里茨斜塔

卡的心愿,我们还像往常一样,在老城中闲逛。在斜塔不远地方,有个看起来像个花生的建筑,那就是由英国建筑师诺曼·福斯特(Norman Foster)勋爵设计的"未来之屋"(Chesa Futura)。

落日余晖洒在圣莫里茨湖畔,显得静谧而浪漫。

还没来得及仔细欣赏圣莫里茨的浪漫风情,翌日上午,我们便乘伯尔尼纳观光快车(Bernina express)穿越阿尔卑斯山,前往意大利的北部小镇蒂拉诺(Tirano)。沿途风光无限,窗外景象万千,尤其是从 Thusis 至 Tirano 的一段景观,已被联合国教科文组织列为世界自然遗产。

未来之屋

虽然瑞士和周边国家差别不大,但地方特色明显不同。瑞士乡村小镇给人一种厚重朴实的感觉,而蒂拉诺的色调则更为清淡素雅。当然,除了建筑风格的不同,更突出的不同是,吃饭的价钱比瑞士差了一大截儿。

午饭后,前往意大利科莫湖(Lago di Como)畔的小镇梅纳焦(Menaggio)。科莫湖是意大利著名旅游胜地,风光秀丽,古旧建筑保存完好,承载着很多历史记忆。

据说,1945年4月,意大利法西斯头目墨索里尼准备逃往瑞士,途中在梅纳焦(Menaggio)被游击队活捉,并在此地被处决,后尸体被送回米兰示众。我们在小镇中心广场逛了逛,没发现任何墨索里尼的踪迹，教堂的钟声依旧。于是，由此前往卢加诺(Lugano)。

卢加诺和琉森

卢加诺是瑞士第三大金融中心，但看起来却像一个旅游胜地。这座位于卢加诺湖畔的城市绿树成荫，繁花似锦，景色怡人，市内有很多意大利风格的建筑和城市雕塑。晚饭后，我们在湖边漫步，融入其中的悠闲氛围，乐不思蜀。

卢加诺的布雷山(Monte Bre)是登高望远的好去处。早晨乘缆车时，在车站闹了个笑话。这里的车站既没人卖票，也没人看门，我们便以为人家当天不营业。到街上找到个路人一打听，才知道闹了个笑话。原来，这段登山缆车是全自动的。于是，返回车站，坐进车箱没多久，车门关闭，开始运行。一番操作下来，惊呆了我们这些从玉米地来的老农民。

换乘两次缆车，登上山顶，卢加诺市区，远方的罗萨峰(Monte Rosa)，甚至意大利米兰和都灵地区

卢加诺一角

的风景都一览无余。据说，布雷山是瑞士日照最充足的山峰之一，因此，这里生长着一种濒临灭绝的植物----圣诞蔷薇

阿尔卑斯山中的瑞士

(Christmas Rose)。从山顶上下来的路上,我们都把目光集中在了周围的地上,寻找这种花草,却未成功。

一般情况下,下山比上山省劲多了。沿着山间小道,谈笑之间,便来到山腰上古老的布雷村。村子还保持着700年前的原始风貌,很多房屋经过修缮,给人一种与时俱进焕然一新的感觉。虽然住在半山腰,村里的人活得挺认真,每户人家的门前都种满了鲜花,五彩缤纷,就连墓地都精致整洁,教堂更是庄严肃穆。

布雷村的脚下,有个名为刚德里亚(Gandria)的小镇,座落在卢加诺湖畔。根据路牌上的信息,在山间小道上走一个多钟头,便可抵达小镇。我们之所以要去这个小镇,是因为这个小镇在2004年以前是独立的,直到2004年才加入卢加诺市,或者说加入瑞士联邦。

布雷村墓地

刚德里亚小镇周围的地形很特别,坡陡林密,走了两个多小时才到湖边。镇上的房屋依山而建,台阶陡峭,房若阶梯;高墙筑成的庭院,花草繁茂;拱形游廊,曲径通幽。始建于1645年的圣洛可教堂,至今保存完好。

走进一家临湖的咖啡店,古旧的家具沉淀出历史的芬芳。小镇的介绍材料说,这里地势太陡,人们一辈子都无法躺平。唯一能够躺平的时候是进了坟墓,躺在那里听来往行船,潮起潮落。

刚德里亚

刚德里亚圣洛克教堂

告别令人流连忘返的南部城市卢加诺,乘全景快车(Gotthard Panorama Express)前往中部城市琉森(Lucerne)。一路上的湖光山色,美不胜收。中途在小镇 Fluelen 转乘游轮,下午便到了琉森。

琉森,也有人译作"卢塞恩",素有瑞士最美丽城市的美誉,也是最受瑞士人喜爱的度假胜地。从码头出来,便感觉了这座城市很有些高大上的劲头儿。

游轮码头与火车站毗邻。火车站前的广场拱门引人注目,其顶上的雕塑"时光之神"出自瑞士著名雕塑家 Richard Kissling 之手。我们下榻的旅馆,就在火车站附近,入住后,便迫不及待地上街寻找琉森的名片卡佩尔廊桥 Chapel Bridge(Kapellbrücke)。

其实,卡佩尔廊桥与我们旅馆只隔一条街。这座横跨罗伊斯河的廊桥始建于1333年,是欧洲最古老的木结构廊桥,全长200米,虽然曾经遭遇火灾,但修复后的廊桥仍然是这座城市的象

阿尔卑斯山中的瑞士

征。

走在廊桥上,可以看到横梁上一幅幅古画,描述的是琉森守护圣人的生平。一些色泽较老的是十七世纪的原作,而看起来较新的则是火灾后修补的仿作。读着桥上一幅幅古画,听着桥下河水一如既往地流淌。远处传来教堂的钟声,微风吹来鲜花的芬芳。

这座廊桥见证了整个城市的历史!我们站在桥上,久久不愿离去。

桥边有一个八角型的水塔(Water Tower),高34米,建于公元1300年前后,最初是城墙的一部分,曾被用作档案馆、金库和监狱。

卡佩尔桥的不远处还有一座木制廊桥——施普罗伊尔桥。桥边曾经是一个利用水力加工粮食的小作坊,现已弃用。因此,亦有人将此桥

琉森火车站广场

卡佩尔廊桥

称作"糠桥"。其实,这座桥也相当古老,始建于1408年,后遭飓风破坏,于1568年重修。施普罗伊尔桥里的横梁上也有历史画作,描绘的是当年瘟疫蔓延的情景。这让我想起武汉,想起全球肆虐的新冠疫情。

离卡佩尔桥不远的一个街头小公园里,有一座曾让马克·吐温高度赞赏的雕像,即由丹麦雕塑家巴特尔·托瓦尔森设计的"负伤的狮子"。狮子痛苦的表情令人震撼。这座雕像是为纪念在

"负伤的狮子"

1792年保卫巴黎杜伊勒里宫的战斗中牺牲的约1100名瑞士雇佣兵而创作的。历史上,瑞士人的职业之一就是外出当雇佣兵。忠诚勇敢的瑞士雇佣兵直到现在仍然还担任着教皇和一些皇宫的守卫工作。

黄昏时在河边漫步。沿河游人,熙熙攘攘,落日余晖泼撒在古城墙和教堂的尖顶上,浪漫的中古风情在罗伊斯河两岸轻柔地飘荡。这就是卢塞恩特有的高大上。

皮拉图斯山(Mt. Pilatus)海拔2132米,是卢塞恩湖畔的最高峰。据传古有飞龙至此,因而被古人认为是神圣的"龙山"。如今,皮拉图斯山以拥有世界最陡的登山列车闻名于世。

阿尔卑斯山中的瑞士

皮拉图斯山齿轨登山轨道工程于1886年动工，工程师Eduard Locher 带领600名意大利工人和许多瑞士当地人花了三个夏天于1889年建成，迄今仍以48度的最大倾角，保持着"世界上最陡的齿轨登山铁道"的称号。在如此陡峭的岩壁上坐火车，肝不颤，腿也是有点儿软的。

从皮拉图斯山鸟瞰琉森

然而，坐这种火车上山也是一种难得的经历。皮拉图斯山是一个最具传奇色彩的地方，风景之美更是没得说。天高云淡，站在观景台上，阿尔卑斯山的73个山峰尽收眼底，颇有登泰山而小天下的感觉。

下了山后，再游卢塞恩老城，率先来到霍夫教堂(St. Leodegarim Hof)。这座双塔哥特式教堂始建于735年，初为罗马式建筑，几经改建，成为现今文艺复兴晚期的建筑风格。教堂内

世界上最陡的齿轨登山铁道

的一台有4950只铜管的管风琴遐迩闻名。

逛完老城，我们登上了瑞士保存最好的一段城墙，即穆塞格城墙。这段城墙古香古色，别有风味。城墙上建有9座式样各异的城楼。现在仅 Männliturm、Zeitturm、Schirmerturm 三个城楼对游人开放。我们进入 Zeitturm，这座城楼里的大钟于1535年建造，是城里最古老的钟，享有比城里其它大钟提前一分钟报时的特权。我们在城楼里参观时，正赶上整点报时，一看手表，2：59分。瑞士人对待钟表的精细劲儿，真是举世无双。钟表王国，果然名不虚传。

三个星期的瑞士之行，犹如到欧洲逛了一趟花园，虽行色匆匆，但令人难忘。聊以此文记之。

霍夫教堂

巴尔干半岛旧貌换新颜

去阿尔巴尼亚和前南斯拉夫旅行，一个重要原因是想看看这些前社会主义国家的现状。特别是俄乌战争爆发后，这个被称为欧洲火药桶的巴尔干半岛会有什么反映，更是我想亲临其境了解一下的。新冠疫情接近尾声，去这些国家都不需要核酸阴性证明，省去了很多麻烦。

去巴尔干四国的路上，在罗马换机时间较长，便借机进城兜风，也算是旧地重游。在特莱维喷泉(Fontana di Trevi)、威尼斯广场(Piazza Venezia)、罗马斗兽场(Colosseum)和万神殿(Pantheon)等几个景点转了转，到处都是人山人海。这是不是疫情结束后的报复性旅游呢？不得而知。怕耽误下一班飞机，我们未敢在罗马城里久留，便提前返回机场。罗马不是一天建成的。这么一座千年古城，不要说一天看不过来，就是十天也不够用。于是，怀着百般的不舍与罗马告别，期待以后再来罗马，认真体验罗马的古韵。

我们这次的巴尔干之行，第一站便是阿尔巴尼亚。阿尔巴尼亚北靠塞尔维亚，东南邻希腊，隔着奥特朗托海峡与意大利相望，是欧洲最古老的国家之一。这个国家虽然历史悠久，古迹众多，但仍是一个小众的旅游地点。那为什么选择来阿尔巴尼亚呢？这是因为我们这些人都曾长时间受到过阿尔巴尼亚的重大影响。

"海内存知己，天涯若比邻，中阿两国远隔千山万水，我们的心是连在一起的。我们之间的革命的战斗的友谊，经历过疾风暴雨的考验。"这首毛主席语录歌在上个世纪六七十年代可谓风靡一时，人人传唱，深入人心。这么多年过去了，那个时代的记忆咋能说忘就忘呢？改革开放四十年后，世界发生了天翻地覆的变化，但对这个国家总还是有点儿惦记。

阿尔巴尼亚作为欧洲一盏"伟大的社会主义的明灯"，再加上中国人民和英雄的阿尔巴尼亚人民这层"同志加兄弟"的亲密关系，两国人民曾拧成一股绳地反帝反修反对各国反动派。记得我上中学第一次参加欢迎外宾的活动就是到建国门大街上举着纸花欢迎阿尔巴尼亚部长会议主席谢胡。当谢胡主席和周恩来总理站在敞篷红旗车上路过我们的欢迎队伍时，我们这帮孩子使出了吃奶的劲，狂呼"欢迎欢迎，热烈欢迎"，嗓子都快喊劈了。当然，阿尔巴尼亚电影，特别是《宁死不屈》里面的女游击队员，给我们这些文革时期的孩子都留下了难以磨灭的印象。尽管后来这盏社会主义明灯熄了，但阿尔巴尼亚却深深留在了我的记忆之中。

除了阿尔巴尼亚，我们还去了黑山、克罗地亚和斯洛文尼亚，这几个国家原都属于南斯拉夫。南斯拉夫先前也是我们所熟悉的国家。记得恢复高考那年，老牌修正主义分子铁托率团访华，给处于改革开放前夜的中国带来一股南斯拉夫热。随着《瓦尔特保卫萨拉热窝》、《桥》等南斯拉夫电影在中国的热播，国人对南斯拉夫这个国家开始另眼相看，社会主义国家如何摆脱贫困走向富裕，南斯拉夫给我们树立了一个榜样。南共异见理论家吉拉斯的《新阶级》更成为当时我们这些大学生们的热门读物。

正是由于这些历史原因，这次的巴尔干半岛之旅对我们这个年纪的人来说，意义非同一般。它让我们感到世事变化无常，伴随着时空穿越的惊喜，却也在心灵碰撞中平添了诸多物是人非的感慨。

改革开放中的阿尔巴尼亚

到达地拉那时已是万家灯火，未能赶上旅行社举办的欢迎晚会。第二天开始游览时才见到我们的全程导游，一个斯洛文尼亚的中年大叔。这位身材圆润，英语流利的导游从衣着，到谈吐，到做派都颇像个美国人。地拉那当地的导游则是一名经历过霍查统治时期的退休教授，言谈举止，中规中矩。看得出来，是个有故事的人。

地拉那作为阿尔巴尼亚首都，是其政治、经济和文化中心，有100万人口。市中心显得比较拥挤，时常堵车，但树木繁茂。我们的游览活动从斯坎德培广场(Skanderbeg)开始。斯坎德培广场是地拉那的中心地带，相当于北京的天安门广场。

当我站在这个曾经是"天涯若比邻"的广场上的时候，感觉它既熟悉，又陌生。过去在报纸的黑白照片上看，这个广场显得恢弘辽阔，最主要的原因还是周围高大建筑物不多，也缺少其他欧洲发达国家城市广场那种繁华。现在这个广场看起来就不显大了，周围几个现代化的高层建筑正在兴建之中，弥漫着一种改革开放民族复兴的气氛。

阿尔巴尼亚民族英雄斯坎德培骑马铜像矗立在广场中央。

阿尔巴尼亚号称"山鹰之国",其国旗图案上的黑色双头鹰,就与这位英雄有关。公元1443年,斯坎德培率兵在克鲁亚举起了反抗奥斯曼帝国的军旗就是黑色双头鹰图案。

阿尔巴尼亚信仰伊斯兰教的人比较多,因此,在斯坎德培广场有一座古老的清真寺。这个叫作哈奇·艾特海姆·培的清真寺(the Et'hem Bey Mosque)被公认为阿尔巴尼亚最漂亮的清真寺,内外装饰都堪称精致,但规模较小。霍查统治时期,这座清真寺当然也逃脱不了被关闭的命运。现如今这座清真寺能对外开放,很自然地便成了阿尔巴尼亚宗教自由重生的象征。

斯坎德培骑马铜像

据导游介绍,霍查统治时期,党和政府对宗教实行严厉打压。私自传教甚至会被判处死刑,大批教堂、清真寺、修道院被关闭,并取缔一切宗教团体,使阿尔巴尼亚成了"世界上第一个真正的无神论国家"。看得出来,霍查的宗教政策产生的影响依然存在,在这个多数人信仰伊斯兰教的国家,大街上几乎见不到任何人有明显的穆斯林标记。在这一方面,中阿两国人民有着惊人的相似之处。

斯坎德培广场一侧的国家历史博物馆(the National History

Museum),相当于天安门广场东侧的国家博物馆,是地拉那的地标性建筑。国家历史博物馆珍藏着这个国家大部分的古代文物。这座博物馆之所以远近闻名,并非因为里面藏有多少稀世珍宝,而是因为大门前的一幅标志性的革命宣传画。对于我们这些来自社会主义国家的人来说,看到这幅宣传画,一种似曾相识的感觉便油然而生。我们去参观时,正赶上意大利总统在里面参观,导致我们的参观推迟了一个多小时。

国家历史博物馆

当地导游为了打发时间,便带着我们到广场旁边的一个农贸市场闲逛,省得我们坐在博物馆外感到无聊。对于我们来说,逛农贸市场还真是一次了解当地风土人情的好机会。这个农贸市场紧邻斯

地拉那农贸市场

坎德培广场，地点应该说相当好。然而，摆摊的商贩却不多，排列整齐的摊位显得有些冷清。虽然是近午时分，整个市场的顾客还不如摊贩多，缺少人气。这与其他国家农贸市场那种熙熙攘攘的火爆场面大相径庭。

回广场的路上，见到几个老头儿老太太坐在路边卖东西，每人面前一个小面袋，有卖西红柿的，有卖无花果的，来往行人，鲜有问津。这些老人即使把自己的货都卖了，也挣不了几个钱。我不知道他们是不是霍查时代的工人阶级，现在是否有退休金，但看得出来，他们的生活并不富裕，以至于无力租用农贸市场的摊位，只好在街边摆摊。这里好像没有城管，不然，在地拉那这么中心的地界儿，这些在街上随便摆摊的人早就被驱赶得无影无踪了。

好不容易等到意大利总统参观完国家历史博物馆，才轮到我们进馆参观。在博物馆里转了一圈，对这个国家的历史算是有了一个大概的了解。历史上，阿尔巴尼亚曾屡遭外来侵略和占领，直至二十世纪初才获得独立。二战结束后，霍查领导的阿尔巴尼亚共产党（后改名为劳动党）掌权，成立了阿尔巴尼亚人民共和国。在霍查当政的四十多年中，阿尔巴尼亚坚持以阶级斗争为纲，坚定不移地走社会主义道路，最终在"苏东波"的冲击下，才开始改革开放。国家历史博物馆内有两个部分的主题令人印象深刻。

一个是诺贝尔和平奖获得者，世界闻名的阿尔巴尼亚裔的慈善家特雷莎修女，一个是霍查统治时期对阿尔巴尼亚人民的残酷迫害。

巴尔干半岛旧貌换新颜

霍查塑像被推翻的照片

地拉那文化宫

展览以血淋淋的数字和触目惊心的照片展示了阿尔巴尼亚人民在霍查时代遭受的巨大苦难,教授导游的讲解更令人动容。对自己同志和人民残酷杀戮无情迫害的暴君应首推斯大林,然而,像霍查、波尔布特这样的共产党领袖,却做到了后来居上。

广场上的一座苏式建筑是地拉那文化宫。这座大楼在1950年开工的时候,赫鲁晓夫出席了奠基仪式,并象征性地挖下第一块石头。后来,在对待斯大林的态度问题上,霍查和赫鲁晓夫翻了脸,但也没把这座建筑拆掉,当然还是有经济方面的考虑。现在,国立阿尔巴尼亚图书馆和国立阿尔巴尼亚歌剧院及芭蕾舞剧院都在这座建筑里。我们等待意大利总统参观国家历史博物馆的时候,逛完农贸市场回来就坐在这里的台阶上休息。台阶的一部分已被咖啡馆占用,地拉那的年轻白领们,坐在这里享用咖啡,谈笑风生。放眼望去,在广场上散步的年轻人也不少,都是些懒洋洋无所事事的样子。看来,阿尔巴尼亚自愿或非自愿选择躺平的人还是大有人在的。

回旅馆的路上,导游指着街角上一栋大房子说那是霍查的故居,典型的苏式建筑。因为要赶着乘车去古城克鲁耶,好像没人有多看一眼的兴趣。

克鲁耶(Kruje)不仅是座千年古城,同时也是阿尔巴尼亚民族英雄斯坎德培的故乡。

走近克鲁耶古堡大门时,一阵熟悉的手风琴曲调随风飘来,"啊姑娘,再见吧、再见吧、再见吧!"……走进大门洞一看,原来是个大学生模样的小伙子正深情地拉着这支曲子,游人纷纷驻足,曲终,掌声一片。

克鲁耶古城

依山而建的克鲁耶古城堡经过改建,于1982年辟为斯坎德培纪念馆(Skanderbeg Museum),藏有丰富的历史文物。走进博物馆,迎面而来的便是斯坎德培率领人民反抗侵略者的巨型浮雕。斯坎德培曾经带领阿尔巴尼亚人民与奥斯曼帝国进行殊死的战斗，成为阿尔巴尼亚反抗外来侵略，争取民族独立的象征。站在浮雕前品味这段历史，有一种身临其境的感觉。

克鲁耶曾是阿尔巴尼亚的古都，现在是个旅游热点城市，几栋新建的旅店大楼在山腰上拔地而起，使古城焕发出浴火重生的风采。

一条保持着原始面貌的商业街蜿蜒通向克鲁耶古堡，街两边的小店里琳琅满目的旅游商品中，阿尔巴尼亚人民军用过的钢盔、军帽和匕首等带有时代记忆的物件散落其中。应该像八十年代的北京潘家园，这里可能还能淘到一些古董。只是我们没有时间在这里盘桓，继续匆匆赶路。

鹅卵石铺就的路面被人踩得光可鉴人。古堡的路从这里顽强地延伸，历史的记忆在这里沉淀。

早上出门，坐在大巴车上看到了地拉那座未完工的金字塔建筑。这座建筑是霍查时代由霍查女儿设计建造的，被用作纪念霍查的博物馆。在霍查政府被推翻后，这座尚未完工的建筑没能逃脱

未完工的霍查纪念馆

停建的命运，不过并没有被拆除，成了地拉那闹市区中著名的烂尾楼。巨大的钢筋水泥框架让我想起上世纪六十年代北京建国门内那片因苏联撤走专家而造成的烂尾

楼，与周围环境极不协调。鉴于这栋烂尾楼的知名度，晚饭后我们特意前来一看究竟。

来到烂尾楼跟前才发现，四周已经装上了围墙，这里又成了施工的工地。我们费了半天劲，才找到工地的门，表示要进去照相。看门的大叔见我们是中国人，二话没说，就放我们进去照了相。

白天在地拉那和克鲁耶转了一天，也没发现中国在这个国家留下的任何痕迹，连传说阿尔巴尼亚用中国援助的钢筋水泥建造的几十万个碉堡也没见到一个。只是这位看门大叔的友好态度，才让我体会到中阿两国曾经的"同志加兄弟"的战斗友谊。虽然语言不通，"我们的心是连在一起的。"

旅行社安排的在阿尔巴尼亚的游览活动稍嫌短暂，未能有机会对处于改革开放过程中的这个国家多做些观察。第二天一大早，我们便从地拉那出发，前往阿尔巴尼亚最古老的城市之一斯库台(Shkodra)。斯库台是阿尔巴尼亚第二大城，仅次于首都地拉那。斯库台湖是巴尔干半岛上面积最大的湖泊。湖边山坡上古老的罗扎法特古堡(Rozafa Castle)是这里的著名景点。一路阴雨绵绵，雨雾阻挡了欣赏阿尔巴尼亚美景的视线，在不知不觉中越过边境进入"地中海明珠----黑山"。

地中海明珠黑山

黑山共和国(Montenegro)原为南斯拉夫的一个加盟共和国。在"苏东波"的冲击下，上世纪九十年代初，南斯拉夫解体，仅存黑山和塞尔维亚两个加盟共和国。这两个前南加盟共和国希望能够成为原联邦的继承者,然而,由于极其复杂的民族纠纷,宗教矛盾及地缘政治的原因,未能如愿。解体后的南斯拉夫,因为新边界的划分问题,导致了前南各国之间爆发了连续十年之久的内战。2006年,黑山经过公民投票正式宣布独立,同时成为联合国会员国,并于翌年加入北约。

战争的硝烟早已散去,黑山境内,青山依旧,绿水长流。

进入黑山之后,明显感觉到阿尔巴尼亚和黑山两国之间存在的差距。黑山的城镇和乡村比阿尔巴尼亚这边显得干净整洁得多,这与阿尔巴尼亚霍查时代长期实行的公有制和现今急于发展经济不无关系。

虽然黑山国土面积不大,却风光无限。进入黑山疆域,但见山势险峻,沟壑纵横,云雾缭绕。大巴在雨雾中穿行,时而穿峡越谷,总有大桥从天而降。八十年代风靡中国的南斯拉夫电影《桥》,就是在黑山拍摄的。路上还能见到中国建筑公司在此修建的大桥,这些桥很可能都在中国设计的"一带一路"上发挥着作用。

进入黑山的第一个景点就是莫拉卡修道院(the Moraca Monastery)。

整个欧洲文明的一条主线就是宗教。历史悠久的修道院,往往都有说不完的故事。

莫拉卡修道院是一座东正教修道院,坐落在风景如画的莫拉卡河谷的悬崖边上,颇有中世纪的建筑风范。修道院是由圣母升天大教堂、圣尼古拉斯小教堂、修道士宿舍和供朝圣者以及游客留宿的房间组成的一组建筑。

这个建于1252年的修道院饱经沧桑，见证了黑山人民苦难的历史和不屈不挠的坚定信念。

十六世纪初，奥斯曼帝国征服巴尔干，这座修道院也遭到损毁和破坏，不仅大量宗教文物被抢，就连教堂的屋顶也被拆除，导致许多珍贵的壁画面目全非。后来，虔诚的道士们历尽艰辛将莫拉卡的建筑群相继修复和重建，艺术大师们将原有的壁画复原，才使我们得以看到这些巴尔干半岛的历史瑰宝。

莫拉卡修道院

黑山境内峰峦挺拔，气势磅礴。进入黑山的第二天，我们游览了两个国家公园：拜尔戈拉德斯卡国家公园(Biogradsko National Park)和杜米托尔国家公园(Durmitor National Park)。这两个国家公园的地貌都是山环水绕，怪石嶙峋，郁郁葱葱。走入其中，感觉空气清新。涓涓溪流，清澈透明。登高望远，碧湖如镜，微风送爽，令人痴迷忘返。后者还被联合国教科文化组织收录进入世界遗产自然遗产名录。

尽管这两个国家公园都风景如画，引人入胜，但让我们精神亢奋的还是塔拉河上那座陈旧的大桥，就是南斯拉夫电影《桥》中的那座桥。

巴尔干半岛旧貌换新颜

塔拉河大桥工程师雕像

塔拉河大桥

《桥》的电影是根据真实事件拍摄的。虽然细节有些出入，但此桥确实是在二战期间为了阻止敌人的撤退给炸掉了。协助炸桥的工程师后来还被敌人处决，桥头有纪念碑。现在看到的桥是二战之后1946年重建的。

四十多年前看过的电影，虽印象深刻，但细节已经模糊。查维基百科，1944年德国在东线战场失利，专门对付游击队的党卫军上校霍夫曼博士奉命率重兵防守南斯拉夫境内的杜德维卡塔拉大桥，以帮助从希腊回撤的德军汇合。南斯拉夫游击队少校"老虎"接到命令，要在第7天早上8点准时炸毁这座桥梁。"老虎"率领几个游击队员从德国人那里解救了设计桥梁的工程师，历经千难万险，终于成功炸毁了这座桥。

漫步桥上，那首振奋人心又令人荡气回肠的歌仿佛在空中飘荡。"啊姑娘，再见吧、再见吧、再见吧！"……走在这座不怎么起眼的桥上，感觉只是为了追寻那个年代的记忆。

峡谷景色叹为观止，想起桥的故事，虽时空穿越，依然令人感伤。

采蒂涅(Cetinje)在黑山历史上具有特殊的地位。这座城市曾是黑山古王国的首都。

前往科托尔的路上，我们特意来到采蒂涅，参观尼古拉国王博物馆。据网上资料介绍，尼古拉一世在1910年成为黑山王国的第一任(也是唯一一任)国王。1916年，黑山被奥匈帝国完全占领。尼古拉一世逃亡至意大利、法国。1918年，塞尔维亚等协约国的军队解放黑山。一战结束后，在塞尔维亚的主导之下，斯洛文尼亚、克罗地亚联合组成了第一个由南斯拉夫族群联合的国家。同时，塞尔维亚控制下的黑山也召开会议，废除尼古拉一世的王位、禁止尼古拉回国。1918年11月28日，黑山王国加入塞尔维亚王国。三天后加入新成立的塞尔维亚人、克罗地亚人和斯洛文尼亚人王国。尼古拉一世终身拒绝承认，自认国王。死于法国(维基百科)。

国王博物馆

国王博物馆即尼古拉国王的宫殿。博物馆建筑外表看起来颇低调,简单朴素,里面却相当考究。在这个小而精致的博物馆里,保存着许多王室生活的原始物件:服装、家具、武器和艺术品等。仔细端详尼古拉国王的画像,整个一和善的邻家大叔!

依山傍水的科托尔(Kotor)是个滨海小镇,2016年被《孤独星球》列为十大必去城市之首。

科托尔七世纪建城,城墙陡峭,且保存完好。一条山泉汇成的护城河拱卫着城墙,使小城显得固若金汤。在大航海时代,科托尔曾由威尼斯治理四百多年,因此,小城的建筑风格深受威尼斯影响。老城区里,街巷宛若迷宫。走在其中,仿佛回到了中世纪。倘若城中水巷纵横,绝对是个小号的威尼斯。

我们按图索骥,轻而易举地找到了武器广场。这是古城最

科托尔

科托尔港口

热闹的地方，钟塔下的游人来来往往，商家店铺热闹异常。买杯咖啡坐在街边看来往行人，该是何等惬意！然而，我们没舍得在这里享受咖啡，继续穿街走巷，寻幽揽胜，直到爬上临海的城墙。

立于城墙之上，扑面而来的是诗和远方。幽静的海湾，白帆点点；险峻的高山，古迹斑斑。脚下护城河水，清澈见底，游鱼从容；远处巨星邮轮，欢声洋溢，缓缓靠岸。

古城多猫。科托尔的居民对猫十分友好，在一个广场的角落，看到有人用纸箱和塑料板为猫搭制简易住所，亚放置猫粮，使这些小动物食宿无忧，与民同乐。街头巷尾的猫也成了古城一景。

克罗地亚名不虚传

离开科托尔不久，便进入克罗地亚地界。杜布罗夫尼克(Dubrovnik)坐落在亚德里亚海边的半岛之上，旅游大巴还在海边的公路上蜿蜒行进时，便看到了这座伸入蔚蓝色大海的耀眼的古城，蓝天白云映衬着城墙古堡，碧海中岛屿星罗棋布，古城中民居红瓦成片。虽然早就听说这座古城吸引眼球，但如此超常的视觉震撼，还是令人猝不及防。

杜布罗夫尼克(Dubrovnik)风光旖旎，有"亚得里亚海明珠"之称。

这座古城还有"城市博物馆"的美称，尽管经历过1667年的地震和上世纪九十年代的武装冲突，部分建筑遭到严重损坏，但经过修复，城中罗马式、哥特式、文艺复兴式和巴洛克式等不同风格的教堂、修道院、宫殿、城堡和喷泉等中世纪建筑都保存完好。

巴尔干半岛旧貌换新颜

1979年被联合国教科文组织列入世界文化遗产名录。

杜布罗夫尼克

杜布罗夫尼克老城因为《权利的游戏》在此拍摄而成为全世界关注的旅游热点,剧中出现的场景都在这座老城。

从派勒门(Pile Gate)进入老城后,迎面扑来的就是老城火爆的人气。街上的游人大有联袂成荫,挥汗成雨之势,与北京故宫里游人摩肩接踵的情形不相上下。进了派勒门,右首便是大欧诺佛喷泉,周围坐满了在此歇脚的游人。

杜布罗夫尼克主街

大欧诺佛喷泉(the Fountain of Onovlio)圆柱圆顶,一只优闲的鸽子站在精美的雕像上看热闹。喷泉对面便是圣方济会修道院教堂(Franciscan Monastery & Museum)。由于喷泉周围游人过于拥挤喧闹,我们的导游无法正常地给我们介绍喷泉,便先将我们带到对面的圣方济会修道院。

这座修道院以拥有欧洲第三古老至今仍在营业的药房而闻名。修道院中剔透的回廊和花木扶疏的庭院,给修道院提供了一个清静之所。

建于十五世纪的奥兰多石柱(Orlando Column)矗立在老城中央广场上,成为这座古城的中心。雕刻在石柱上的是历史上著名的骑士罗兰,他曾帮助杜布罗夫尼克人民抗击敌军。目前,这座石柱正在维修,密密麻麻的脚手架把石柱包裹得严严实实。

绕过奥兰多石柱,我们参观了斯庞扎宫(the monumental Sponza Palace)。这座在1667年大地震中幸存下来的建筑,是古城中的建筑瑰宝。它以独特的建筑手法将多种不同风格融为一体,展现出杜布罗夫尼克人在文化上的开放和包容。

古城大街小巷的石板路被时光磨得锃亮,倒映着来来往往的过客。漫步其中,犹如

奥兰多石柱

杜布罗夫尼克城墙

置身于欧洲中世纪文艺复兴的浪漫之中，一物一景都在安静地讲述着它们经历的往事。

导游带我们逛完古城的主要景点，便开始了我们的自由行。

杜布罗夫尼克夜景

毫无疑问，最吸引我们的当然是登上杜布罗夫尼克城墙。这段围绕在老城周围的防御性石墙，全长1940米。现存的石墙大部分是在十二至十七世纪修建的，几乎绕城一圈，是欧洲最大最完整的结构复杂的城墙。

在过去的岁月中，坚固的城墙和堡垒曾帮助杜布罗夫尼克人抵御过多次外敌的围攻，而最近的一次就发生在1991年。然而，今天漫步在老城之中，却丝毫感觉不到杜布罗夫尼克曾经的创伤，所有的古迹在历史的长河中，都看似岁月静好。杜布罗夫尼克老城内目前还有1000多居民生活在此，但愿他们的生活真的岁月静好。

晚饭后，我们再次来到古城观看夜景。月光泼洒在古城，灯光把古城装扮得更亮，街道不再拥挤，安静下来的古城展现出令人着迷的风情。一对年轻人，坐在圣方济会修道院的高墙下演奏着一首古典乐章，曲调悠扬，不一会儿便招来大批听众。音乐在古城飘荡，弥漫在空中，潜入每一个角落。

杜布罗夫尼克古城令人乐不思归。

克罗地亚长城是世界第二大长城，从亚得里亚海边一直蜿蜒到崇山峻岭之中。前往斯普利特(Split)途中，路过小镇斯通(Ston)。这里的长城经过维修，对外开放，相当于北京的八达岭。常言道："不到长城非好汉"，好汉到了长城，虽说是外国长城，哪有不登之理？于是，我们利用在斯通休息的时机，登上这里的长城，也算得上好汉一条了。

小镇斯通

从杜布罗夫尼克到斯普利特(Split)，公路随着亚得里亚海曲折的海岸线向北延伸，沿途风景如画，不时经过古老的渔村和一些度假胜地，感觉比加洲一号公路更吸引眼球。

斯普利特是克罗地亚第二大城市。刚一进城，就见街上车水马龙，一片繁忙。码头上，大大小小的船填满了海港。这是二战以后发展起来的城市，铁托时代的计划经济，也给这个城市留下了明显的烙印。

斯普利特也是克罗地亚最古老的城市之一。如果从古罗马戴克里先宫开始建造时(305年)算起，该市已有1700多年的历史。

公元305年，结束了罗马帝国的第三世纪危机并创立了著名的"四帝共治"制度的罗马皇帝戴克里先55岁，经历了一场大病后，宣布退休，开创了罗马帝国皇帝退休的先例。退休后，他搬入早就在斯普利特为自己建造的行宫。后来政局混乱，部下劝他复出，被他拒绝，继续安心种他的卷心菜。最后，无意重返政治漩涡的戴克里先死于这座行宫。

戴克里先宫占地近四公顷，是一座气势宏伟的海滨城堡式豪华宫殿建筑。

公元476年，戴克里先宫随着西罗马帝国的灭亡，成为东罗马帝国的一部分。到了七世纪初，为躲避异族入侵，萨洛纳城的居民纷纷逃进有着厚实城墙的戴克里先宫殿区，并在内部加盖房屋、作坊、商店和教堂，以供日常之需。久而久之，斯普利特就在宫殿区的基础上诞生了。由于这一历史原因，至今，宫殿里还居住着普通的老百姓。1979年，斯普利特的中心区域与戴克里先宫殿被列入联合国世界文化遗产。

戴克里先宫墙

戴克里先宫

戴克里先去世后,这里先后经历了东罗马帝国、威尼斯共和国、奥匈帝国、南斯拉夫王国的统治。1991年,又经历过南联盟的战乱,如今,这座古城不仅受到联合国教科文组织的保护,还向全世界游客开放,真为生活在这里的人们感到高兴。

我们的导游不但讲解详细,还会说几句中文。她带着我们参观了戴克里先宫的底层部分,其他部分不是民居,就是商店,烟火气十足。戴克里先宫有四个主要的大门,西(铁)门,东(银)门,南(铜)门,北(金)门,每座大门都有象征性的守护神。我们从南门进,北门出,并在附近的街巷中寻幽访古,有一种亲手触摸历史的感觉。居住在这里的人们已经和宫殿完美地融合在一起,正是当地人们的悉心呵护,宫殿才能保存至今。

离斯普利特不远的小镇特罗吉尔(Trogir)风光独特,不容错过。公元前三世纪,这里就已成为古希腊出名的海港城市,后来又以罗马帝国的海上军事要塞而闻名。中世纪时,这座古城更是威尼斯共和国的海边重镇。历经沧桑的古城墙内,各式建筑林立,就像是座活生生的欧洲历史博物馆。

特罗吉尔靠近斯普利特,开车出来没多长时间就到了这座古城。导游是个年轻人,高高的个子,有些

小镇特罗吉尔

驼背,没出过国,但英语相当流利。他带着我们走街串巷,介绍古城特色,如数家珍。

罗马式的圣劳伦斯教堂玉树临风,撑起了小镇的半边天。这座教堂从十三世纪开始建造,到十七世纪才正式完工。经过几个世纪的修建,将罗马式、哥特式融合为一体。教堂四周许多文艺复兴式和巴洛克式建筑也完好地保存下来。据导游说,目前还有150人左右在这个中世纪的古城中居住。

在特罗吉尔走马观花式地转了一圈后,匆匆赶往普利特维采国家公园(Plitvice Lakes National Park)。这个公园位于克罗地亚中部的喀斯特山区,由16个大大小小的湖泊组成,所以,又被称为十六湖国家公园。在这个山泉汇聚而成的高低错落的湖群中,飞瀑狂舞,镜湖叠翠。疫情前,这里也是中国游客的打卡之地,被国人称为"欧洲九寨沟"。

克罗地亚首都萨格勒布(Zagreb),是一座充满历史与文化的名城。历史上这里曾出现过三位诺贝尔奖获得者,发明了"特斯拉"线圈的著名物理学家尼古拉·特斯拉的雕像就镶嵌在老城的显眼位置。

萨格勒布由三部分组成:教堂、市

普利特维采国家公园

政厅等古建筑组成老城,也称上城区。广场、商业区、歌剧院组成的新区,又称下城区。第三部分是战后发展起来的现代化市区。我们的游览活动主要集中在上城区,因为这里留有大批历史遗址。

耶拉契奇总督广场(Ban Josip Jelacic square)始建于十七世纪,是这个城市的中心。广场中央矗立着维也纳雕刻家安东·多米尼克·费尔科恩(Antun Fernkorn)创作的耶拉契奇总督骑马塑像。这位威风凛凛的骑马将军,像地拉那斯坎德培广场上的斯坎德培骑马铜像一样,也是这个国家的独立象征。他曾带领当地民众击败了匈牙利人的入侵,成为克罗地亚人民家喻户晓的民族英雄。二战后,铁托政府将广场更名为共和国广场,耶拉契奇总督塑像也被搬进了博物馆,腾出来的位置让给了南共领导的游击队员塑像。1991年南斯拉

耶拉契奇总督广场

圣马可教堂

夫解体,克罗地亚独立后,广场又恢复了原貌。

横穿耶拉契奇广场的伊利卡大街,是上城区和下城区的分界线,街上集中了许多商店,比地拉那的商业街热闹了许多。导游带着我们在大街上边走边讲,不一会儿就来到了缆车站。

上城区坐落在一个山坡上,坐缆车来到上城区后,但见一座巨大的白色炮楼当仁不让地矗立在城内要冲。导游告诉我们,这座炮楼在历史上为保卫这座城市发挥了重要作用,所以,这里有个传统,每天中午十二点,炮楼准时鸣炮,全城各个角落都能听到。

总理府

进入老城区,首先映入眼帘的是圣马可教堂(St. Mark's Church)。这座1882年建造的屋顶用马赛克镶嵌着彩色图案的教堂极为引人注目。它由二个臂章和衬底组成,左边的表示当年克罗地亚三个王国,右边是萨

圣母升天大教堂

格勒布城市徽志，其设计具有典型的斯拉夫风格。红白相间的格子是克罗地亚现今的国旗。

圣马可广场两边分别是国会和总理府，都是两三层楼的老式建筑。据导游讲，当地人很少到这里来。如果来的话，就是来示威游行。克罗地亚政府真是心大，政府重地，既没有武警，也没保安。为了阻止游行队伍接近这两座建筑，广场上仅树起了一道铁栏杆。看来克罗地亚的警察对待示威游行的做法还是比较文明的。

不一会儿，我们来到圣母升天大教堂，即萨格勒布大教堂(The Zagreb Cathedral)。这座教堂始建于十一世纪。1094年，匈牙利国王拉第斯拉夫一世宣布成立萨格勒布天主教区并兴建教堂。十三世纪时，教堂曾被鞑靼人毁坏。后几经修复，并于二十世纪初新建两座哥特式塔柱(高度为104米和105米)，成为克罗地亚国内最高的建筑，其尖塔可以从市内多个地方看到。正在仰头欣赏教堂的塔柱，忽听礼炮声响，导游让我们看表，十二点整。还真准时！

萨格勒布大教堂门前是卡普托广场。由于教堂的一个塔柱正在维修，施工工地占了卡普托广场不少地盘。

圣母玛利亚喷泉纪念柱

尽管如此，广场的魅力不减。广场中央高大的圣母玛利亚喷泉纪念柱最为醒目，顶端的圣母玛丽亚和下方的四个天使像金光闪闪，四个天使分别代表着信念、希望、纯真、谦卑，也是十九世纪维也纳雕刻家费尔科恩的著名作品。

围着纪念柱转了很久，不知谁提议合影留念，立即得到大家都一致赞同。我们这次巴尔干之行唯一的一张集体合影由此诞生。

雨中的斯洛文尼亚

斯洛文尼亚共和国是前南斯拉夫社会主义联邦共和国的一个共和国，被称为"中欧的小瑞士"。1991年经历了"十日战争"后，第一个从南斯拉夫独立出来，现在已进入发达国家行列。

从我们进入斯洛文尼亚那天起，就一直下雨，直到离开，天也未曾放晴。因此，这个国家留给我的印象颇像烟雨中的江南，一个梦幻的地方。

斯洛文尼亚共和国的首都卢布尔雅那(Lüblana)是这个国家政治和文化中心，当然也是我们游览的重点。卢布尔雅那很有特色，给人的印象是不张扬，像个普通的欧洲小城。一查资料，才知道卢布尔雅那是斯洛文尼亚的最大城市，人口约29.3万(2019年统计)。该市在斯洛文尼亚拥有重要地位。

卢布尔雅那地处阿尔卑斯山山麓的河谷盆地，风景宜人。以斯洛文尼亚伟大诗人命名的普雷舍伦(France prešeren)广场是老城的中心，是公众活动的重要场地。从这里开始，当地的导游带着我们走街串巷，给我们讲当地有趣的历史。

老城山丘上是一座古堡——卢布尔雅那城堡。让人乍一看好像置身于瑞士阿尔卑斯山中的一个小镇。卢布尔雅那河环绕着城堡山，古城街区聚集在河的两岸。文艺复兴风格、巴洛克风格、新古典主义风格和新艺术运动风格的古老建筑把老城衬托得古色古香。

雨中的卢布尔雅那河，水流湍急，穿过一座座大大小小的桥，奔向远方。老城区有两座桥最为著名，一为"龙桥"，一为"三重桥"。据说龙桥是为了纪念奥匈帝国皇帝弗兰茨·约瑟夫执政四十周年而建造的，桥体上刻着"1848-1888"的字样。原计划桥头的雕塑为雄狮，但卢布尔雅那人坚持用他们的守护神，长着翅膀的龙，蹲守在桥头。三重桥实为并排而建的三座桥。中间的桥建于十九世纪，为了缓解交通压力，1931年斯洛文尼亚著名建筑师在原有石桥的基础上添加了两侧的副桥而形成了今天的三重桥，也因此形成了一个独特景观。

龙桥

三重桥旁矗立着十九世纪斯洛文尼亚浪漫主义诗人弗兰茨·普雷舍伦(1800-1849)的铜像。诗人深情地凝视着广场另一端高悬墙上的尤莉亚的浮雕，手持月桂树枝的女神坐在诗人背后，献上心中的祝福。普雷舍伦不仅是斯洛文尼亚浪漫主义流派的代表人物,他所谱写的诗"当太阳升起时,战争从这个世界消失,每个人都是自由的同胞……",也成为斯洛文尼亚国歌的歌词。

普雷舍伦广场上最引人注目的建筑要数圣佛朗西斯科教堂。由于拍照,我在耳机里听着导游的讲解,听着听着就没了声响,一帮驴友也消失得无影无踪。于是,便闯入弗兰西斯科教堂。一个牧师正在里面讲道,生怕影响到他们,赶紧退了出来。

卢布尔雅那大学行政大楼

此时,我们的大队人马正在议会广场,当我重新与大部队汇合时,已经来到卢布尔雅那大学。记得来卢布尔雅那老城的路上,正好赶上卢布尔雅那大学学生下课。看到一些风华正茂的大学生们走出大楼,忽然想起,

布莱德湖心岛

川普前总统的夫人梅兰尼亚,就是从这所学校毕业的。由于大学

迁到了老城之外，广场上的这栋楼只是这所大学的行政机构。

老城中的圣尼古拉大教堂是一座哥特式建筑，在狭窄的街巷中如鹤立鸡群。教堂的巴洛克装饰引人注目。1996年罗马教皇约翰.保罗二世曾在这里为斯洛文尼亚人民祈祷。我也暗自为斯洛文尼亚人民祈祷，祝愿他们远离战乱，岁月静好。

从卢布尔雅那返回布莱德，冒雨乘船前往布莱德湖心岛。之所以如此坚持参观这个小岛，当然是因为那个广为流传的凄美故事。

相传在十六世纪时，一对年轻的夫妇来到布莱德，钟情于这里的湖光山色，他们定居于此。但不久后，为抗击奥斯曼军队的入侵，丈夫应征入伍，离家后音信全无，而妻子一直在思念中等待丈夫归来。9年后，终于传来了丈夫已战死疆场的确切讯息。妻子伤心欲绝，变卖了所有家产，铸了一口大钟捐给湖心岛上的教堂，以寄托哀思。但就在大钟装船起运时，突然狂风大作，船倾斜致使大钟沉入湖底。

现在，湖心教堂里确有一口重达178公斤的大钟，是那位妻子死后，当时的大主教捐给湖心教堂的。缘于这个传说，岛上的钟声，时时响起，特别是年轻人，来此敲钟许愿，

布莱德城堡

成为风尚。

我们这次旅行的告别晚会在坐落于湖边高达百米的悬崖峭壁上的布莱德城堡上举行,我们也顺便参观了这座城堡。

站在布莱德城堡上,布莱德湖碧绿无暇,湖畔山峰郁郁葱葱,湖面游艇星星点点,铁托同志的行宫,梦幻般的湖心岛,都在朦胧图画中。

烟雨濛濛,往事匆匆。此情此景,令人难忘。

重访威尼斯

十几年前来意大利旅行,在威尼斯住了几天。这次来巴尔干半岛,离威尼斯很近,就顺便再来这座水城一游。上午乘大巴离开斯洛文尼亚,中午之前便到了威尼斯。入住旅馆后,马不停蹄地加入了游人大军。

水城威尼斯(Venice)也被人们称作"亚得里亚海的明珠",当然,这颗明珠比其他几颗明珠显得更加耀眼。1987年,威尼斯因其在建筑、绘画、雕塑、歌剧等方面的世界性地位和影响而被列入《世界遗产名录》,因此,这里是全世界最热门的旅游城市之一。

水城威尼斯一角

到达威尼斯后,雨霁天晴,水城人山人海。毫不夸张地说,任何一条街巷,都塞满了人,让人不得不相信新冠疫情过后将会出现"报复性旅游"。重访威尼斯,令人惊奇的是,古城的一切,似乎都没有任何变化,这就是她的永恒魅力。由此,我想起古都北京,面貌日新月异,我每一次回去,都有一种找不着北的感觉。

进城后,我们先来到里阿尔托桥(Ponte di Rialto),重温莎士比亚作品《威尼斯商人》的故事。这里一直是威尼斯人气最旺的地方。站在桥中央拍摄大运河的游客极多,都到了让我担心大桥是否会被压垮的程度。

再次来到圣马可广场(Piazza San Marco),想起当年带着孩子们在这里喂鸽子的情形。时间过得真快,广场虽无变化,孩子却已长大。今天广场上的鸽子很少,因为人多得让这里的鸽子已

总督府

总督府庭院

无容身之地。

总督府(Palazzo Ducale)是威尼斯共和国时期总督的住所和办公场所，也是圣马可广场周围的重要建筑之一。上次来这里重点是参观圣马可教堂，就忽略了总督府。这次来威尼斯，尽管干什么都要排队，但说什么也要进总督府看看。

静静地排队，耐心地等待，终于进了总督府。总督府内部极为奢华，彰显着威尼斯作为历史上东西方贸易中心的实力：宏伟壮观的庭院，哥特式的华丽回廊、精美的大理石雕，气势磅礴的威尼斯画派的杰作，让人目不暇接。

国会厅

这里有全欧洲最大的国会厅：2500平方米，可容纳2000多人。大厅内的一幅巨幅油画《天堂》，震撼人心。

总督府与威尼斯的监狱只有一桥之隔。由于人多，同样是排着队走进监狱，排着队走过有名的叹息桥。当年的犯人在总督府的法庭受审后，直接通过叹息桥被送往监狱，多数犯人到了这步田地也就凶多吉少了。他们透过桥上的小窗孔，最后看到外面的自由世界，不禁会深深地叹息。久而久之，这座桥便被人们称为叹息桥。

威尼斯的贡多拉船是水城最有特色的交通工具，有点儿像老北京的人力车。来趟威尼斯，不能不坐贡多拉兜一圈。我们晚饭后登上贡多拉，迎着晚霞，休验了一把水乡独有的闲情逸致。

翌日清晨，威尼斯好像还没从睡梦中醒来，街上静悄悄的。为了早点儿赶往利多岛(Lido)，我们进了水城便登上前往利多岛的水上公共汽船。谁知，歪打正着，水上公共汽船载着我们在大运河上走走停停，从容地把两岸的美景看了个遍。早晨的威尼斯，没有了熙攘和喧嚣，显得柔美，风情万种。

威尼斯的贡多拉

上了岸才知道利多岛是威尼斯最放松的地方。绿树成荫的街道，辽阔迷人的沙滩、各具特色的餐馆，随处可见的座椅，让人感到舒适放松。怪不得利多岛被人们称为最理想的度假圣地呢！

利多岛海滩

巴尔干半岛旧貌换新颜

被称为世界三大国际电影节的威尼斯国际电影节每年八月底至九月初就在这个岛上举办。我们来到这里的时候，电影节刚刚结束，这里的工作人员正在拆除红地毯和临时舞台，街上还有长得像电影明星的人在晨练。我们既不追星，也不认识什么明星，就只好把自己当成明星，在街上转了一圈，给自己拍照。

国际电影宫

彩色岛（Burano）堪称威尼斯的"童话小岛"。因为岛上的房子外墙都被刷成五颜六色，使整个小岛显得色彩缤纷，因而成为网红，其受游人欢迎程度并不亚于威尼斯主岛。

彩色岛

关于岛上的居民为什么将自己的房子漆成各种绚丽的色彩，有不同的说法。一说是彩色岛规定岛上的居民每年必须刷一次房子，于是，富有激情的岛上居民，按照自己喜欢的颜色粉刷自己家的房子，岛上因此多了美名：彩色岛。

另一种说法是，小岛原是一个活跃的渔村，以鲜艳的色彩粉刷房屋的传统是在生产实践中形成的，因为明亮的颜色能使返航的渔民更容易在浓雾中找到他们的家。于是，岛上的渔民将自家的房子刷得一个比一个艳丽。

还有一种说法是，中世纪爆发鼠疫，染病的人为了消毒，用石灰将自己的房子刷白。那没染病的人呢，他们就把自己的房子刷成其他颜色，以证明自己没病。久而久之便形成这种粉刷房屋的传统。

不管哪种说法，对于游客来讲，听起来都是一乐。无论如何，小岛的色彩令人赏心悦目。

返回威尼斯时，已近黄昏。落日余晖中的水城，金光闪烁，令人心醉！

威尼斯夜景

马耳他、西西里和突尼斯游记

这次来马耳他、西西里和突尼斯,因为参加那不勒斯(Naples)附近的索伦托、波西塔诺和阿马尔菲一日游活动,我们把此次行程的第一站定在意大利南部最大的城市那不勒斯。前些年游览庞贝古城废墟时,曾来过那不勒斯,但不曾久留。这次趁着在此落脚的机会,无论如何也得在这里好好地转转。

那不勒斯及周边古镇

平民表决广场

那不勒斯历史悠久,具有丰富的文化遗产。这个城市最广为人知的是,披萨在这里诞生。那不勒斯不但以美食为世人称道,而且拥有大量的历史文物。该城的历史中心区域被联合国教科文组织列为世界文化遗产。那里有圣佛朗西斯科教堂(Piazza del Plebiscito)、皇家宫殿(Palazzo Reale di Reale)和圣卡洛歌剧院(Teatro di San Carlo)等著名的历史建筑。入住城里的民宿后,我们旋即走上街头,顶着骄阳烈日马不停蹄地前往市中心的景点参观游览。

穿过多条漫长而热闹的街巷，拒绝了无数美食的诱惑，终于来到了平民表决广场(Piazza del plebiscite)。这是那不勒斯最大的城市广场，因1860年公民投票而得名，这次投票使得那不勒斯加入统一的意大利王国。

广场上最引人注目的建筑无疑是坐西朝东的圣弗朗西斯科教堂。这个形似罗马万神殿的教堂建于十九世纪初，最早是统治那不勒斯的波拿巴家族的国王若阿尚·缪拉在规划广场时献给拿破仑的。拿破仑失势后，波旁王朝复辟，斐迪南四世继续完成此项工程，但是在1816年建成后奉献给了十六世纪曾在此修道的圣弗朗西斯科，并以其名字命名。

圣佛朗西斯科教堂

圣佛朗西斯科教堂内部

站在广场中央，教堂的宏伟气势令人震撼。拾级而上，推门而入，教堂里面正举办活动，牧师在讲坛上侃侃而谈，听众全部洗耳恭听。蹑手蹑脚退出来后,我在两侧回廊逡巡良久,才返回教堂,这时仪式已然结束。教堂内,高耸的穹顶,精美的廊柱,栩栩如生的圣徒雕塑和名家壁画,使大厅在浓郁的宗教氛围中弥漫着一种高雅的艺术格调。

大教堂对面的那不勒斯王宫是西班牙国王统治那不勒斯期间的行宫。王宫外墙有诺曼、德国、法国、西班牙和奥地利国王的雕像,与圣弗朗西斯科教堂遥相呼应,使恢宏辽阔的广场显得更有历史感。

走进王宫,大理石阶梯、走廊、壁画、吊灯、壁炉及门窗,无不彰显着皇家气派。

毗邻王宫的圣卡尔洛歌剧院,是欧洲现存最古老且现仍在使用的歌剧院。剧院得名于波旁王朝国王卡洛斯三世,开幕于1737年11月4日,拥有3000座位,是当时世界上最大的歌剧院之一。看着不少当地人,西装革履地走进剧院,想必有一场盛大的音乐会将在这里举行。可惜我们事先未作

那不勒斯王宫墙壁上的国王雕像

王宫内的大理石台

任何观看歌剧的准备,且都衣冠不整,只好绕过歌剧院,前往王宫的后花园。

王宫后花园与新堡(Castel Nuovo)隔街相望。这座文艺复兴风格的杰出建筑是那不勒斯王国第一位国王,安茹王朝的卡洛一世将首都从巴勒莫迁往那不勒斯后,下令由法国建筑师设计,在海边新建一座宫廷城堡。工程开始于1279年,3年后完成。新堡是那不勒斯古城区的核心,虽然未进去参观,在外面看看也感到震撼。

圣卡尔洛歌剧院

看了新堡,就更想看看那不勒斯的蛋堡(Castel del Ovo)。这个建在那不勒斯海滨的 Megarides 半岛上的蛋堡,历史更为悠久,从12世纪起,它既是防御要塞,也充当过监狱,囚禁过多位国王、王后和女王。1282年新堡建成,蛋堡

新堡

275

的重要性才开始降低。

翁贝托一世长廊

蛋堡

在前往蛋堡的途中，一座新古典主义风格的建筑吸引了我们的注意。走进去一看，原来就是遐迩闻名的翁贝托一世长廊（Galleria Umberto I），那不勒斯著名的购物长廊。长廊有类似于米兰埃马努埃莱二世拱廊街的透明玻璃屋顶，十字形平面，中间为穹顶，长廊内有很多当地著名时装品牌的店铺。只不过我们没有任何购买欲望，拍个照片就继续赶路了。

来到蛋堡时，太阳已经落山，但街上变得愈发热闹。通往蛋堡的桥上挤满了人。可能是由于地形的缘故，蛋堡看起来比新堡更像军事要塞。

从蛋堡回来的途中，远远就能看到维苏威火山的身影。这让我想起庞贝古城，想起那些被囚禁在蛋堡里的人物，颇感人生无常。

那不勒斯的炭火披萨享誉全球。到了那不勒斯，当然要品尝一下这里的披萨。查到一家网红披萨店，离住处还挺近，走到跟前一看，人山人海，店门前排队等候的人已经看不到尽头。只好放弃这家网红店，选了附近另一家披萨店。可能是饿了的缘故，这家的披萨，也非常好吃。说实在的，您真把两家店的披萨放在一起，我也吃不出其中的奥秘来。

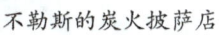
不勒斯的炭火披萨店

那不勒斯周围，海岸线曲折，风光秀丽，还有不少古镇，颇为诱人。我们预定了参加索伦托、波西塔诺和阿马尔菲一日游活动，第二天一大早，乘车游览这三个古镇。

一日游的第一站是索伦托(Sorrento)，离那不勒斯不远。我们的导游是个富态的那不勒斯小伙子，一路上不停地给我们介绍沿途风光。说说笑笑，不一会儿，车就开到了索伦托。

这个飘荡着橄榄和柠檬味道的小镇以其壮丽的悬崖景观而闻名。刚进城，司机便把车停在一个便于拍照的景点，一眼望去，小镇宛如一幅风景画，美不胜收。走进小镇，我们随着人流来到一个公园，居高临下，湛蓝的海水，清澈见底。游泳的，划船的，喝咖啡的，晒太阳的，构成了一幅地中海度假胜地的悠闲画面。

小镇中心的圣安东尼奥大教堂(Basilica di Sant'Antonino)历史悠久。这座教堂融合了不同时代的建筑风格,展示了历史的变迁。教堂内装饰着精美的壁画、祭坛和雕塑,其钟楼是索伦托的标志之一。

离索伦托不远的另一个小镇波西塔诺(Positano)则以其多彩的房屋和陡峭的山坡而闻名。这座小镇的建筑风格独特,房屋沿着山坡错落有致地排列,依山傍水,圣母玛利亚教堂也建在山坡上,绚丽多姿。波西塔诺的每一条街道上,都挤满了人,足见其火爆程度。

索伦托

波西塔诺

阿马尔菲(Amalfi)也是依山傍海的小镇,其风景与波西塔诺相似。除了自然风光,阿马尔菲还拥有悠久的历史,曾是一个重要的海上共和国。圣安德肋大教堂(Amalfi Cathedral)和阿拉贡王宫(Palazzo dei Principi)等历史建筑的存在,使小镇被列入联合国教科文组织世界遗产名录。

阿马尔菲

小镇公路

连接这些小镇的道路异常曲折，甚至惊险。无论是欣赏这里的自然景观，还是探索古老的建筑，这些小镇都能给人带来难忘的体验。

地中海心脏马耳他

马耳他有"地中海心脏"之称，首都瓦莱塔是世界上最小的首都之一。下午飞抵瓦莱塔，从飞机上看，瓦莱塔平铺在海岛的边缘，在蔚蓝色的大海中非常显眼。

入住旅馆后，便跑出来逛街。小巧别致的瓦莱塔汇集了众多的人文美景，显得既古朴又繁华。漫步在陡峭的街道，土黄色房屋搭配上鲜艳明亮的彩色门窗和盛开的鲜花，使这座古城焕发出无尽的魅力。与一对刚在这里买了房的年轻夫妇聊了几句，才发现街上的很多房子，特别是飘窗，都重新做了装修。

我们最先逛到了巴拉卡花园。这个瓦莱塔最大的城市花园，有上下之分，原是罗马骑士的私人花园，现在是瓦莱塔最主要的观景地点。花园里有高大的拱廊和巨大的拱窗，气势十足。在观景台上眺望格兰德港和三姊妹城，如巨幅画卷展现在眼前。海水之蓝，城墙之黄，经典的马耳他颜色。船来船往，云卷云舒，油然产生一种天人合一的感觉。

瓦莱塔城内的老薄荷街原来是骑士团统治时期的铸币街，现在是网红打卡地。在一家坐满年轻人的餐馆吃完晚饭后，夜幕降临在大街小巷。华灯齐放，每个巷子，每个转角，都像是电影场景中的取景画面。徜徉在亦真亦幻的街巷中，让人流连忘返。

古城广场一带热闹异常。高亢的音乐，闪烁的灯光，一场小型音乐会正在这里举行。

到马耳他的第二天上午，我们登上马耳他第二大岛戈佐岛(Gozo)参加四轮摩托车越野之旅。

戈佐岛以其原始自

瓦莱塔街景

三姐妹城

然美景而闻名。利用四轮摩托车游览岛上风景是个理想的选择，既方便，又刺激。

马耳他有著名的"三蓝"，即蓝湖、蓝洞和蓝窗。蓝窗(Azure Window)就在戈佐岛。蓝窗原来是整个戈佐岛最为著名的景点和整个马耳他的必游之处。它位于一个悬崖的尽头，是个由石灰岩形成的天然拱门，透过大门，游人可以看到海天一色的壮观景色。美剧《权力的游戏》曾在此地取景。

2017年3月8日，蓝窗坍塌。第2天马耳他政府宣布会考虑用3D结构数码全息图使它再现。今天虽无缘见到蓝窗，但能在蓝窗遗址的水面上凭吊，也不枉此行。

老薄荷街

古城广场

戈佐岛的乡村安静祥和，各个时期的历史遗迹散布在岛的各个角落。罗马帝国时期开发的盐田，基督教圣徒居住过的岩洞,流淌千年的泉水,都一一在身边掠过。骑着摩托在岛上穿村过镇,走街串巷,不但欣赏了沿途的风景,更能深入感受到戈佐岛的万种风情。

下午返回马耳他主岛之前,我们还游览了蓝湖(Blue Lagoon)。这个位于科米诺岛(Comino Island)附近的美丽海湾以其清澈的蓝色水域而受到人们喜爱。蓝湖的水几乎透明,白帆点点,游艇密布,海风飘来欢声笑语,给人一种天堂般的感觉。

四轮摩托车越野之旅

回程途中,驾驶快艇的小伙子接到电话,说来接我们的车子被堵在路上,不能按时到来。为了不让我们在岸边干等,他驾着快艇带我们继续参观岸边的一个个溶洞,还在海上表演起高速航行的绝活,给全船游人带来更多乐趣。

由马耳他骑士团于1573年至1578年修建的圣约翰大教堂(St.John's Co-Cathedral)是天主教在马耳他的主教堂之一,也是瓦莱塔的著名古迹。

这座教堂以其丰富的艺术品收

蓝湖

藏而斐声欧洲,其中最有名的艺术品是意大利画家卡拉瓦乔(Caravaggio)的油画《被斩首的圣约翰》。这幅作品被广泛认为是卡拉瓦乔的代表作,也是西方绘画中最重要的作品之一。就冲这,我们一大早便来到教堂。站在这幅画前,认真欣赏,颇有感觉。

卡拉瓦乔(Caravaggio)的油画《被斩首的圣约翰》

圣约翰大教堂内部的巴洛克式装饰极尽渲染,令人赞叹。祭坛和四周的雕像全用金箔作装饰,地面镶嵌着大理石。布满雕刻的石墙,描绘圣约翰生活场景的拱顶和侧面祭坛,都出自骑士普拉蒂之手。听着录音介绍在教堂走了一遭,感觉这座

圣约翰大教堂

教堂更像一个博物馆,其中的历史文物也同教会的圣物一样令人心怡,让人流连忘返。

离开教堂后,前往马耳他古都姆迪纳(Mdina)。这座古城的历史可以追溯到史前时代,它见证了马耳他的重大历史事件。高

耸的城墙、沉重的大门、教堂、住宅和各种古代建筑似乎都能撩起人们探究这座古城历史的兴趣。

圣约翰大教堂内部的巴洛克氏装饰

姆迪纳不但华丽，风景如画，而且由于《权力的游戏》在此取景拍摄而名声远播。古城很小，走完全程，每个角落都有令人难以忘怀的场景，与克罗地亚的杜布罗夫尼克（Dubrovnik）对比起来，难分伯仲。

从古城的一端走到另一端，感觉马耳他人对老城的保护相当用心，这里一定有像梁思成一样的学者为保存古都而辛勤工作。

下午乘船游览了马耳他三蓝之一的蓝洞

古都姆迪纳

（Blue Grotto），了却了一个追星的心愿。

落日余晖泼撒在海岸时，来到小渔村马尔萨什洛克

(Marsaxlokk)。海湾里，密密麻麻地停着色彩斑斓的小渔船，码头上，餐馆的凉棚彼此相连。坐下来，一边喝着啤酒，一边品尝本地海鲜，让人突然感受到马耳他有种别样的浪漫。

告别马耳他之前，我们特意来到被称为"三姐妹城"的历史区域。三姐妹城是维托里奥萨(Vittoriosa)、森格里亚(Senglea)和科斯皮库亚(Cospicua)的统称，他们是马耳他的历史摇篮。自腓尼基时代起，三姐妹城的小海湾一直被人们使用，几乎为每一个在岛上定居的民族提供了家园和堡垒，成为了马耳他重要的港口。

维托里奥萨旧称"比尔古(Birgu)"，是三大城中最古老的城市，早在骑士团到来之前就已经存在了，一度曾是马耳他的首都。骑

姆迪纳城墙

渔村马尔萨什洛克

士团到达马耳他之后,把比尔古作为最初的定居地。由于极具战略性的地理位置,历史上很多著名战役都与这个古城发生了关系。

三姐妹城一角

三姐妹城海湾

在海边徘徊了很久。历史的风云在这里落下尘埃,归于平静。一艘小船,停在岸边,遂登船游海。船老板生于斯,长于斯,沿岸古迹,如此家珍。他还多少有点儿北京出租车司机的劲头儿,指点江山,抨击时政,真是一个非常有趣的人。几天下来,无论是打车、吃饭,还是干什么其他事情,感觉当地人基本上都很诚实,也很自豪。国家虽小,却无小国寡民的心态。

活跃的埃特纳火山

下午飞抵位于西西里岛东岸的卡塔尼亚(Catania)。卡塔尼亚具有悠久的历史，可以追溯到公元前八世纪，是古代希腊殖民地。因此，这座城市拥有相当多的文化和历史遗产，包括巴洛克式建筑、古代剧院、大教堂等。该市的历史中心被联合国教科文组织列为世界文化遗产。

入住的民宿位于老旧的楼中，经过装修，房间焕然一新，但古朴的建筑风格，仍然给人一种新鲜的感觉。

卡塔尼亚位于埃特纳火山（Etna）脚下，是探索这座活火山的理想基地。埃特纳火山海拔3323米，是欧洲最高的活火山，也是世界上最活跃的火山之一。这座火山到目前为止已喷发过200多次，次数之多使它经常登上新闻头条。最近这些年埃特纳火山几乎年年喷发，最后一次喷发是在2023年8月14日，即我们到达那里的两个星期前。为了近距离看到埃特纳火山的真容，我们报名参加翌日上午的火山旅行团，有导游带着我们游览火山。

第二天一大早，我们从卡塔尼亚出

维托里奥萨

卡塔尼亚街景

发,沿着山路驱车前往集合地点。导游根据我们的身体状况,将登山者分成若干组,分别攀登不同的火山口。我们几个年龄稍大的,选择了较容易攀登的路线。一路上,导游给我们讲解火山活动的历史和科学知识,使整个征程充满刺激,且很有趣。

埃特纳火山的地质景观令人难忘。喷发出来的熔岩,被摧毁的森林和房舍,云雾缭绕的火山口,给人一种神秘、令人屏息的感觉。尽管火山活动带来了破坏,但埃特纳火山周围也孕育了丰富的生态系统。火山喷发后,周围的土壤非常肥沃,适合植物生长。在火山坡上,人们可以看到茂密的森林、绚丽多彩的花卉,以及各种野生动物。

艾特纳火山

被火山摧毁的森林和房舍

埃特纳火山的地质景观展示了大自然的壮丽和力量,也让人们深刻体验到了大自然的神秘和不可预测性。在这种壮观的景象面前,人类应该感到谦卑,产生敬畏。

活跃的火山

从埃特纳火山下来后,我们前往附近的萨沃卡(Savoca)。萨沃卡是一个历史悠久的小村庄,有很多保存完好的中世纪建筑,包括教堂、修道院和古老的街巷。这个小村庄之所以成为旅游热点,是因为电影《教父》的影响,西西里岛,以及萨沃卡村都是这部电影的取景地。

电影的主人公迈克·柯里昂(阿尔·帕西诺饰)逃离纽约到西西里岛避难,爱上了西西里女子阿波罗尼亚·维泰利的故事就是在这拍摄的。

我们先到维泰利酒吧,迈克尔·柯里昂就在这里遇见了咖啡馆老板,也就是他未来妻子阿波罗尼亚的父亲。维泰利酒吧也是迈克·柯里昂向阿波罗尼亚的父亲请求允许与他的女儿结婚的地方。

座落在村头三岔路口的酒吧,门前有个小广场,一座拍电影的雕塑赫然而立。许多游人排队与雕塑拍照,拍完照回过身来,看到的就是维泰利酒吧,一座两层的灰色小楼,门前的空地被郁郁葱葱的绿色植物包裹得严严实实。进去一看,是个露天酒吧,但座无虚席。

萨沃卡

因为《教父》的关系,这里的生意火爆,恰逢此时一桌客人结账走人,我们没费多大劲,就等到了座位。西西里人非常热情,邻桌一位在美国纽约生活了多年的本地老太太不但主动为我们介绍这家店及当地的特色食品,还为我们在这里拍摄合影。

酒吧地理位置优越,可以坐在庭院欣赏萨沃卡周边地区的美景,是放松并欣赏萨沃卡景色的好地方。

坐在酒吧就能看到的圣尼科洛教堂(Chiesa di San Nicolò)也是电影《教父》的拍摄地。迈克·柯里昂和阿波罗尼亚就是在这座教堂举行婚礼的。山村的小教堂,面积虽然不大,却卓尔独立,在村里显得鹤立鸡群。

维泰利酒吧

陶米尔那(Taormina)是西西里岛东北部的一座旅游小镇，位于悬崖之上，面朝地中海。它以壮丽的自然景观、古老的历史遗迹和迷人的文化氛围而令人向往。

陶米尔那的历史可以追溯到公元前四世纪，最早是古希腊殖民地。这座城市在罗马帝国时期达到了巅峰，成为一个繁荣的港口城市。在中世纪，陶米尔那成为诸多帝国和王国的争夺对象，包括拜占庭帝国、阿拉伯人和诺曼人。这些不同文化的影响使得陶米尔那成为一个独特的城市，融合了各种艺术和建筑风格。

圣尼科洛教堂

陶米尔那

陶米尔那最著名的景点就是希腊剧场，建于公元前三世纪。这是一个保存完好的古希腊剧场，可以容纳约5,000多名观众。由于建在悬崖上，观众可在剧场里眺望远处的大海和火山，享受海水火山同框的特殊美景。坐在这个现在还在使用的希腊剧场，感觉比当年坐在所谓"世界的中心"的希腊德尔菲的露天剧场距离古希腊更近,剧场本身成了一座跨越时空的桥梁。

陶米尔那希腊剧场

今天天气贼热。漫步在小镇火热的石板街上,热上加热。酷热的天气使我们不得不尽早撤离小镇,告别镇上那些为人追捧的名胜,投奔山下那片清澈的海水和喧闹的海滩。于是,乘缆车下山,将自己沉浸在蓝天碧水之中,享受陶米尔那的自然美景和历史文化的融合之美。

锡拉库萨

锡拉库萨(Syracuse)位于爱奥尼亚海岸(Ionian Coast),是个足以体现西西里岛永恒魅力的城市。奥提伽(Ortygia)是由两座桥与锡拉库萨相连的岛屿,是这个城市老城的核心。锡拉库萨大教堂或古代雅典娜神庙,阿基米德广场等著名古迹

陶米尔那街巷

都在这个地方，因此，整个区域被联合国教科文组织列为世界文化遗产。

上午参观尼亚波利考古遗址公园。天堂采石场(Latomie del Paradiso)是园内主要景点，其历史可追溯到公元前六世纪。采石场周围高耸的岩壁，形成一个天然的圆形露天剧场，被人们称为"天堂"(Paradiso)，还真有那么点意思。由于特殊的地理环境，这个采石场在古代被当作剧场，用来举办音乐会、戏剧演出和其他娱乐活动。在罗马时期，这个地方还被用作关押囚犯的监狱。

陶米尔那海滨

在古希腊和罗马时期，锡拉库萨城内最重要的石材都来自天堂采石场。经过上千年的开采，这里出现了许多令人震惊的石灰岩洞穴。其中，戴奥尼夏之耳(Orecchio di Dionisio)是个20多米高的洞穴。这个名字的由来源于古希腊时期的暴君戴奥尼修斯(Dionysius I of Syracuse)。据说，他利用采石场的音响效果来监听囚犯低声说出的秘密。另有一种解释，因为洞穴形状像猫耳朵，所以，俗称"猫耳洞"。

考古遗址公园内的希腊剧院(Parco Archeologico della

马耳他、西西里和突尼斯游记

天堂采石场内景观

天堂采石场

Neapolis)最初建于公元前470年的Hiero I 统治时期,是古代世界最大的剧院。61排座位可容纳15,000名观众。正是在这里,埃斯库罗斯(Aischylos)至少有两个悲剧曾在此演出,而索福克勒斯和欧里庇得斯的作品也在这里演出过。

罗马圆形斗兽场建于公元三世纪。它是继罗马斗兽场之后的第三大建筑。十六世纪,西班牙人用这里的石头建造奥提伽岛的城墙,摧毁了这座斗兽场。看着遗留下的断壁残垣,让我不禁想起北京城墙的命运,令人不胜唏嘘。

奥提伽(Ortygia)是锡拉库萨最迷人的地方,也是这个城市的历史中心。这个小岛在古代希腊时期被认为是阿波罗的儿子、太阳神赫利奥斯(Helios)的女儿奥提斯(Ortygia)的诞生地,因此得名。这里不但古迹众多,而且还由于意大利电影《Malèna》(中文译名《西西里的美丽传说》)而名声大噪。

阿基米德广场是奥提伽岛城市生活的中心，以古希腊数学家和科学家阿基米德(Archimedes)的名字命名。广场周围的巴洛克建筑记录了奥提伽岛从中世纪至今的整个历史。

锡拉库萨大教堂(Syracusa Cathedral)最初为希腊风格的雅典娜神庙。使徒保罗来此传教之后，基督教成为西西里的主要宗教，于是，人们将其变为一座拜占庭风格的天主教堂。阿拉伯人征服这个岛屿后，这座教堂又变成了清真寺，直到十三世纪该城被诺曼人占领后，才又恢复为天主教堂。随着时代的变迁，教堂建筑被添加了各种文化元素。十七世纪大地震后，教堂浴火重生，以当时流行的巴洛克风格的华丽外形重新面世。因此，可以毫不夸张地说，西方各种建筑风格在这里荟萃一堂。

考古遗址公园内的希腊剧院

阿基米德广场

马耳他、西西里和突尼斯游记

多莫大广场

锡拉库萨大教堂

教堂所在的多莫大广场(Piazza Duomo)就是《西西里的美丽传说》的拍摄地。影片中漂亮的女主人公玛莲娜经常在这个广场经过。每当她走过时，广场上的男人们大都用贪婪猥琐的目光追踪着玛莲娜，而女人们则以嫉妒的眼神盯着这个女人嚼舌头。在当时的锡拉库萨，唾沫星子照样淹死人。影片通过一个男孩的视角将这个美丽善良的寡妇在这里遭受的苦难表达得淋漓尽致，令人印象深刻。

我们来到广场的时候，一对青年正在举办婚礼，古董级的婚车竟开到教堂门口，场面颇为壮观。观看完婚礼，出了教堂，又看到广场上还有一对情侣在拍结婚照。看到他们，更为马莲娜感到叹息。

离广场不远的阿勒杜萨喷泉(Arethusa Spring)是锡拉库萨最古老、最具传说色彩的泉水之一。根据古希腊神话，阿勒杜萨

(Arethusa)是猎神阿尔忒弥斯(Artemis)的一位女神。传说中,阿勒杜萨是阿尔忒弥斯的一个忠实的侍女,但她被河神阿尔凡诺斯(Alpheus)追求,为了躲避他的骚扰,她向阿尔忒弥斯祈求帮助。

阿尔忒弥斯同情阿勒杜萨的遭遇,将她变成了一条泉水,并将她送到了锡拉库萨。传说中,阿尔凡诺斯也变成了水流,穿越地下,最终与阿勒杜萨相会,使得阿勒杜萨之泉池水始终保持清澈。池中生长着尼罗河畔常见的纸莎草,随风摇曳。

锡拉库萨大教堂内的婚礼

锡拉库萨海边风光旖旎,在这里散步真是一种享受。走着走着就来到了马尼亚切城堡(Castello Maniace)。这座由神圣罗马帝国皇帝弗里德里希二世(Frederick II)下令修建的城堡是典型的中世纪军事建筑,具有独特的

阿勒杜萨喷泉

哥特式和诺曼式风格。它的石墙、塔楼和堡垒构造显示出当时的军事工程水平。

晚饭后,再来多莫大广场散步。夜幕下的广场依旧人头攒动,熙熙攘攘,充满了生活气息。历史像泉水一样流淌,人们的生活依旧如常,一切美好的妙曼,只有身临其境才能感受得真切。

欧洲巴洛克艺术最后的高潮

今天连续窜访了三座古城,诺托(Noto)、莫迪卡(Modica)和拉古萨(Ragusa)。这三座古城被联合国教科文组织共同列为世界文化遗产,称之为"欧洲巴洛克艺术最后的高潮"。

诺托以其华丽的巴洛克建筑、宏伟的教堂和壮观的景色而闻名。这座城市在1693年的地震后被重新建造,建筑师们用金黄石料重建了原有的教堂和宫殿,被人们称为"石头花园",其建筑

马尼亚切城堡

诺托的台阶

风格充满了巴洛克时期的独特魅力。

一大早,我们便来到诺托,街上行人寥寥无几,难得的宁静。刚在诺托大教堂附近的街区把车停好,就看到一片花花绿绿的图画沿街铺洒过来。仔细一看,原来是一条具有诺托特色的街道,与巴西里约热内卢老城里的"塞勒隆台阶"非常相似。只不过里约的塞勒隆台阶用的是彩色瓷砖,而这里的台阶是画或贴在石头上的图画,画面更为精致。

来到诺托大教堂(Cattedrale di Noto)时,还未到开门时间,于是,便先参观开门较早的圣萨尔瓦多教堂(Church of SS Salvatore)。这座巴洛克风格的教堂拥有一座塔楼,爬上去后可鸟瞰诺托全景。

诺托大教堂建于1693-1770年间,外观充满了巴洛克式华丽的装饰和精致的雕刻。教堂的建筑师是意大利建筑师罗塞托·罗

圣萨尔瓦多教堂

诺托大教堂

萨·迪·普罗普佐利(Rosario Gagliardi)，正是他的杰出设计，才使其成为诺托巴洛克建筑风格的代表作品。

教堂气势恢宏，高高的台阶上，蔚蓝的苍穹下金光耀眼，辉煌的塔楼，精美的雕塑，突显其巴洛克建筑风格。教堂正面的大门廊上方雕刻着圣尼古拉(St. Nicholas)的雕像，大厅装饰豪华，许多艺术品，其中包括彩绘玻璃窗、雕塑和壁画，展现了巴洛克时期艺术的辉煌。

由于这天是宙访，尽管诺托有很多巴洛克建筑，也只能暂时割爱，匆匆上路，前往下一个城市莫迪卡(Modica)。

莫迪卡

莫迪卡也是一个典型的巴洛克城市，以其特殊的巴洛克建筑风格、美味的巧克力和悠久的历史而闻名。这座古城分上下两城，主要景点都位于下城。吃完午饭，我们乘坐游览车上上下下转了个遍，

拉古萨

莫迪卡的建筑与山体融为一体，蔚为壮观。

拉古萨(Ragusa)小城建在两个深谷之间的宽阔石灰岩山顶上。1693年地震后重建的拉古萨也分成上下两部分，我们租住的民宿位于上拉古萨，在阳台上就能看到拉古萨依山而建的不凡气势。

晚饭前，沿着崎岖的山路，游览了老城区，圣乔治大教堂(Duomo di San Giorgio)、城市花园，以及鳞次栉比的记不住名字的教堂，都体现出巴洛克的精致细节，呈现出独特的魅力。

圣乔治大教堂

连走三城，大有一天看尽巴洛克的架势。说实在的，一天下来，还真增加了不少对巴洛克的感性认识。巴洛克艺术强调视觉的复杂性和豪华感。建筑、绘画和雕塑作品通常充满了装饰性的细节，用丰富多彩的材料和金色装饰，来增加艺术品的华丽度。巴洛克风格的教堂注重利用圆顶、拱顶、穹顶等特殊结构加强建筑的曲线和弧度，其中的绘画和雕塑作品大多表现基督教故事和圣经场景，以壮观的方式传达信仰的力量和神秘感。

时光匆匆，尽在不言中。

马耳他、西西里和突尼斯游记
阿格里真托及南部小镇

朱诺神殿

和谐神殿

阿格里真托(Agrigento)是座古城,位于西西里岛南部海岸。尽管城市的规模并不算大,但在古希腊黄金时代,却是一座重要城市。

阿格里真托是古希腊殖民地阿卡加斯帝国的一部分,因此在这里可以看到众多古希腊遗址,其中最著名的就是位于城市南部的瓦莱德神庙谷(Valley of the Temples)。这里的古希腊原始遗址在十八世纪末被重新发现,如朱诺神殿(Tempio di Giunone)、赫拉克勒斯神殿(Temple of Heracles)、和谐神殿(Temple of Concordia)和赫克托神庙(Temple of Hercules)等。自1997年以来,整个地区已被联合国教科文组织列为世界文化遗产。

古希腊人在公元前六世纪和五世纪期间在此建造了七座多立克风格的巨大希腊神庙。这些神庙遗址是希腊以外最大、保存最完好的古希腊建筑。这个地区大部分古代建筑至今仍未被挖掘。但仅仅是挖掘和修复出来的这部分就足以让世界震惊。

站在朱诺神殿(Tempio di Giunone)前,仿佛置身于雅典卫城。这座神庙建于公元前450-440年间。公元前406年,曾被迦太基人烧毁,必须重建。如今这座庙只剩下一面墙较为完整。

和谐神殿(Tempio della Concordia)建于公元前五世纪。它于公元六世纪变成了一座基督教堂,正因为此,它是神殿谷中保存最完好的神殿。尽管规模比帕特农神庙(Parthenon)略小,但现存的状态比帕特农神庙要好了很多。

赫拉克勒斯神殿(Temple of Heracles),又称大力神殿,可能是阿格里真托

赫拉克勒斯神殿

奥林匹亚宙斯神庙

7座神庙中最古老的一座庙宇，大约在公元前六世纪末建成。如今只剩下几根石柱，立在废墟之上记录着时代的沧桑。

奥林匹亚宙斯神庙(Tempio di Zeus o Giove olimpico)建于公元前480年，为庆祝城邦战胜迦太基而建，但在完工之前就被迦太基人摧毁了，现存乱石一堆，供人凭吊。

土耳其台阶

土耳其台阶也是阿格里真托的网红打卡地。这个网红台阶所在的悬崖是西西里岛海浪最平静的海湾。经过数千万年的海浪侵蚀，这里的一处悬崖逐渐形成一层层白色且光滑的台阶，颇受游人青睐。

自被列为世界遗产地后，又随着一些影视剧取景的影响，土耳其台阶的名气日渐高涨。由于来自世界各地的游人慕名而来，当地的小商小贩已把生意做到了海滩上。他们因地制宜地在海滩上铺张床单，就成了一个摊位，贩卖游泳用品、假名牌墨镜及旅游纪念品等，给这片海滩增添了烟火气息。

埃里切(Erice)是一座保存完好的中世纪小镇，位于特拉帕尼山顶，远离城市的喧嚣，有令人惊叹的景色和悠久的历史。虽然小城以其众多的教堂而闻名，是个被称为拥有上百座教堂的小镇,但由于一路上看了不少教堂,我们更感兴趣的还是埃里切标志性建筑维纳斯城堡(Castello di Venere)。

一到埃里切,就被其迷人的中世纪风貌所吸引。窄窄的街道、斑驳的石头建筑和鹅卵石街道,立马将我们带回到了它辉煌的年代。

这座城堡是由诺曼人使用埃里切的维纳斯神庙的材料建造而成,因此得名。城堡实际是一座供奉维纳斯的神庙,后增防御工事,形成一个城堡。到了中世纪早期,神庙的大部分遗迹已不复存在。在波旁王朝时期,它成了一座监狱。十九世纪末,阿戈斯蒂诺-佩波利伯爵将其修复。

城堡环绕的塔楼位于小巧玲珑的巴利奥花园(Balio)的一角。花园居高临下,凭栏远眺,湛蓝的地中海,特拉帕尼和

埃里切城堡

埃里切一角

周边壮丽的海岸线，一览无遗。

这里的盘山公路，九曲十八弯。虽然埃里切进出并不十分方便，但这里宁静的自然景观却让人流连忘返。

尽管西西里岛上到处是充满魅力的城镇，从卡塔尼亚到埃里切，一路的风景无限延伸，但是巴勒莫(Palermo)依然是我们在西西里岛上首当其冲的游览重点。

西西里首府巴勒莫

作为西西里的首府城市，巴勒莫拥有极其丰富的名胜古迹、历史悠久的多元文化和名扬全球的传统美食。

巴勒莫真不愧为西西里岛最大的城市，一进城，就赶上堵车，交通拥挤，感觉回到了芝加哥。所不同的是，街上开摩托车的年轻人很多，他们在车缝中呼啸穿行，彰显巴勒莫特色，给人的感觉是，黑手党在这里横行天下。

第二天一大早，前往蒙雷阿莱大教堂(Cattedrale di Monreale)。

蒙雷阿莱大教堂

这座大教堂建于十二世纪，融合了拜占庭、阿拉伯和诺曼的建筑元素，呈现出令人瞩目的艺术多样性。

一进教堂，祭坛上方巨大的马赛克基督像，庄严而神秘。整个大教堂的墙壁、穹顶和柱子上都装饰着精美的马赛克，金光闪闪，每一个细节都饱含着宗教寓意和圣经故事。这些马赛克以其精湛的技艺和细致入微的绘画而著称，被誉为中世纪意大利最杰出的艺术品之一。恢弘而奢华的教堂大厅中，安静得出奇，人们被这里的艺术氛围彻底征服了。

教堂内的马赛克基督像

仰头看圣经故事的壁画看得太久，走出蒙雷阿莱大教堂，我的脖子才感到阵阵酸痛。

下午去老城逛街，经过维托里奥·埃马努埃莱歌剧院（Vittorio Emanuele）。这座以意大利国王维托里奥·埃马努埃莱名字命名的歌剧院在意大利排名第一，也是欧洲第三大歌剧院。看到歌剧院前的靓女俊男，您会把黑手党忘得一干二净。

维托里奥·埃马努埃莱歌剧院

马耳他、西西里和突尼斯游记

四角广场,摄影贺小强

羞耻泉

老城中心的四角广场(Quattro Canti),也被称为"奎脱角十字路口,是老城最热闹的地方。这个十字路口四面矗立着四座几乎相同的巴洛克风格的建筑,相互对称。每座建筑上都站着三尊从上到下排列的雕像,分别代表着四季、西西里王国的四位西班牙国王以及四位守护者。

在四角广场南边,便是著名的普雷托利亚喷泉(Fontana Pretoria),即羞耻泉。巨大的喷泉四周围绕着多尊裸体雕像。因此,这个广场也被称为羞耻广场(Piazza della Vergogna, plaza sham)。这些裸体雕像是1573年从佛罗伦萨移过来的。

这座喷泉兴建的时候正值意大利文艺复兴运动盛行,社会风气比较开放。然而,西西里孤悬海外,且受到穆斯林文化的影响,这些裸体雕像无疑越过了西西里保守的本地人的道德红线,因此,他们给这座喷泉起了个"羞耻之泉"的别称。

以四角广场为中心的街道,热闹非凡。我们从诺曼王宫一路逛到海边,沿途古迹众多,最著名的当然是巴勒莫大教堂(Cattedrale di Palermo)。这座宏伟的大教堂是巴勒莫不能错过的景点,也是西西里的世界文化遗产。教堂的塔楼正在维修,但依然可以进去参观。

羞耻泉雕塑

这座教堂融合了拜占庭、阿拉伯、诺曼、哥特和巴洛克等多种建筑风格。恢弘高耸的穹顶令人震惊,拱廊石柱的精美雕塑让人目不暇接,每一块马赛克都鲜艳夺目,描绘着圣经故事和基督的生平。

教堂内弥漫着神圣的气氛。这里的每一块石头、每一幅画作,都有一个故事,都蕴含着巴勒莫的历史和文化。对我来说,这里不仅是一座教堂,而且也是一座艺术殿堂,一个历史博物馆。在这里,您不仅可以看到西西里岛丰富多彩的历史,也能领略到不同文化交汇融合诞生的艺术精华。

切法卢(cefalu)在巴勒莫向东70公里的地方,是地中海最美的海滨小镇之一。如果您对这个地方不太熟悉,那您知道电影《天堂电影院》(Nuovo Cinema Paradiso)吧,这里便是取景地。

巴勒莫大教堂

切法卢山势陡峭，三面环水。刚走进小镇，便见到街筒子里挤满了人的景象。这里的人气爆棚，真是没得说。就连海滩上，也铺满了花花绿绿的遮阳伞和享受日光浴的人。

切法卢的海滩不仅相当有规模，而且沙质柔软细腻，躺在上面不是一般二般的舒服。无论躺平在沙滩上，还是躺在风平浪静的海面上，极目西天舒的同时，您还能看到海岸上洛卡山（La Rocca），看到山上古朴无华的小镇、斑驳古旧的民房和镇上永远流动的人群。

躺平在沙滩上，好像历史在这里终结。其实，小镇历经风雨，依然风情不减。

走进小镇寻幽访古，更感到这里人保留传统拒绝与时俱进的顽强。狭窄的街巷，老旧的房屋，古老的教堂。可能正是因为小镇的这种传统风貌，才吸引了电影导演来这里取景拍电影吧。

小镇虽小，却拥有一处联合国教科文组织命名的世界遗产，即位于小镇中心的阿拉伯-诺曼大教堂。这座大教堂的历史可以追溯到十二世纪。游完泳,躺够了,走近了大教堂。

大教堂建于陡峭的山崖之下,依山傍海与自然融为一体。相传西西里诺曼国王鲁杰罗二世(Ruggero II)一次在海上遇到风暴,最终死里逃生,在这里上岸生还。他认定这是神的保护,故建此教堂,以示向耶稣谢恩。

切法卢

国王甚至在教堂中准备了两个精美的大理石棺材,打算和妻子死后一起葬在这座教堂中。

鲁杰罗二世逝世后,他的儿子古列尔莫二世(Guglielmo II)将所有

切法卢海滩

人力和资源都转去建造巴勒莫蒙雷阿莱大教堂(Cattedrale di Monreale),所以,如今所见的切法卢主教堂内部装饰异常简朴,

但仍不失庄严。

按照行程今天飞突尼斯，上午抵达巴勒莫机场后，才被告之我们原定的航班已被取消。航空公司的工作人员好像司空见惯，不紧不慢地为旅客寻找其他航班。没有替代航班，今天走不成了。

尽管行程被打乱，有点儿猝不及防，但也不是什么大不了的事。就当巴勒莫好客，非要多留我们一天，有什么不好呢？

在机场附近找了个民宿，入住后，在海边闲逛，这才有了机会在普通社区看看当地人的生活状况。在街上转转，感觉和旅游区还真不一样。当地百姓的住宅很有特色，既有深宅大院，也有小门小户。家家的院子里都种满

阿拉伯—曼诺大教堂

巴勒莫海滨

了花草,显得温馨舒适。

民宿的房东为我们推荐了一家餐馆,在郁郁葱葱的院子里,一边吃晚餐,一边听餐馆主人在庭院中自弹自唱,惬意无比。

茉莉花革命始发地突尼斯

今天起了个大早,准时到达机场,一切顺利。经罗马转机,中午便抵达突尼斯。

突尼斯的天气与西西里大致相同,干燥炎热,橄榄树、仙人掌、棕榈树随处可见。去旅馆的路上,车水马龙。街上的车,看起来比意大利的车体型稍大,但两国的市容,差距就不是一星半点儿了。沿途的居民区,让人很容易想起中国七、八十年代城乡结合部的景象。

哈马马特旅游度假村

入住旅馆后,正赶上饭点儿。于是,大块吃肉,大碗喝酒,进入真正的度假模式。哈马马特一带海水清澈,沙滩松软,游泳池边设有酒吧。一杯威士忌下肚,立马让人感到岁月静好,幸福感飙升。

次日早晨,前往迦太基(Carthage)古城遗址一游。迦太基是突尼斯的标签,为什么"人到突尼斯,必至迦太基"呢?

迦太基是北非的著名古国，其中心在今突尼斯境内，约在公元前814年，由腓尼基城邦推罗移民所建。从此，迦太基发展成为覆盖地中海沿岸大部分地区的贸易帝国，孕育了灿烂的文明。

迦太基古城遗址

到了公元前三世纪，日益强盛的罗马帝国为争夺地中海西部，与腓尼基人三次大战，终于在公元前146年占领了迦太基城，并将其付之一炬，大火燃烧了16天，把这座古城化为一堆废墟。迦太基被古罗马灭亡后，新的罗马-迦太基城在原来的废墟上重建起来，成为仅次于罗马的第二大城。现在的古城遗址主要是这一时期的建筑。

今天的迦太基城虽只剩下残垣断壁，但从残存的遗迹可知当时工程之浩大。当年的主要建筑有长34公里、高13米、厚8米的城墙以及宫殿、神庙、别墅、住房、公共浴室、竞技场、跑马场、剧场、基地和港口等等，蔚为壮观。

仅以安东尼浴场为例，便可想见这座古城有多么辉煌。安东尼浴场是罗马皇帝安东尼修建的。如今，地面建筑只剩下柱石残墙，但从底层结构可以看出两边对称地排列着的更衣室、热水池、按摩室、蒸浴室、温水室、冷水室等功能性建筑，浴场用水通过石槽从外边输入，水槽仅存数段，现在仍依稀可辨。古罗马人对洗浴的偏爱和讲究，由此可见一斑。

走在古城遗址，巨石砌成的墙基、断裂的花岗岩石柱，显示着当年巨型建筑的规模和体量。一砖一石，一草一木，都延续着迦太基的历史，记载着变迁的时代。

1978年，联合国科教文组织将迦太基遗址列入第一批"世界文化与自然遗产"的名单中，突尼斯政府在这个遗址建立了国家考古公园。

离迦太基古城遗址不远，有个名叫西迪布萨义德(Sidi Bou Said)的小镇，很受游人追捧。这个所谓的"蓝白小镇"坐落在地中海边峭壁之上，所有的房屋只有两种颜色，白墙，蓝门窗。色调单纯，却美艳无比。一条鹅卵石铺就的街道，弯弯曲曲，蜿蜒上山，阳光下亮得耀眼的白色房屋，被鲜艳的三角梅点缀得更加娇艳，让人感觉仿佛置身于童话之中。在这里喝杯咖啡，欣赏海景，心旷神怡。

西迪布萨义德

来到哈马马特度假村，我们专门安排了一天彻底放松，躺在海滩上晒太阳，体验了一把啥事都不做的滋味。尽管海滩上音乐震天响，我自充耳不闻，竟然呼呼睡了一觉，醒后感到心清气爽。

在海水里泡够了，出来逛街。出了旅馆没多久，便来到哈马马特城的热闹地界。

哈马马特海湾一带，布满了高级旅店，街上到处都是慵懒的游人。我们走进度假村新建的麦地那(Medina)，在黄色石块筑起的城墙内，发现这里的建筑风格与蓝白小镇颇有几分相似，各种阿拉伯建筑元素都在这里得到体现。狭窄的巷道、琳琅满目的手工艺品和传统市场的氛围，吸引着大批游客和当地居民。

哈马马特渡假村海滩

晚饭后，再次来到这里观看夜景，街上的气氛比白天更热闹。这一地区被人们称为"茉莉花哈马马特"，非常形象。

经过在度假村的短暂休整后，继续丰富多彩的突尼斯旅行。凯鲁万大清真寺、埃尔杰

哈马马特购物中心

姆斗兽场和苏塞古城都是突尼斯不容错过的历史古迹。

我们的第一站就是伊斯兰世界的第四大圣地凯鲁万(Kairouan)。

凯鲁万大清真寺(The Great Mosque of Kairouan)是一座被列入联合国教科文组织世界文化遗产的清真寺,建于公元九世纪,是北非历史最悠久、规模最大,且与麦加、麦地那、耶路撒冷齐名的世界四大清真寺之一。它的建筑风格融合了阿拉伯、拜占庭和罗马风格,是伊斯兰建筑的杰作。突尼斯人认为,到凯鲁万朝觐七次,就相当于去了一次麦加朝觐。

哈马马特游乐场

凯鲁万大清真寺

凯鲁万老城,冷冷清清。来到大清真寺外,竟不得其门而入。找到入口后,脱鞋进寺,庭院中尚无游人,空空荡荡。作为伊斯兰世界的四大清真寺之一的凯鲁万大清真寺,当然是指其历史地位，单就体量而言，阿曼、阿布扎比和伊斯坦布尔的清真寺比这座清真寺显然大了很多。

尽管如此，这座矗立在凯鲁万老城中央的大清真寺营造出的历史氛围仍让我深深感受到了伊斯兰文化的深厚传统和信仰的力量。

接着，前往埃尔杰姆(El Jem)斗兽场。埃尔杰姆斗兽场建于三世纪，是罗马皇帝加里恩时期的杰作。它的规模庞大，能容纳近3万名观众，是古代角斗和车轮战的见证者。这座斗兽场的外墙高达30米，内部则包括了地下通道、豪华的看台和野兽牢笼。斗兽场的设计精湛，无疑是古代建筑工程的典范。

这座斗兽场是仅次于罗马斗兽场的世界第二大古代罗马斗兽场。如此巨大的工程，竟保存得如此完好，让人感到震惊。烈日下，坐在观众席上，想象着古代罗马人在这里观看惊心动魄的角斗和各种演出，仿佛能听到古罗马角斗士的呐喊和观众的欢呼声，回到了那个峥嵘的年代。

苏塞(Sousse)是个沿海城市，号称地中海的花园，其风采可

埃尔杰姆斗兽场

想而知。这里的民居，建筑风格多样。1988年联合国教科文组织将苏塞老城作为文化遗产，列入《世界遗产名录》。

走进老城，穿行在狭窄的街巷中，当地的风土人情扑面而来，见到我们走来，小商贩们总是"China、China"地跟我们打招呼，显得特别热情。钻出看不见尽头的市场街，登上一座叫作 Ribats 的古堡，极目望远，海阔天空，苏赛的景色着实迷人。

苏塞古堡

突尼斯城是一个充满历史和文化遗产的城市，老城和新城代表着传统与现代，各自显示独特的魅力。

离开突尼斯的前一天，我们起了个大早，直奔突尼斯老城(Medina)的扎伊图纳清真寺(Zitouna Mosque)。这座俗称"橄榄清真寺"的清真寺是突尼斯市最古老的清真寺，它的160根柱子取自迦太基老城区的废墟。

按照GPS的指引，我们直接把车开进了老城，寻找停车位。没想到，所有停车位都已停满了车。知道根本无法在老城停车的时候，想把车开出老城已经非常困难。这里车多人多路窄，比其他穆斯林国家的老城混乱而无序。能在这里开车，估计在哪儿开车都没问题。经过百般的惊心动魄,终于把车挪出了老城,在新城找到了停车之处。

沿着新城的布尔吉巴大道(Avenue Bourguiba),来到巴尔贝尔城门(Bab el Bahr),这是老城区的主要入口,也是突尼斯城的象征之一。城门前的小广场,挤满了人。进入老城的各个路口,好像都被乌泱乌泱的人填得水泄不通。为了看一眼老城中的橄榄清真寺,我们硬着头皮挤进了一条窄巷,进去之后,才意识到走进了迷宫。弯弯曲曲,七拐八拐,不知身在何处。如无人指点迷津,任你本事再大,也很难自己走出来。

突尼斯老城

橄榄清真寺

我们很幸运,问路时遇到了一位带路党。这位突尼斯小伙子英语还不错,交流没问题。不一会儿,就把我们带到了清真寺外。可惜的是，清真寺下午2点才开门，一时半会儿进不去。于是，小伙子热情地带我们游览迷宫里的古迹。他对这里的一砖一瓦都如数家珍，什么土耳其国王的私宅，某某艺术家的原作，经他之口，娓娓道来，都是故事。

告别了突尼斯小伙子，我们尝试着自己走回新城。窄巷中人越来越多，多到缺氧的程度。终于随着人流挤出了迷宫，大有重见天日的感觉。

突尼斯城新城(Ville Nouvelle)的布尔吉巴大道(Avenue Bourguiba)是一条著名大街，以突尼斯国父哈比卜·布

市场街人山人海

尔吉巴(Habib Bourguiba)的名字命名。这条比美巴黎香榭丽舍大街的街道上，有许多咖啡馆、餐厅、购物中心和悬挂着突尼斯国旗的现代建筑，独立广场边上还有一段路被封锁，并禁止拍照。是不是又发生了什么茉莉花革命啊？走过拿着枪穿着警察制服的俊男美女，见到我们都和颜悦色，街上也是一派祥和，茉莉花依然芬芳。

布尔吉巴大道

阿曼阿联酋纪行

奥米克戎病毒在全球肆虐,给我们去阿曼阿联酋的旅行增添了很多变数。然而,经过诸多努力,我们还是按计划踏上了旅程。

这波奥米克戎病毒强大的传染性吓退了不少飞来飞去的旅客,往日熙熙攘攘的芝加哥机场比平时清净了许多。在飞往阿姆斯特丹的航班上,很多座位都空着,显得有点儿冷清。飞机起飞后,便有很多旅客找空座位选择躺平。这种现象已有多年不曾遇到了,让人感到疫情的阴霾无处不在。

清晨抵达阿姆斯特丹。以前多次在这个机场转机,但都不曾出机场到市里逛逛。这次也是转机,一如过往。阿姆斯特丹的风情再令人向往,海港、风车、郁金香,也都只能继续徘徊在想象之中,成为日后来这个城市的念想。

马斯喀特

抵达阿曼首都马斯喀特(Muscat)已是二月一日凌晨,正是中国的大年初一。虎年的第一天,在这样的时刻踏上一个陌生国家的土地,无论如何都是值得纪念的。

马斯喀特一角

说阿曼是个陌生国家，的确不假。这个阿拉伯半岛上的古老国家，在当今的国际新闻中一直默默无闻，与旁边内战频仍海盗猖獗的也门和依仗石油暴富豪气冲天的阿联酋相比，尤其显得低调，以至于很多人甚至都不知道这是个什么样的国家。

阿曼是个苏丹国，一个君主专制的国家。在君主专制国家，遇到什么样的君主，就只能看老百姓的造化了。阿曼的前任苏丹卡布斯(Sultan Qaboos)位半个世纪，两年前突然去世，他对这个国家有着显而易见的影响。从大街上到处都能看到他的画像到阿曼当地导游一提到他爱民如子的模范事迹就热泪盈眶，便能感觉到这位苏丹还是位颇受人民爱戴的君王。

卡布斯相貌英俊，个人形象与他的执政理念相得益彰。而他的父亲赛义德三世却是个坚持传统且刚愎自用的君主。在赛义德三世统治期间，他抱残守缺，拒绝现代文明，使阿曼人民生活在贫穷与落后的状态之中。1970年，他的独生子卡布斯在英国人的帮助下，发动宫廷政变，迫使父亲下台，才使阿曼接受了现代文明，走上不断发展的道路。

刚到一个陌生的城市，我最感兴趣的就是游览市容，有时间的话，静下心来细读她丰富的内容，是一件很惬意的事。

马斯喀特市像遗落在阿拉伯海岸的一捧珍珠，闪耀着迷人的光芒。城市沿着海岸线自然伸展，蜿蜒铺洒在荒山与碧海之间。市区显得很新，且很整洁。听导游说，2007年夏，一场飓风袭击了马斯喀特，城市许多基础设施和商业活动遭到巨大破坏。但现今看不出任何自然灾害造成破坏的痕迹。这个城市给人的总体印象是规划得体，压倒性的白色调建筑及建筑物上的阿拉伯文化元素突出了城市的伊斯兰特色，在五颜六色的鲜花衬托下，显得清新而幽静。街上身穿白袍和黑袍的阿拉伯男女，点缀期间，使整个城市呈现出生机勃勃的景象。

在伊斯兰世界，无论是埃及，还是土耳其，街上星罗棋布的清真寺总是让人目不暇接。参观清真寺，如同参观教堂一样，是了解当地历史和宗教文化的重要途径。清真寺对穆斯林而言，不但是他们与真主之间沟通的地方，也是知识和教育的中心。清真寺不仅是祈祷和崇拜的场所，更是一个团结社区、传承文化、推广教育和分享价值观念的中心。清真寺在穆斯林生活中扮演着多重角色，对于他们的宗教实践和社会联系都至关重要。因此，信奉伊斯兰教的国家对清真寺的建设都极为重视。

马斯喀特苏丹卡布斯清真寺

马斯喀特的苏丹卡布斯清真寺（The Mosque of Sultan Qaboos）在伊斯兰世界颇负盛名，有说它是世界第三大清真寺，有说是世界第六大清真寺。总之，其规模在世界上名列前茅。1995年建成的这座现代化的清真寺，尽管历史不长，但在建筑风格上独树一帜，令人印象深刻。

苏丹卡布斯清真寺通体为白色，给人一种庄严圣洁的感觉。我觉得这座清真寺的设计和建造非常符合阿曼一贯低调奢华的风格，简洁明了，不失细节。缅甸柚木大门、印度大理石地面、令人炫目的施华洛世奇吊灯、意大利大理石石柱及世界第二大波斯地毯等极品建材，镶嵌在这座洁白的建筑中，都恰到好处地表现着它低调的奢华，也让当地导游感到相当自豪。

在卡布斯清真寺受了伊斯兰教文化一番洗礼后，我们前往一家私人文化博物馆(the Beit Zubair Museum)参观。馆内藏有阿曼文物，包括武器、服装和一个阿曼村落缩影模型，还有来自阿曼不同地区的大量收藏品和珠宝。尽管对这里展出的文物了解不多，但对收藏这些文物的人却生出敬佩之意。这让我想起中国的马未都先生，这些为保存自己文化而做出突出贡献的人都是值得人们敬重的。

每次去阿拉伯国家，都会去老城市场逛街，体验当地的风土人情。这也是旅行社安排游览市容的一项重要活动。由于我们的托运行李未能及时跟我们到达阿曼，今天对逛市场就特别感兴趣，希望能在这里买些应急的生活用品。

马斯喀特的传统市场穆特拉集市(Mutrah Souq)与伊斯坦布尔的香料市场一样，只不过规模略小一些而已。这个市场散发着浓厚的阿拉伯传统气息，古旧的建筑、狭窄的街道、拥挤的店铺、热情的商贩，无一不在显示着传统魅力和异

马斯喀特传统市场穆特拉

域风情。除了旅游纪念品和当地特色商品外，我们在市场里转了一大圈，竟没买到要买的东西。那只看不见的手，真是无处不在！

提前离开集市，在海边闲逛，但见山海交错，山势峥嵘，海湾平静。山上的两座古堡尤为引人注目。十六至十七世纪，葡萄牙殖民者占领阿曼期间，先后在附近山上修建了米拉尼古堡和约雷力古堡(Al Mirani 和 Al Jalali)。这两座古堡之间便是现代风格的苏丹皇宫(Al Alam Palace)。王宫面海而建，左右两侧有城堡扼守，足见皇宫设计师的匠心，做到了传统与现代的完美结合。

在马斯喀特，您必须静下心来，才能真正发现这座城市的美。她像一颗闪亮的白色珍珠镶嵌在几乎寸草不生的荒山之中，唯有一碧如洗的大海，算是上天给这座城市的一个安慰。

尼兹瓦

阿曼的旅游观光业并不发达，甚至可以说尚在发展的初级阶段。因而，这里的许多观光景点尚未脱去质朴的外衣。在去尼兹瓦(niziwa)的路上，我们参观了一个颇负盛名的天坑 Bimmah Sinkhole。这个天坑坐落于离海岸线不远的一个街心公园内，很不起眼。走进天坑，却别有一盘天地。据导游说，天坑的形成有说是由于火山爆发，有说是陨石坠落造成的。对我来说，它究竟是由火山爆发还是陨石碰撞造成的，并不重要；其景观之特殊，足令人感叹大自然的奇妙。走近跟前一看，悬崖峭壁环抱深坑，坑中一汪碧水，更有佳人水中游泳，让大自然的奇景平添诱人的风情。

在前往提维度假村的途中，我们在一家阿拉伯农家乐午歺。

餐厅是路边一座普通的白房子,但内部装修堪称豪华。厚厚的地毯,硕大的吊灯,素雅的装饰,怎么看都不像餐厅。女主人是个面容姣好,身材丰腴,披着黑袍,说着一口流利英文的中年妇女。经她介绍,才知道这个农家乐是她自家的产业,专门接待往来的游客。甫看她年轻,却当了祖母。除了她自己忙里忙外地招待客人,她的小儿子也跟着她打下手。我们到达农家乐时,饭菜早已做好,香味诱人,特别是那道红烧羊肉,令人回味无穷。

饭后换乘吉普车进山,前往沙布河谷(Wadi Shab)度假村。在阿曼,河谷(Wadi)是指一种由季节性或永久性河流侵蚀而成的干枯的河床,它们通常被周围的岩石和山脉所包围,形成一种独

阿拉伯农家乐

特的自然环境。荒山野岭中,突然冒出一串翠绿色的水池和茂密园林,好像是地理穿越,从干涸的黄土高原一下子进入江南水乡,感觉实在奇妙。

沿着谷底缓步前行,忽见有人在池边泡脚,走近一看,水中小鱼密密匝匝,为游人按摩解乏。于是,我们也脱鞋入水,享受游鱼按摩的乐趣。

阿曼国土的大部分面积被阿拉伯沙漠所覆盖,这个号称世界第二的大沙漠几乎占据着整个阿拉伯半岛。从度假村出来,我

们直奔瓦西巴沙漠(Wahiba Sands)。这片沙漠拥有连绵起伏的沙丘、广袤的沙原和沙漠植被。有的沙丘堪称沙山，高度可达数百英尺，成为滑沙和探险的最佳场所。

一望无垠的沙漠中，六辆吉普车形成壮观的车队，你追我赶，在苍凉荒野中拼命狂奔。身穿白袍的司机小哥，像驾驭着发疯的骆驼，在沙海与沙丘之间左冲右突，吓得车内乘客惊叫连连。

沙布河谷

夕阳西下时，六辆陆地巡洋舰一溜儿开上了一座沙山，我们得以居高临下地欣赏大漠孤烟的美景。令人担心的是，太阳落山后，下山可就难喽。果不其然，去沙山下的旅馆，有个陡坡，斜度足有七八十度，车下去时感觉像垂直降落。坐在车上，胆小的被这种杂技式的行车方式吓得

瓦西巴沙漠

半死，心大的却连呼过瘾。

瓦西巴沙漠给我们提供了一个壮观、独特且难忘的沙漠体验，让我们感受到沙漠特有的迷人魅力和壮丽景观，领略到阿曼沙漠文化的独特之处。这次惊险沙漠越野旅行令人终生难忘。

我们入住的沙漠旅馆貌似古代的兵营，平铺在大漠的峡谷之中。早晨起来遛弯儿，才看清这家沙漠旅馆的真面目。旅馆座落在两座沙山之间，要看沙漠日出的话，不爬出一身汗，是很难上去拍照的，于是做罢。

尼兹瓦(Nizwa)曾经是辉煌一时的阿曼都城，是个历史悠久且远近闻名的城市。尼兹瓦城堡建于1668年，即Sultan Bin Saif Al Ya'rubi伊玛姆统治时期，城堡曾经是他的作战指挥部。作为曾经的政治中心和军事要塞，这座城堡见证了阿曼的历史变迁。

尼兹瓦堡垒采用传统的阿拉伯建筑风格，建造在一块巨石之上，外部覆盖着厚重的泥土墙。堡垒的建筑设计考虑了当地气候，内部设计宽敞，并设有防御工事。

尼兹瓦城堡呈圆形，矗立在市中心地带，显得高大雄伟。城堡分为七层。我们沿着一条窄楼梯盘旋而上，爬到堡顶，豁然开朗。堡顶平台是一个圆形广场，足可容纳数百士兵。据说这个古堡是阿曼现存100多座古堡中最大又最完整的。城堡内部现设有展示阿曼传统生活和文化的博物馆，陈列着当地艺术品、武器、工艺品和展示品。

登上古堡高耸的瞭望台，荒山野岭环抱下的尼兹瓦城尽收眼底。市区成片的椰枣树和星罗棋布的清真寺，弥漫着阿拉伯风情。古老的尼兹瓦露天市场就在脚下，弯曲的街巷，五颜六色的商品，穿流不息的人群，显示着这座老城的活力。

阿曼拥有众多保存完好且具有历史和文化意义的古堡和堡垒，因而被誉为"城堡之国"(Fortress Country)。

阿曼的古堡代表着当地建筑工艺和历史传承，这些古堡和堡垒分布在整个国家，有的靠近城市，有的隐藏在山谷和沙漠之中。它们通常建于战略要地，既是防御要塞，也是政治和文化中心。

在"古堡之国"看古堡，是再自然不过的事了。我们到达尼兹瓦的翌日，专门参观了附近的两座城堡，巴赫拉城堡(Bahla Fort)和贾布林城堡(Jabreen Fort)，获益匪浅。

尼兹瓦城堡

巴赫拉城堡是个典型的阿曼军事要塞。城堡规模宏大，气势磅礴，由于正在维修，未能进入其中。随后，前往贾布林城堡，这是阿曼所有城堡中最精美，最具艺术性的城堡之一。

贾布林城堡建于1675年，外表简朴，内部却极尽奢华，其繁缛的装修，宛若宫殿。这座城堡刻意模仿当年欧洲的宫殿建筑风格，在一些重要场所，如日月厅等，精雕细琢。阿拉伯装饰铭文、阿曼工艺壁画和雕刻，以及一排排极富当地特色的装饰窗，堪称阿曼宫殿城堡的代表。其实，当年的伊玛姆就曾在这里居住。

巴赫拉城堡

从外表上看，贾布林城堡是军事设施，但从建立至今，这座城堡都没发挥过军事作用。看来，在当年的战国时代，阿曼的伊玛姆们对城堡产生了特别的偏爱，以至于城堡成为当时风行的建筑模式，也使现今阿曼获得"城堡之国"的美誉。

花园城市艾因

午饭后前往阿联酋。疫情期间的国际旅行，比平时麻烦多了，尤其是出入国境。入境阿联酋，需要提供每个人的核酸检测阴性证明。我们昨天专门去巴赫拉一家医院做了核酸检测，今天拿到结果，全团皆阴，闻讯喜大普奔，顺利过境，踏上了阿联酋领土。

看来阿联酋人对于防疫相当重视。我们这一团人，光检查过境文件，就花了两个多小时。过境后，便进入阿联酋这边最大的绿洲城市艾因（AI Ain）。

进入艾因时，天已完全黑了下来，但坐在车里就能感受到，这个城市的公共设施比阿曼要好多了。按说郊区基本都是黑灯瞎火的，这里却灯火辉煌，柏油路直接铺到了山顶上的旅店。寂静的星空下，万家灯火组成的辉煌图案令人遐想无限。据介绍，这座城市是按照花园城市的思路设计的。每一条街道都被花草装点得恰到好处,怪不得她还是阿联酋最大的农业中心之一呢。

花园城市艾因是阿联酋总统哈利法·本·扎耶德·阿勒纳哈扬(Khalifa Bin Zayed Al-Nahyan)的故乡,这里有两处他们家族的宫殿,现都辟为博物馆对公众开放。

我们怀着对阿拉伯世界的好奇,参观了这两座故宫。两座故宫的一个共同特点就是简朴,建筑材料的简单,家俱陈设的朴素,令人感到很接地气。这两座故宫,其豪华程度,比不上北京城里的任何一座王府。但在这个家族的领导下,阿联酋的老百姓如今却达到了较高的生活水平。从导游对这个国家的介绍中得知,阿联酋人民享受着全民免费医疗和教育,以及国家给予的各种福利。所以,时时能够看到老百姓对国家领导人那

花园城市艾因

阿联酋总统哈利法·本·扎耶德·阿勒纳哈扬的故居

种自发的拥护和爱戴。

前两天阿曼地陪马苏德给我们讲阿曼苏丹卡布斯的故事时，讲到苏丹95年遭遇车祸之事，讲到他视民如子，竟动情到一度哽咽，泪流满面。由此可见，即使在君主制的国家中，当政者若真把老百姓当回事，善待自己的人民，百姓也是知道感恩的。

阿布扎比

下午到达阿布扎比(Abu Dhabi)，在入住的旅馆中，看到一家酒吧大红灯笼高高挂，进去一看，原来是家中餐馆的酒吧，服务员见我们是中国人，没忘了给我们拜年。这才想起，今天是中国的大年初五。

阿拉伯联合酋长国(简称：阿联酋，UAE)位于阿拉伯半岛东部，是一个以生产石油著称的中东沙漠国家。建国于1972年的阿联酋如今由7个小酋长国阿布扎比、迪拜、沙迦、哈伊马角、富查伊拉、乌姆盖万和阿治曼组成，其中以阿布扎比和迪拜(Dubai)最为著名，阿布扎比也是阿联酋的首都。

来阿联酋当然要参观举世闻名的谢赫扎耶德大清真寺(Sheikh Zayed Grand Mosque)，它是阿布扎比的标志性建筑，是世界上最大的清真寺之一，可容纳 50,000 人同时礼拜，拥有 82 个圆顶、1,092根柱子和世界上最大的波斯地毯。

谢赫扎耶德大清真寺以阿联酋国父谢赫扎耶德·本·苏丹·阿勒纳哈扬（Sheikh Zayed Bin Sultan Al Nahyan）的名字命名的。

大清真寺是典型的伊斯兰建筑，建筑师是叙利亚的 Yousef

Abdelky ，1996年动工，2007古尔邦节启用。清真寺的建筑风格融合了摩尔、阿拉伯和莫卧儿式的设计元素，呈现出宏伟且华丽的外观，主体结构包括四座高耸的尖塔和大理石铺设的庭院。清真寺周围环绕着七个大型，其倒影与建筑本身相映成趣，增添了清真寺的宏伟气势。

清真寺的整个建筑为纯白色，充分体现了伊斯兰的建筑风格。清真寺的内外都充满了金色和白色的华丽装饰，象征着奢华和纯洁。清真寺内的主礼拜大厅铺设着世界上最大的手工织地毯，这张巨大的地毯由伊朗数百名织工手

谢赫扎耶德大清真寺

工制作而成，重约47吨，占地约5,627平方米。大殿中的水晶吊灯是专门从德国定制的，由11000多颗施华洛世奇水晶组成，被誉为世界上最美最大的水晶吊灯。殿内汉白玉石壁上用99种文字书写着真主阿拉的名字。最引人注目的可能是其大型花岗岩和大理石穹顶，以及大型黄金铜铸花纹。这座清真寺展现了伊斯兰教建筑的辉煌和丰富文化遗产，显示出阿联酋的宗教和文化价值。

走进大清真寺，在划出来的参观路线上，保安之多，令人咂舌。好像这里不是清真寺，而是一座豪华的博物馆。

与阿曼的苏丹卡布斯清真寺相比，这座大清真寺给我的感觉是极尽奢华。然而，奢华的气势却冲淡了圣洁崇高的宗教氛围。

阿布扎比也有一个以卢浮宫（Louvre）命名的博物馆，名为"卢浮宫阿布扎比"(Louvre Abu Dhabi)。虽然这座博物馆是由法国卢浮宫和阿联酋政府合作建立的，但它并非在阿布扎比简单地复制法国的卢浮宫。阿布扎比市政府致力于文化建设，用心良苦，他们有钱也舍得在这方面花钱。这个博物馆的建筑师让·努维尔（Jean Nouvel）是个法国人，他利用现代设计和传统元素相结合的方式，将博物馆设计成一座漂浮在水面上的独特建筑。这个博物馆的建筑酷似鸟巢，设计独具匠心，本身就是一件别出心裁的建筑艺术作品。走进大厅，天花板构成了一个复杂的星形图案，阳光透过缝隙洒落在展厅内，创造出一种扑朔迷离的光影效果。

卢浮宫阿布扎比的规模和藏品都很上档次。据说，阿布扎比市政府向法国支付了5.25亿美元获得了冠名权，又花了大笔金钱从卢浮宫、奥塞美术馆、凡尔赛宫等十多家法国著名展览馆借来

谢赫扎耶德大清真寺走廊

大量艺术品，再加上一些阿联酋在世界各地收藏的雕塑、绘画、装饰艺术、文物等，涵盖了从古代至当代的各个领域和地区的作品，使馆藏达到了相当水准。阿布扎比还将每年投资大量金钱，继续购买藏品，直至创出自己的名声。

卢浮宫阿布扎比于2017年11月开放，是一座重要的文化艺术中心。这座博物馆的设计旨在创造一个跨越文化和历史的交流平台，通过展示来自不同时代、不同地区的艺术作品，呈现了人类文明的多样性和共通性。穿行在各个展厅，您能看到很多艺术史上的著名作品，一种难得的文化氛围在这里弥漫。

阿布扎比卢浮宫展品丰富，涵盖广泛。匆匆看过一遍埃及、中国、古罗马等一些专题展品后，感觉阿布扎比卢浮宫会在不远的将来跻身于世界著名博物馆之林。

阿布扎比总统府，也被称为"Qasr Al Watan"（阿拉伯语中的"国家宫殿"），是阿拉伯联合酋长国阿布扎比的一座壮丽建筑，是值得一游的好

卢浮宫阿布扎比

卢浮宫阿布扎比内的走廊

去处。作为阿联酋政府的心脏,总统府不但是阿联酋内阁和联邦最高委员会——阿联酋最高宪法权力机构——的官方会议场所,同时也是一座耀眼的人文地标。

总统府2015年竣工,规模宏大,富丽堂皇,融合了中东传统建筑的壮丽和现代设计的精致。它的建筑风格和结构展现了阿拉伯传统的宏伟和华丽,也突显了阿联酋经济富裕的形象。总统府巨大的白色穹顶、郁郁葱葱的花园、高贵典雅的吊灯和富有阿拉伯特色的壁画,让人叹为观止。与其说这里是阿联酋的政治心脏,不如说它是阿联酋的国家文化橱窗。这个宫殿式建筑于2019年对公众开放。

阿布扎比总统府

总统府内的会议厅

在总统府参观游览,感觉比在谢赫扎伊德大清真寺自在多了。人们可在总统府内的游览区自由自在地闲逛。总统府内还有图书馆（Qasr Al Watan Library）、知识馆（House of Knowledge）、宫殿记事馆（A Memory of the Palace）和大会厅（Great Hall）等精心打造的空间。漫步在总统府，不仅能看到高层人物生活工作的场景，吃瓜群众还能在此学到很多有关阿拉伯和伊斯兰文明的知识。

总统府晚上的灯光秀也堪称经典，是一场妥妥的视觉盛宴。壮观迷人的灯光秀采用了精心设计的灯光系统，将整个宫殿的细节和装饰烘托得更加突出，呈现出光影交错的美感。尽管夜晚的天气有点凉，但灯光秀营造出的那种令人赞叹的气氛却令人乐不思归。

阿拉伯人爱玩鹰。鹰在阿拉伯文化中有着特殊的地位，不但被视为狩猎的伙伴和尊贵的动物伴侣，而且是力量、自由和高贵的象征。玩鹰在中东地区尤其是阿拉伯半岛有着悠久的传统，历久不衰。

阿布扎比有钱人玩鹰，舍得花钱。身价高点儿的鹰，一只标个50万美元也有人买。过去媒体的八卦新闻时常报道海湾地区的富豪在家养狮子、老虎、豹子、黑猩猩，总觉得有点儿夸大其辞，今天，从当地导游那里得到证实，这些都是真的。可见，海湾地区的富豪对动物是有特殊感情的。

上午参观一所阿布扎比的猎鹰医院，看了医生给猎鹰打麻药做体检保养指甲修护羽毛等例行程序后，了解到了养只猎鹰的花费的确很高。养只猎鹰，不能总是把它闷在家里吧，怎么着也得时不时带它出去打猎或逛逛不是？虽然猎鹰个头不大，但有些海湾国家的航空公司禁止猎鹰购买经济仓机票，这些鹰只能和主人一样，买头等舱或商务舱出行。经常带鹰出门，单这一项花费就很可观。

猎鹰医院等候就诊的鹰

在医院的候诊室里，看到不少排队等候接受体检和健保的鹰，带着眼罩，安静地听着人们对它们评头品足。参观医院的过程中，看到展览室内医生获得的各种奖状。这至少说明，这家医院在当地还是很受欢迎的。在阿联酋，玩鹰是一项传统，看起来比中国以前的八旗子弟玩鸟要讲究多了，其中的不少名堂，不亲自玩玩儿，是弄不明白的。

表面上看，阿联酋人有钱任性，但他们并非单纯的土豪，只知道瞎造；相反，他们对国家的未来还是很有算计的。我们参观了世界上第一个实现碳中和、零废物的未来生态城市马斯达尔（Masder）。城市建在荒凉的沙漠之中，以可再生能源的利用为重点，采用先进的技术来减少能源消耗和环境影响，这包括太阳能和风能等可再生能源的利用。城市中的建筑和规划都着重于环保和节能，采用创新的绿色建筑技术，例如智能建筑设计、节水系统、循环利用系统等，以降低对环境的负面影响。

这个城市鼓励科技创新和知识产业的发展。此外，这座城市也是一个教育中心，为人们提供关于可持续性和环保的教育机会。在这里上大学，国家不但包学费，管吃管住，而且还有各种补贴。阿联酋虽然靠石油发家，但现在石油只占其 GDP 的20%左右。由于成功地实现了经济转型，即使有朝一日石油枯竭，人家也不会回归骑着骆驼放羊的传统生活方式了。

阿提哈德塔楼(Jumeirah at Etihad Towers)是阿布扎比海滨大道上的一道亮丽建筑风景线。该楼群是奢华体验的标杆。我们登上300米高空观景台(OBSERVATION DECK AT 300)，享受了一把无与伦比的城市风光。从这里往下看，阿布扎比海湾风景一览无余。这里还有很多已经开发出来的建筑用地，都空在那里。看来，阿联酋人并没有一窝蜂似的在这里疯狂建海景房，而是有条不紊地进行建设，使这座海滨城市变得越来越美。

未来生态城市马斯达尔

迪拜

说迪拜是世界上最具未来感的城市之一，绝不为过。除了迪拜著名地标帆船酒店(Burj Al Arab)，朱美拉棕榈岛(Palm

Jumeirah)也以全球最大的人造岛引领世界新潮流。

迪拜哈利发塔

进岛后，我们搭乘棕榈单轨电车直达岛上的观景台(The View at The Palm)，棕榈岛和迪拜天际线尽收眼底。这座金钱堆起来的人造岛，极尽奢华，却缺少历史沉淀。下来后，转乘传统木船沿着迪拜码头巡游，感觉迪拜相当魔幻。迪拜揭示的未来。后人自有评说。

迪拜以摩天大楼著称于世，新颖时髦的建筑在迪拜比比皆是。市中心的哈利法塔(burj khalifah)就是当今世界第一高楼，高828米，共169层，造价达15亿美元。这座摩天大楼于2004年9月21日开始动工，最后于2010年1月4日正式完工启用，总共用了5年时间建成这个庞然大物。

站在124层的观景台上，好像整个迪拜都被踩在脚下。周围的高层建筑，火柴盒一样密密麻麻。不远处，还有不少空地，等待建设开发。很明显，哈利法塔之所以建得如此高，并不是因为迪拜缺地而向高空发展，而是要挑战极限，争当世界第一。在这里，您能更深刻地理解"有钱就是任性"的真正含义。

阿联酋热衷创造世界记录，不但创造出世界第一大的棕榈岛，哈利法塔下的购物中心据说也是世界第一。

参观完哈利法塔,旅行社为我们安排了在一个民间社团谢赫穆罕默德中心与当地人交流的活动。中心的工作人员为我们介绍了阿拉伯文的书法和当地人生活习俗,还为我们准备了非常美味的午歺,骆驼肉尤其大受欢迎。吃了一顿饭,让人感到物质精神双丰收。

饭后参观 Al Shindagha 博物馆,了解迪拜早期发展的历史。之后,登上传统的木制摆渡船,前往迪拜著名的香料市场(Spice Souk)和黄金市场(Gold Souk)。香料市场充满了丰富的色彩和独特的香味。黄金市场上的黄金和珠宝品质普遍较高,店家提供各种款式和设计,从传统到现代,从普通到奢华,种类繁多,商品齐全,堪称黄金首饰的采购天堂。

迪拜黄金市场

见到我们一帮中国人逛市场,很多小商贩,纷纷用汉语与我们打招乎,兜售藏红花和金银首饰。可以想见,疫情前,大量的中国游客曾在这里买买买!以至于人家要做点儿生意,还不得不学点儿中文。但愿疫情早点儿结束,让这些小商贩重温过去那些美好的时光。在这里,我们虽然没买什么东西,但还是深深感受到了一种浓厚的伊斯兰文化气氛。

2020迪拜世博会被认为是阿拉伯世界举办的最大规模的活

动。但受到新冠疫情的影响，迫使组织者将启动时间推迟到了2021年。我们在迪拜期间，世博会还未闭幕。为了参加世博会，我们在跟团旅行结束后，又在迪拜多逗留了两天，专门游览世博会。

世界博览会已经存在了两个多世纪，是各国展示新技术、新产品和新概念的重要场合。我们旅行团有个美国老头儿，同我们一起留了下来，也是为了世博会。据他说，从他记事起，父母就带他参加世博会，从未缺席过任何一届世博会。这位资深世博会爱好者对2008年的上海世博会还记忆犹新。与这位对世博会如此痴迷的人比起来，我们在迪拜留下来参加世博会，只不过是凑个热闹而已。

迪拜博览会的主题是"连接思想，创造未来"，展馆和展览涵

2020年迪拜世博园

沙特阿拉伯展馆

盖了各种领域，内容涉及了未来城市规划、科技创新、人类发展和环境保护等众多议题，吸引了全球游客和商业代表的关注。世博园展览区分为三个部分，每一部分对应一个主题。

一大早进入世博园，园内游人并不算多，我们最先想看的当然是中国馆。到了中国馆，离开馆时间还有二十分钟，只好在门外等候。中国馆的外形是个中规中矩的圆形建筑，门前草坪上竖着一颗假树，树枝上挂着一些中国字随风飘摇。入口的电视屏幕上不时闪现出中国最高领导人习近平的头像，向世界各国人民展示中国所取得的所有成就都离不开这位人民领袖。

进入中国馆后，主要的展品是高铁模型和一辆电动轿车，观众寥寥，好在有个中国解说员还比较热情。总的感觉，中国在这次世博会上没下太多功夫，给人一种敷衍了事的印象。美国馆也乏善可陈，尽管展出的火星车和嘹望星空的游戏吸引了不少观众。相反，有些小国如埃及、沙特阿拉伯、瑞士、以色列等国，他们的展馆在设计上别出心裁，令人印象深刻。有些热门的展馆，如阿联酋、日本等，显得异常火爆，参观需要予约。由于我们事先没做任何功课，只好放弃参观这些热门的展馆。

参观了一些国家的展馆后，园内的游人逐渐多了起来，虽非人山人海，但参观每个展馆都要排队，大大降低了我们走马观花逛世博会的速度。于是，我们便改乘游览车在园中巡游，既节省体力，也能多看看整个世博园的面貌。园区占地438公顷，建有200多个展馆，要是每个国家展馆都看看的话，估计在世博园里住上一个星期可能都看不过来。

世博园内，各国展馆在外形设计上运用高科技争妍斗艳，还有不少机器人在为游人服务,给人的总体感觉是充满科技感。迪拜在科技和数字化领域投入巨资,推动各个领域的创新。该市实行智慧城市概念,运用人工智能、大数据和物联网技术来提升城市管理和居民生活体验。在短短几十年内,迪拜已发展成为世界上最有活力的现代化创新和科技城市,骆驼、沙漠、打渔船,好像离这里已经很远很远。

阿联酋展馆

我们在阿联酋逗留的最后两天,基本都是在迪拜阿拉伯塔酒店(Burj Al Arab)度过的。建在离海岸线280米处的人工岛Jumeirah Beach Resort 上的阿拉伯塔酒店,看起来像是正在行进中的帆船,故又称帆船酒店。酒店外型飘逸,风格现代;内饰金碧辉煌、以奢华著称。

这座酒店由英国建筑师 W.S.Atkins 设计,由南非著名建筑承包商"莫瑞和罗伯茨"(Murray & Robers)公司及阿联酋本地的大型建筑承包商"阿勒哈卜图尔"建筑公司(Al Habtoor Engineering Enterprises L.L.C.)承建,前后共花了五年时间,一半时间用在填海造岛,一半时间用在建筑本身。酒店由一座桥与陆地相连,共有56层,321米高,顶部还设有一个停机坪,接送贵宾。酒店内部设计充满了阿拉伯式的奢华和现代感,使用了大量的黄金、大理石和高级材料，装饰华丽、精致。

这座酒店在业界无疑是块金字招牌，当然，也是迪拜的一面招牌。很多人来迪拜都会专门来此拜访，一睹真容。其实，要领略这家酒店的服务和设施，住进来体验体验是最简单的方法。

我们入住这家酒店后，随便走走看看，果然不同凡响。这个号称七星级的酒店打的招牌就是彰显奢华，挑战奢华。从海底歺厅到游泳池畔，从豪华车队到悬掛云端的停机坪，您不得不佩服土豪在表现奢华方面具有的丰富想象力。

下午在酒店的游泳池游了会儿泳，躺平在水面上，万里无云，蓝天如洗，唯见一面白帆，近在眼前。这座梦幻般的建筑是伊斯兰传统文化元素与现代高科技工艺结合起来的经典，怪难自开业以来便受到人们的大力追捧。

第二天早歺后，我们参加了酒店举办的介绍活动，参观了酒店的皇家套房或总统套房。昨天入住时，就觉

迪拜帆船酒店

帆船酒店的游泳池

着这家酒店太高调了，最低档的房间都是复式设计，最小的房间也不少于170平方米，典雅的旋转楼梯和宏伟的客厅相得益彰。而皇家套房，则显然更加张扬，装修富丽堂皇，摆设典雅气派。然而，连马桶浴缸上的水笼头都用纯金打造，这就让人觉得很过份。看来，全世界的土豪对黄金的热爱和追求，几乎都没有太多的差别，那就是用黄金来渲染自己的值价。只不过，帆船酒店在这方面起到了先锋模范作用。

可以毫不夸张地说，皇家套房在这方面做到了极致。套房内

的一切家具和用品，私家电梯和影院、旋转睡床、阿拉伯式会客室，设计都达到使中东文化色彩与现代化气息融合得恰到好处，这种风格使土豪能够显得不土，色调也颇为大胆活泼。

窗外，美轮美奂的人造棕榈岛，虚无缥缈的阿拉伯海湾，一望无际的红色沙漠，以及规划整齐的棕榈树使迪拜显得更加虚无缥缈。

多米尼加圣诞度假之旅

由于变种病毒奥米克戎来势汹汹,全球疫情再掀高潮,今年圣诞假期出行也因此一波三折。订好的旅行也不能因疫情变化说取消就取消啊?于是,决定按原计划出发。然而,出发前的头天晚上突然接到航空公司的通知,说因为疫情,缺少飞行员等原因,明天早晨的航班被迫取消,要重新订航班。

现订航班,哪来得及呀?况且又是圣诞前夕!女儿立即给航空公司打电话,向他们说明了我们这次旅行的紧凑安排。接电话的人很同情我们,表示尽量帮我们解决问题。经过一阵紧张的寻找,最终为我们找到了直飞迈阿密的另一航班,且不耽误飞往多米尼加的飞机,使问题得到圆满解决。

圣诞节前的机场,人并不多。一路上,心情仍然比较紧张。谁知道会不会又出现什么幺蛾子呢?变化并不可怕,就怕变化超出人们的想象,成为一种不确定性,它会给人们的生活带来巨大的干扰,从而使人产生极大的不安。今年的疫情的确给人们的生活带来很多不便。

平安夜夜幕降临,平安抵达多米尼加蓬塔卡纳。能够在圣诞节的时候躺平在沙滩上,意义非凡。现代人把自己搞得太忙,能够躺平本来就很不容易,更何况圣诞节。在海滩上躺平,除了晒太阳,就是在水里泡着。什么都不干,没有任何压力,这对现代人来说,实在是非常难得的奢侈。

蓬塔卡那(Punta Cana)是多米尼加度假圣地。这座城市以加勒比海独特的自然风光,招来众多酒店集团在此建造度假村,密密麻麻地铺满了碧水白沙的海岸。今年圣诞期间,美国中西部虽然气温偏高而且少雪,但依然寒风凛冽,晚上出来赏灯仍有"风头如刀面如割"的感觉。蓬塔卡那则完全是另一个天地,圣诞灯光五彩缤纷,节日气氛更加浓烈,而暖暖的海风却别样的温柔。

蓬塔卡那海滩

蓬塔卡那的海水和沙滩都很漂亮,沙子洁白细腻,海水湛蓝清澈,在这里躺平真是一种享受。很多人在沙滩上躺平,晒太阳,我更愿意躺在水里,仰望蓝天。当然,这里不是死海,能够静静地躺在水面上,还是需要一些功夫的。

蓬塔卡那海岸线蜿蜒绵长,度假村一个接着一个。有次,我们沿着海滩闲逛,走了一个多时辰,还看不到尽头,只好折返。海滩上人多,热闹非凡,一派节日景象。

蓬塔卡那作为旅游度假胜地,水上玩的活动很多,快艇、舢板、潜水、滑翔伞等应有尽有。这些都不是什么新鲜玩意儿,吊不起太多胃口。但有一种潜水,Scuba Doo Diving,让我们觉得值得一试。这种潜水活动,实际上是在一个特定的海域,带上专用的吸气头罩，缓慢地在水下行走。在水中可以从容观看周围的很多叫不上名字的色彩斑斓的鱼。置身海底，从视觉到心灵，都产生了一种到了另一个世界的体验。

另一个有意思的活动无疑就是前往首都圣多明各的一日游。之所以期盼着到圣多明各一游，源于几年前参观西班牙塞维利亚大教堂时听到的关于哥伦布遗骨之争的传闻。多米尼加和西班牙都宣称哥伦布的遗骨在自己的国家，而且这个争论还在持续。既然来到了多米尼加，去圣多明各一游，看看哥伦布的遗迹，这个难得的机会无论如何也是不能错过的。

早晨乘车前往米尼加首都圣多明各。两个多小时的车程，导游一路上给我们讲解多米尼加的历史，当然，离不开哥伦布。多米尼加的高速路和美国没什么区别，路两旁不是原生态的丛林就是一望无际的蔗田，碧绿中透着无穷的活力。路上车不多，司机开得很随意，因此，感觉没多久，就进入了圣多明各市区。圣多明各有三百多万人口，但比起同样三百万人口的厄瓜多尔首都基多来，显得清静了许多。

在西班牙语里，圣多明各意为"神圣的星期日"，这是因为哥伦布的弟弟巴塞罗缪·哥伦布当年动工兴建城市的那一天恰巧是星期日。1496年，巴塞罗缪·哥伦布来到奥萨马河东岸，发现这里地理位置显要，自然风光秀丽，便率众兴建定居点。

然而，定居点建成后不久，遭到一场飓风的袭击，建筑物几乎损失殆尽。后来，尼古拉斯·德·奥万多(Nicolás de Ovando)和哥伦布的儿子迭戈·哥伦布(Diego Colón)，又在奥萨马河西岸的小三角洲上建起一座新城，这就是现今的圣多明各。这座城市不但历史悠久，而且和哥伦布一家子有着千丝万缕的关系。

进了城后，我们停下来参观的第一个景点就是"哥伦布灯塔"。据介绍，它长211米，宽60米，为世界上面积最大的灯塔。这座建筑名为灯塔，但怎么看都不像灯塔，更像一个平躺在地上的十字架。哥伦布的遗骸就安葬于"十字架"的交叉点。从远处看，这座建筑更像一座巨型石制棺材，称其为哥伦布陵墓，更名副其实。

哥伦布灯塔

哥伦布灯塔是1992年建成的。这一年是哥伦布"发现"新大陆的第500周年。因为哥伦布在多米尼加建立了美洲的第一个殖民地，多米尼加尽举国之力耗巨资建了这座"哥伦布灯塔"，以表达对哥伦布的敬意。其实，它对多米尼加旅游业的影响可能更大。

当年，哥伦布不仅给多米尼加带来了欧洲的物质文明和基督教，同时也带来了瘟疫，使大批土著人因此丧生。今天的多米尼加人早已和当年的西班牙殖民者实现了民族融合，接受了西班牙人带来的欧洲文化，因此，他们对殖民主义的感情是一般中国人所难理解的。他们视哥伦布为自己国家的英雄。

哥伦布的一生充满传奇色彩。虽然出生在意大利，但他为西班牙王室立下过汗马功劳。出身于纺织品商人家庭的哥伦布，对子承父业不感兴趣，却一心想在航海方面建功立业。

1476年夏天，哥伦布加入一支从热那亚到英国去的远洋贸易船队前往英国。但出师不利，船队中途遭到海盗袭击，他乘坐的那条船被击沉。好在他年轻水性好，抓住一块救命的船板，最终飘到了葡萄牙海岸。

当时的葡萄牙是一个航海大国，在航海家亨利王子的领导下，葡萄牙集中了欧洲最先进的航海技术和人才。一看到了葡萄牙，哥伦布二话没说，就决定在这个航海技术发达的国家来圆自己要当一名航海家的梦了。

在葡萄牙住下来后，哥伦布刻苦学习航海知识，积极参加航海活动，积累了大量实际经验。甭瞧他没正经受过什么教育，却喜欢读书。他对马可·波罗描述的神秘的东方充满好奇和憧憬，一直向往着有朝一日能够开通到亚洲的航线。

哥伦布是个敢于挑战权威的人。那时，葡萄牙的航海专家们认为到亚洲去的捷径是从大西洋南下，绕过非洲的好望角，进入印度洋，再朝东一猛子扎过去，便可抵达亚洲。而哥伦布并不认为这是一条捷径，他根据马可·波罗对亚洲东西宽度的过高估计和日本距亚洲大陆有1500哩的测算，以及托勒密对地球周长的低估，得出分隔欧洲和日本的海洋宽度不到3000哩的结论，因此，他认为去亚洲的捷径是横渡大西洋。

在研究了所有能够找到的地图后，哥伦布制定了自己的横渡大西洋航行到亚洲的计划，并首先向葡萄牙国王约翰二世请求资助。没成想，他不但碰了钉子，还遭到葡萄牙皇家航海委员会的专家们耻笑。于是,就跑到西班牙去碰运气,一开始也遭到拒绝。

然而,自信的哥伦布没有轻言放弃,最后他的计划赢得了西班牙王后伊莎贝拉的支持。1492年4月,王后伊莎贝拉和国王费迪南德(Ferdinand)宣布支持哥伦布横渡大西洋的远航。当然,资助也不是白给的,西班牙王室和哥伦布签了个协议。按照这个协议,哥伦布被任命为远航舰队总司令,封贵族衔,统领舰队;所到之处,代表西班牙占有所有领土并行使总督权力,日后还有权瓜分贸易的部分利润。

尽管哥伦布要去亚洲的目标并未实现,却无意中"发现"了新大陆,为西班牙殖民帝国的建立做出了不可磨灭的贡献,从而成为全国瞩目的英雄人物。

然而,哥伦布的晚年过得并不如意,甚至还有些潦倒。最后一次航行回到塞维利亚时,迎接他的是全部个人财产被查封变卖,以偿还债务。西班牙王室这种卸磨杀驴的做法让哥伦布伤透了心,临死前曾明确表示,百年之后不愿意葬在西班牙。

没了权势,死后在哪儿下葬由不了自己。1506年,哥伦布在西班牙小城韦拉多里德(Valladolid)逝世后,被草草埋葬在当地的一座修道院里,1537年,哥伦布弟弟的遗孀把他的遗骸移葬到他儿子曾当过总督的圣多明各,算是风光了一把。

哥伦布的遗骨在圣多明各的圣玛丽亚·拉梅诺尔大教堂里长眠了200多年。1795年,因为西班牙帝国失去了这块殖民地,便把哥伦布遗骨送往了古巴。在哈瓦那停留了一个世纪后,1898年,西班牙又在美西战争中丢掉了古巴,哥伦布遗骨于是被第四次转移。

随着西班牙在美洲的殖民地逐渐丧失，美西战争后，西班牙政府决定把哥伦布的遗骨迎回西班牙。为了弥补当年对哥伦布失礼的缺憾，西班牙人把这次葬礼办得风风光光，极尽哀荣。他的遗骨被安葬在号称世界第三大教堂的塞维利亚大教堂内。哥伦布尸骨漂泊海外三百多年，最后得以在西班牙安息，结局也算圆满。

圣玛丽亚·拉梅诺尔大教堂

几年前，我去西班牙参观塞维利亚大教堂时，那里文物古迹很多，令人眼花缭乱，但印象最深刻的还是教堂里的哥伦布陵墓。

塞维利亚大教堂里的哥伦布陵墓

"四王抬棺"的雕塑显示着哥伦布在西班牙享受到的特殊待遇。其棺材由四个诸侯王抬着，肃穆庄严，棺木的底部镌刻着：

"这里埋葬着新世界的发现者克里斯托弗·哥伦布的尸骨"。四个抬棺的诸侯王分别代表西班牙的卡斯蒂利亚、莱昂、阿拉贡和纳瓦拉四个地区。

尽管如此，西班牙人对这位民族英雄的评价，还是比较理性的。墓前的铭文这样写道：

在这里躺着一位英雄，他改变了人类对地球的认知。这里躺着一位魔鬼，他的出现给美洲带来了灾难和痛苦。

出人意料的是，多米尼加人并未把哥伦布当作魔鬼，相反，他们对哥伦布有着深厚的无产阶级感情，一直怀念着他的丰功伟绩。虽然哥伦布的遗骨被西班牙人迁到塞维利亚，但在1877年，为庆祝哥伦布发现新大陆400周年，他们将曾经埋葬过哥伦布遗骨的圣多明各圣玛丽亚·拉梅诺尔大教堂进行了全面整修，怎么着也得把这位伟人年久失修的衣冠冢弄得像点儿样吧？

哥伦布塑像

人家这份虔诚的心还是得到了回报。在这次整修工程中，工人们意外地在教堂的祭坛后面发现了一座墓穴和一个装着尸骨的铅质箱子，上面清晰地刻有如下文字："一位伟大而杰出的人，克里斯托·瓦尔科隆阁下"，（这正是哥伦布在西班牙使用的名字），里面还放着41块遗骨、一颗子弹和一些与哥伦布有关的文件。据说哥伦布年轻的时候左腿曾受过枪伤,子弹终生没能取出来。据此,多米尼加人认为这是正宗的哥伦布遗骨,原来,西班牙人当年带走的不是哥伦布而是另一个人的遗骸。

自打多米尼加人发现了哥伦布"真正的"遗骨以来,西班牙人就坐不住了,不仅对哥伦布身后这段历史做了细致的考证,而且还给遗骨做了 DNA 检测,宣称他们保存的绝对是哥伦布的遗骨。而多米尼加人根本就不接受这种说法,因此,哥伦布遗骨的真伪便一直成谜。为此,多米尼加人和西班牙人至今仍争论不休。

人都死了五百多年了,这种争论还有意义吗?

当然,对于操着总统府的心的人民群众来说,这可是关系到民族感情的大事!而我们这些吃瓜群众,只不过爱看热闹而已。

进了圣多明各老城,我们参观了哥伦布宫和圣玛丽亚·拉梅诺尔大教堂等著名历史建筑。

有着文艺复兴时期风格的哥伦布宫古朴而豪华,是哥伦布的儿子迭戈·哥伦布及其子孙三代人生活过的地方,也是当年迭戈的总督府。建筑内家居陈设和各种生活用品,都是

哥伦布宫

按照当时的生活场景布置的,从中可看到主人当年生活的品味和时尚。

在这个城市,哥伦布的影响随处可见。走在古老的街巷,仿佛回到了十六世纪。音乐袅袅,花香弥漫,当年的繁华景象,似乎重现眼前。联合国教科文组织将这座老城列为世界文化遗产,真是实至名归。

多米尼加总统府

Copyright ©2020 by the author

All rights reserved. No reproduction or translation of this book may be made without written permission of the author.

版权所有，没有作者书面授权，任何人不得以任何方式复制或以任何语言翻译本书。

封面设计：王一回 王一来

老王游记

卷二

美国　印第安纳　印第安纳波利斯
USA, Indiana, Indianapolis
www.yamei-today.com
IngramSpark
Amazon.com & aatoday@gmail.com
印张 5.5 X 8.5 英寸　字数 147,547
2024 年 7 月第一版　2024 年 7 月第一次印刷
ISBN：978-1-942038-15-3
LCCN: 2020925847

定价：$30 (USA)

www.ingramcontent.com/pod-product-compliance
Lightning Source LLC
Chambersburg PA
CBHW070046080526
44586CB00013B/927